한 번에 합격!

해커스 감정평가사
합격 시스템

강사력
업계 최고수준
교수진

교재
해커스=교재
절대공식

관리시스템
해커스만의
1:1 관리

취약 부분 즉시 해결!
교수님 질문게시판

언제 어디서나 공부!
PC&모바일 수강 서비스

해커스만의
단기합격 커리큘럼

**초밀착 학습관리
& 1:1 성적관리**

합격생들이 소개하는 생생한 합격 후기!

해커스 선생님들 다 너무 좋으시네요.
꼼꼼하고 친절하게 잘 설명해 주셔서
수업이 즐거워요.
암기코드 감사히 보고 있습니다.

- 권*빈 합격생 -

문제풀이 하면서 고득점 팁까지
알려주셔서 듣길 잘했다는 생각이 들어요.
수업 분위기도 밝고 재미있어서 시간이
금방 가네요!

- 오*은 합격생 -

해커스 감정평가사

김유안
감정평가이론

2차 기본서 | 1권 총론

해커스

서문

저 또한 수험생활을 하며 '수험 적합한 책'에 대한 고민을 끊임없이 했습니다.

이 책은 감정평가의 다양한 교수님 저서상 이론적 기반을 체계적으로 정리하여 수험생 여러분이 시험에 효율적으로 대비할 수 있도록 구성했습니다.

암기에 의존하는 학습 방식보다는
① 개념을 심상화하고 체득하여
② 부동산 기초부터 감정평가론까지 이어지는 유기적인 연결성을 이해하는 데 목표를 두었습니다.
③ 첫 문장은 의의와 키워드를 파악하고,
④ 두괄식의 서술 방식으로 시험에서 요구하는 논술형 답안 작성 능력을 배양하는 데 중점을 두었습니다.

시험날까지 반복 회독을 할 수 있는 단 한 권의 책이 되길 바라는 마음으로 집필하였습니다.

이 책이 나오기까지 도와주신 많은 분들과 하나님 아버지, 늘 곁에서 지켜주는 문현이를 비롯한 가족들 모두에게 감사의 인사를 드립니다.

감정평가는 부동산의 가치를 과학적이고 객관적인 방법으로 산정하는 전문 분야로, 국가 경제와 부동산 시장의 건전한 발전에 기여하는 핵심적인 기능을 담당합니다. 수험생 여러분에게 합격이 1차적 목표이긴 하나 장래 감정평가업을 수행하면서도 기반이 될 책이 되었으면 합니다.

여러분의 합격을 진심으로 응원합니다.

2025년 4월
저자 김유안 드림

목차

제1장

부동산 특성

제1장 부동산 특성

Ⅰ. 부동산의 특성

1. 부동산 개념

부동산은 不(아닐 부) 動(움직일 동) 産(낳을 산)으로, 형상 형질을 바꾸지 아니하고 옮길 수 있는 동산의 반대되는 개념이다. 즉, 움직이지 아니하고 생산할 수 없는 자산으로 **협의의 부동산이란 토지 및 그 정착물을 말한다**(「민법」 제99조 제1항). 광의의 부동산이란 협의의 부동산을 포함하여 의제부동산을 포함하는 개념이다. 의제부동산이란 본질은 부동산이 아닌 동산이나, 등기, 등록 등의 공시의 방법을 갖춤으로써 부동산에 준하여 취급하는 특정의 동산 등을 말한다.

> **TIP**
>
> 정착물이란 주택, 상가 등 토지 위에 존재하여 토지의 가치를 향상시켜주는 영구적 토지 개량물을 말한다. 정착물은 그 가치가 토지로 이전되는지에 따라 이전이 되는 '토지에 대한 정착물'과 그렇지 아니한 '토지상의 정착물'로 구분된다.
> 토지에 대한 정착물은 도로, 구거, 상하수도 같이 그 가치가 토지에 화체되어 독립적인 평가의 대상으로 보기보다 토지와 일체로 평가한다. 반면 토지상의 정착물은 토지에 화체되지는 않은 것으로 보아 별개의 가치를 지닌 것으로 단독평가를 하는 것이 일반적이다.
>
> – 준부동산의 종류: 광업재단, 공장재단, 20톤 이상의 선박, 건설기계, 항공기, 자동차, 광업권, 어업권 등

2. 부동산의 자연적 특성

1) 자연적 특성

자연적 특성이란 부동산이 지니고 있는 물리적인 측면에서의 가치가 일반 경제재와는 구별되는 특성으로 부동산이 본래부터 지니고 있는 성격을 말한다. 이는 부동산이 본질적으로 지닌 물리적 특성으로서, 특히 토지의 경우 선천적이고 비가변적인 성격을 띤다.

2) 고정성(부동성)

(1) 의의

고정성이란 토지의 위치는 인간의 힘으로 이동시킬 수 없다는 지리적 위치의 절대성을 말한다. 이는 부동산이 본질적으로 지닌 물리적 특성으로서, 특히 토지의 경우 선천적이고 비가변적인 성격을 띤다.

(2) 파생현상

① 가격 및 부동산 시장을 전국적이 아닌 국지화한다. 이로 인해 지역요인 비교의 필요성이 생겨난다.

② 동일한 위치의 다른 부동산이 존재할 수 없으므로 표본추출이 불가능하고, 이로 인해 개별요인 비교의 필요성이 생겨난다.

③ 부동산 시장의 불완전성 및 추상성을 가져온다.

④ 부동산 활동에 있어 임장활동을 필요하게 한다. 고정성으로 인해 대상 부동산을 직접 찾아가 현장에서 확인하고 개별요인을 확인하는 작업이 필요하게 된다.

⑤ 부동산과 동산의 구별을 가져오고, 권리의 공시방법에 차이를 만든다.

⑥ 부동산가격을 위치가격의 성격으로 만든다.

3) 부증성(비생산성)

(1) 의의

부증성이란 토지는 자본이나 노동을 추가적으로 투입하더라도 그 절대량을 늘리는 것이 불가능하며 재생산의 개념이 해당되지 않는다는 성질을 말한다. 생산비 법칙이 원칙적으로 해당되지 않는다. 공유수면의 매립이나 택지의 조성 등을 통하여 이용가능한 토지를 증가시킬 수는 있으나, 이는 토지의 물리적 공급 증가라기보다는 토지의 이용전환을 통한 경제적 공급 증가로 파악되어야 한다.

(2) 파생현상

① 토지부족문제의 원인이 되며, 지가상승의 근본적인 원인이 된다.

② 공급의 한계로 수요자경쟁의 원인이 되며, 부동산 시장을 일반경제재의 시장과 다른 경제이론을 필요로 하게 된다.

③ 토지의 집약적 이용을 가져온다.

④ 부동산의 사회성·공공성이 강조되어 부동산정책이 요구된다. 토지공개념의 도입 근거가 된다.

⑤ 생산비 법칙이 부정되기 때문에, 감정평가시 원칙적으로 비용접근법을 적용할 수 없다.

4) 영속성

(1) 의의

영속성이란 부동산은 물리적 측면에서 보아 사용이나 시간의 경과 등에 의해 마모되거나 소멸되지 않는다는 특성을 말한다. 그러나 경제적 측면에서 볼 때 변화할 수 있으므로 유의하여야 한다.

(2) 파생현상

① 부동산 활동에 있어서 장기적인 배려가 요구된다. 이로 인해 공급이 비탄력적이 되며, 예측의 원칙 성립근거가 된다.

② 사용가치(임료)와 교환가치(가격)를 분리시킨다.

③ 토지는 감가상각이 이루어지지 않으며, 재생산이론이 적용되지 않는다.

④ 장래이익의 현재가치라는 부동산 가격의 본질을 발생시키며, 이는 내구재로서 전문가의 가치평가의 필요성을 발생시킨다.

5) 개별성

(1) 의의

개별성이란 물리적으로 동일한 복수의 토지는 지구상에 존재하지 않는다는 특성을 말한다. 이는 물리적 측면의 비대체성을 의미한다. 그러나 용도가 같거나 유사한 토지는 수요(효용)의 측면에서 대체가 가능하므로, 용도적 측면의 대체성은 존재한다. 즉, 토지는 물리적으로는 대체가 불가능하지만 용도적 측면에서는 대체가능성이 존재한다.

(2) 파생현상

① 일물일가의 법칙이 적용을 어렵게 만든다. 이는 부동산 시장을 불완전경쟁시장으로 만드는 원인 중 하나이다.
② 부동산가격형성을 개별화 시킨다. 부동산 가격 형성에 있어 특별한 사정 개입을 용이하게 한다.
③ 부동산 감정평가시 개별요인을 발생하게 하며, 개별분석을 필요로 하게 한다.

3. 부동산의 인문적 특성

1) 인문적 특성의 의의

인문적 특성은 부동산이 인간 사회와 상호작용하면서 나타나는 특성을 의미한다. 이는 시대와 상황에 따라 변화할 수 있는 후천적이고 가변적인 성질로서, 사회경제적 환경 변화에 따라 신축적으로 대응하며 인위적으로 조정될 수 있는 특징을 가진다. 즉, 인간이 부동산을 이용하므로 영향을 주고, 영향을 받으며 발생하는 특성이다.

2) 용도의 다양성

(1) 의의

용도의 다양성은 부동산이 인간의 다양한 사회경제적 활동을 수용할 수 있는 특성을 의미한다. 동일한 부동산이라도 시대적 요구와 인간의 선택에 따라 여러 용도로 활용될 수 있으며, 이는 부동산의 경제적 가치 형성에 중요한 영향을 미친다. 특히 토지의 경우, 주거, 상업, 공업 등 다양한 용도로 이용될 수 있어 사회의 발전과 변화에 따라 그 활용 방식이 변화할 수 있다. 이러한 용도의 다양성은 최대 수익을 창출할 수 있는 용도로의 전환을 가능하게 하므로 용도간 경합이 발생하고, 소유자는 부동산의 가치를 극대화할 수 있는 최유효이용 방안을 모색하게 된다.

(2) 파생현상

① 최유효이용의 판단 근거 및 적지론의 근거를 제공한다.
② 가치다원론의 근거가 된다.
③ 부동산의 창조적 이용, 이행과 전환의 근거가 된다.

3) 합병 및 분할의 가능성

(1) 의의

합병 및 분할의 가능성이란 토지는 이용자의 의사에 따라 합병 또는 분할될 수도 있고 이를 다시 분할 또는 합병할 수도 있는 변동 가능성을 말한다. 물리적 측면에서 토지는 경계선의 변경을 통해 물리적으로 분할되거나 합병될 수 있다. 이는 토지의 형상, 면적, 접근성 등 물리적 특성을 변화시켜 토지의 이용가능성과 가치에 직접적인 영향을 미친다. 권리적 측면에서 토지의 합병 및 분할은 소유권의 범위와 내용에 변화를 가져온다. 토지의 분할은 하나의 소유권이 여러 개의 소유권으로 나뉘는 것을 의미하며, 합병은 복수의 소유권이 하나로 통합되는 것을 말한다.

(2) 파생현상

① 합병 및 분할에 따른 증가 · 감가를 가져오고 한정가격을 성립하게 한다.
② 부동산평가시 균형의 원칙, 적합의 원칙, 기여의 원칙 적용을 가능하게 한다.
③ 용도의 다양성을 지원하는 기능을 갖는다.

4) 사회적 · 경제적 · 행정적 위치의 가변성

(1) 의의

토지는 물리적으로 볼 때는 고정성이 존재하지만, 사회적 · 경제적 · 행정적 위치에 따라 그 가치가 가변적이라는 것을 말한다. 사회적 위치의 변화란 토지 주변 환경의 악화 또는 개선 등으로 인하여 그 수요가 변동하는 것을 말한다. 경제적 위치의 변화란 토지에 영향을 미치는 경제적 상황의 변화로 인해 수요 공급 상황 및 유용성이 변화하는 것을 말한다. 행정적 위치의 변화란 정부의 규제나 정책 등에 의해 부동산 가격이나 활동에 영향을 받는 것을 말한다.

(2) 파생현상

① 장기적 배려가 요구되며, 예측과 변동의 원칙의 성립 근거가 된다.
② 감정평가시 기준시점의 확정과 시점수정의 필연성이 요구된다.

4. 경제적 특성 – 희소성, 토지효용가변성, 위치선호성, 내구성

1) 희소성

희소성은 부동산이 인간의 수요에 비해 양적 · 질적으로 한정되어 있는 상태를 의미한다. 이는 부동산의 자연적 특성인 부증성과 고정성에서 기인하며, 초과 수요로 인한 각종 토지 문제의 근본 원인이 된다. 이러한 희소성으로 인해 제한된 자원 하 효율적인 이용이 필요하므로 부동산의 최유효이용이 더욱 중요해진다.

2) 개량물에 의한 토지효용가변성

개량물이란 토지 위 인위적인 힘으로 설치되어 토지의 효용을 변화시키는 것이다. 토지는 지리적 위치의 고정성이 있어 인근지역의 사회적 · 경제적 · 행정적 요인의 영향을 받음과 동시에 해당 지역 개량물의 영향을 받는다.

공공 인프라는 지가 상승요인이 되는 반면, 위험시설이나 혐오시설은 지가 하락요인이 된다. 토지와 개량물이 적절한 균형을 이룰 때 최대의 효용이 발생하며, 균형이 깨질 경우 건부감가 현상이 나타날 수 있다.

토지 개량물은 토지에 대한 정착물(도로, 상하수도 등)과 토지상의 정착물(건물, 구축물 등)로 구분된다. 토지에 대한 정착물은 도로, 상하수도 등과 같이 토지에 화체되어 별도의 독립적인 평가대상이 되지 않는다. 토지상의 정착물은 건물이나 구축물과 같이 토지와 별도로 평가의 대상이 된다.

3) 위치선호성

위치선호성은 사람들이 특정한 위치(입지)가 제공하는 높은 경제적 효용으로 인해 해당 위치를 선호하는 현상을 의미한다. 부동산의 용도에 따라 효용이 달라지므로, 주거용 부동산의 경우 쾌적성이, 상업용 부동산의 경우 수익성이, 공업용 부동산의 경우 생산성이 주된 입지선호 요인으로 작용한다. 이러한 위치선호성은 절대적이거나 고정적인 것이 아니라, 시간의 경과와 사회경제적 환경 변화에 따라 변동하는 상대적이고 가변적인 특성을 지닌다.

4) 내구성

내구성은 부동산이 장기간에 걸쳐 지속적인 효용을 제공하는 특성을 의미한다. 이는 물리적 특성인 영속성과 유사하나, 내구성은 경제적 투자재로서 부동산이 창출하는 이익의 장기 지속성을 더욱 강조하는 개념이다.

생산자 측면에서는 투하자본의 회수기간이 길어 장기적인 투자 관점이 필요하며, 소비자 측면에서는 장기 모기지와 같은 금융 수단을 통한 소비가 이루어진다.

감정평가 실무에서 내구성은 부동산 가치를 미래의 기대 편익을 현재가치로 환원하여 산정하는 이론적 근거가 되며, 이는 예측의 원칙과 밀접하게 연관된다. 또한 부동산의 내구성은 물리적 수명과 경제적 수명의 차이를 발생시키며, 이러한 특성은 감가수정의 필요성을 뒷받침한다.

5) 지역성

지역성은 부동산의 고정성에서 파생되는 특성으로, 부동산이 특정 지역의 구성요소로서 가지는 상호연관성을 의미한다. 부동산은 인접한 다른 부동산들과 함께 하나의 지역을 형성하며, 해당 지역 내에서 상호의존·보완·협동 관계 또는 대체·경쟁 관계를 맺게 된다. 이러한 상호관계를 통해 부동산의 사회적·경제적·행정적 위치가 결정되며, 이는 부동산의 가치 형성에 중요한 영향을 미친다.

5. 건물의 특성

「건축법」상 '건축물'이란 토지에 정착하는 공작물 중 지붕과 기둥 또는 벽이 있는 것과 이에 부속된 시설물 등을 말한다. 건물은 토지와는 구별되는 다음과 같은 고유한 특성을 지닌다.

건물은 제한적인 이동가능성을 가진다. 원칙적으로는 부동산으로서 고정성을 지니지만, 현대 건축기술의 발전으로 이동식 주택이나 건물 이축 등이 가능해져 토지와 달리 이동성이 있다.

건물은 재생산이 가능한 내구소비재로서 물리적·경제적 내용연수를 갖는다. 지속적인 유지보수와 개량 활동을 통해 내용연수를 연장하거나 효용을 증진시킬 수 있으며, 이는 건물 가치의 유지와 향상에 중요한 영향을 미친다.

건물은 토지와 달리 인위적 생산이 가능하다. 다만 건물은 토지에 정착해야 하므로, 이용 가능한 토지의 제약을 받아 건축 가능성이 한정된다는 특징이 있다.

건물은 인공 구조물로서 토지에 비해 개별성이 약하다. 특히 아파트와 같이 동일한 설계와 자재로 대량 생산되는 건축물의 경우, 개별성은 낮고 대체가능성이 높아진다.

Ⅱ. 부동산의 분류

1. 부동산 종별(용도별) 분류

1) 의의
부동산 종별이란 부동산의 용도적 관점에서 부동산을 분류하는 것이다. 종별은 지역종별과 토지종별로 구분된다.

2) 지역종별
지역종별이란 지역의 용도에 따른 분류로서 택지지역, 농지지역, 임지지역, 후보지역, 이행지지역 등으로 분류할 수 있다.

(1) 택지지역
택지지역이란 주거, 상업, 공업활동 등에 이용되는 건물 등의 부지로 이용되는 것이 자연, 사회, 경제 및 행정적 관점으로 보아 합리적이라 판단되는 지역을 말한다. 택지지역은 주거지역, 상업지역, 공업지역 등으로 세분화된다.

(2) 농지지역
농지지역이란 농업생산활동 중 경작에 이용되는 것이 자연, 사회, 경제 및 행정적 관점으로 보아 합리적이라 판단되는 지역을 말한다.

(3) 임지지역
임지지역이란 임업생산활동 중 죽목 또는 특수한 목적에 이용되는 농작물의 생육에 이용되는 것이 자연, 사회, 경제 및 행정적 관점으로 보아 합리적이라 판단되는 지역을 말한다.

(4) 후보지역, 이행지지역
후보지(예정지)지역이란 지역종별 대분류 상호간[예를 들어 농지(임지)지역에서 택지지역으로의 전환] 어떤 지역에서 다른 지역으로 전환되어 가는 지역을 말한다. 이행지지역이란 소분류상호간(예를 들어 주거지역에서 상업지역으로의 전환) 어떤 지역에서 다른 지역으로 전환되어 가는 지역을 이행지지역이라 한다.

3) 토지종별
토지종별이란 지역의 종별에 의하여 분류되는 토지의 분류로서, 토지종별과 토지의 현이용상황이 반드시 일치하는 것은 아니다. 토지종별은 택지, 농지, 임지, 후보지(예정지), 이행지 등으로 분류할 수 있다.

(1) 택지
택지란 주택, 상가, 공장 등 여러가지 건물 등의 부지로 이용 중이거나 이용되는 것이 사회, 경제 및 행정적 관점으로 보아 합리적이라 판단되는 토지를 말한다. 택지는 그 용도에 따라 주거용지, 상업(업무)용지, 공업용지 등으로 구분된다.

(2) 농지

농지란 법적 지목 여부와 무관하게 실제 현황이 농경지 또는 다년생식물의 재배지로 이용되는 토지와 그 개량시설의 부지를 말한다. 농경지란 농작물을 경작하는 토지를 말한다. 농지는 답지, 전지 등으로 세분될 수 있다.

(3) 임지

임지란 입목 등이 집단적으로 생육되고 있는 토지를 말한다.

(4) 후보지, 이행지

후보지(예정지)란 인근지역의 상황으로 보아 현재의 용도에서 장래 다른 용도로의 전환이 객관적으로 예상되는 토지로서 상기 용도별 분류에 따른 유형 간의 변화가 일어나고 있는 토지를 말한다. 이행지란 대분류 내의 세분된 종류에서 좀더 세분된 종류 안에서 변화하는 토지를 말한다. 택지 내에서 주택지가 상업지로, 농지 내에서 전에서 답으로 바뀌는 것을 말한다.

4) 종별 판단 시 유의사항

① 공부상 지목에 의해 판단되어서는 안 된다. 일시적 이용상황, 현황이 아닌 그 토지가 속하는 용도적 지역 종별에 따라 판정하여야 한다.
② 용도적 지역의 판정은 자연적·사회적·경제적·행정적 관점에서 가장 합리적이라고 판단되는 경우를 상정하여 판정하여야 한다.

2. 부동산 유형별 분류

1) 의의

부동산 유형이란 그 유형적 이용 및 권리관계의 태양에 따라 구분되는 부동산의 분류를 말한다. 크게 택지와 건물 및 그 부지로 분류한다.

2) 택지

택지는 유형적 이용 및 권리관계의 태양에 따라 나지, 건부지, 구분지상권이 설정된 토지 등으로 구분할 수 있다. 나지란 지상에 건축물이 없는 상태의 토지를 말한다. 건부지란 건물 등으로 이용되고 있는 부지를 말한다. 구분지상권이란 공작물을 소유하기 위하여 지하 또는 공중공간 상하의 범위를 정하여 설정된 부지를 말한다.

3) 건물 및 그 부지

(1) 자기 소유의 건물 및 그 부지

건물소유자와 그 부지의 소유자가 동일하며, 소유자에 의한 사용·수익을 제한하는 권리가 부착되어 있지 않은 경우의 건물 및 그 부지를 말한다.

(2) 임차권이 설정된 건물 및 그 부지

건물소유자와 그 부지의 소유자가 동일인이나 건물이 임대차에 제공되고 있어 소유자의 사용·수익에 제한을 받는 상태대로의 건물 및 그 부지를 말한다.

(3) 구분소유건물 및 그 부지

「집합건물의 소유 및 관리에 관한 법률」에 의하여 전유부분, 공용부분, 대지사용권 등이 용도상 불가분 관계로 일체로 거래·관리되고 있는 건물 및 그 부지를 말한다.

3. 부동산 종별·유형별 분류 실익

1) 개설

부동산의 종별과 유형에 따라 수요자가 추구하는 효용이 달라진다. 이에 따라 부동산 시장이 세분화되고 각각의 가치형성원리가 작동하므로, 이를 구분하여 파악할 수 있다.

2) 대상 물건 확정시

감정평가시 부동산의 종별과 유형에 따라 주된 감정평가방식과 가격자료가 상이하다. 따라서 대상의 용도지대 등 종별 확정과 권리관계 등 유형 확정을 통해 부동산의 종류를 명확히 파악할 수 있다.

3) 지역분석 및 개별분석의 실익

부동산의 종류에 따라 지역분석 및 개별분석시 가치형성요인의 분석 기준이 달라진다. 토지, 건물, 집합건물 등 유형별 분류는 가치형성요인의 조건을, 용도별 분류는 구체적 항목과 내용을 결정한다. 또한 권리관계는 가치에 직접적인 영향을 미치므로 이를 정확히 파악할 수 있다.

4) 감정평가방식 적용의 실익

「감정평가에 관한 규칙」제14조 내지 제26조에 따라 대상물건의 유형별로 적용해야 할 주된 감정평가방식이 구분된다. 또한 상업용 부동산과 같이 용도별 분류에 따라 가치를 더욱 잘 반영하는 방식이 존재한다. 따라서 대상물건의 정확한 분류를 통해 적절한 감정평가방식을 선택할 수 있다.

ca.Hackers.com

제2장

부동산 가격론

제2장 부동산 가격론

Ⅰ. 지대, 지가, 도시공간구조이론

1. 지대, 지가, 도시공간구조이론의 학습 목적

지대이론, 지가이론, 도시공간구조이론은 최근 감정평가 이론 시험에서 출제빈도가 낮으나, 부동산 가치의 본질이 인간 생활로부터 발생하며 구체적으로 어떤 요소가 가치에 영향을 미치는지에 대한 분석 및 이론적 근거를 제시했다는 점에서 중요한 의의가 있다. 따라서 각 이론별 가치의 원천과 현대 감정평가와의 관련성에 주안점을 두고 학습하는 것이 필요하다.

2. 지대론

1) 차액지대론(리카르도)

차액지대론에서 말하는 지대란 우등지가 획득하는 잉여로, 리카르도에 의해 주장되었다. 농토의 전체생산량에서 생산비(자본과 노동의 사용에 대한 대가)를 제외한 나머지 잉여분이 지대가 되고 이 지대를 자본화한 것이 토지가격이라고 보았다.

농업생산에서 토지의 비옥도 차이에 따라 동일한 자본과 노동을 투입하더라도 생산량에 차이가 발생하며, 이로 인해 우등지에서는 열등지보다 더 많은 잉여가 발생한다. 이러한 잉여가 바로 지대가 되며, 열등지에서는 자본과 노동의 대가를 제외하면 잉여가 발생하지 않으므로 지대는 발생하지 않는다. 리카르도는 이 지대를 자본화한 것이 토지가격이라고 설명하였으며, 이는 생산성 차이에 따른 가치 형성의 원리를 제시했다는 점에서 의의가 있다.

2) 절대지대론(마르크스)

절대지대론에서 지대란 토지소유자의 독점적 지위에 의한 수입으로 정의한다. 토지의 사유재산권에 기초하여 토지소유자는 무상으로 토지를 제공하지 않기 때문에, 아무리 열등한 토지라도 최소한의 지대는 발생한다는 것이 이 이론의 핵심이다. 이는 차액지대론과 달리 토지의 사유화와 독점이라는 사회적 관계에서 지대 발생의 원인을 찾는다는 점에서 차별화된다. 절대지대론은 토지가치가 단순한 생산성 차이뿐만 아니라 토지의 희소성과 독점적 성격에서도 비롯된다는 점을 강조하여 부동산 가치평가의 사회경제적 측면을 설명하는 데 기여한다.

3) 입지교차지대론(튀넨)

입지교차지대론은 시장으로부터 거리를 지대 발생의 주요 요인으로 보아, 위치의 상대적 우위성이 토지가치를 결정하는 중요한 요소임을 보여주는 이론이다. 동일한 비옥도를 가진 토지라도 시장과의 거리에 따라 운송비에 차이가 발생하며, 시장에 가까울수록 운송비가 절감되어 그만큼 더 많은 지대가 발생한다. 입지교차지대론은 현대 도시의 토지이용패턴과 지가분포를 설명하는 기초가 되었으며, 특히 상업용 부동산의 가치평가에서 접근성과 입지가 중요한 가치결정요인이라는 원리를 제공한다.

4) 현대 감정평가에 미치는 영향

세 가지 지대이론은 각각 토지의 생산성 차이, 사회적 독점관계, 위치적 이점이라는 서로 다른 측면에서 지대 발생의 원리를 설명하고 있다. 이러한 이론적 기반은 현대 감정평가에서 부동산의 가치를 분석할 때 생산성, 희소성, 입지성을 종합적으로 고려해야 한다는 기본 원칙으로 발전하였다.

3. 도시토지 지가이론

1) 마셜의 지가이론

마셜의 지가이론은 위치가치의 중요성을 강조하고 토지의 최유효이용 개념을 제시한 이론이다. 마셜은 지가를 위치의 이점에 대한 가치 총액으로 정의하였다.

마셜은 전통적 농촌지대를 순수지대·준지대·공공발생지대로 구분하면서, 기업용 토지에 주목하여 위치적 우위의 화폐가치를 위치가치라 정의하였다. 위치가치는 생산물 판매시장까지의 수송비 절약에서 주로 발생하며, 시장접근에 따른 판매비용 절약액과 수요증대로 인한 생산물 가격상승분도 포함된다. 마셜이 제시한 토지이용 개념은 현대 감정평가에서 '토지의 최유효이용'으로 발전하였다. 그는 공업용지의 가치는 비용절약에, 소매용 상업지의 가치는 매출증가에 있다고 주장함으로써 위치가치의 중요성을 부각시켰다. 이러한 마셜의 이론은 현대 감정평가에서 입지특성이 부동산 가치에 미치는 영향을 설명하는 이론적 기초가 되었다.

2) 허드의 지가이론

허드의 지가이론은 접근성을 지가결정의 핵심요인으로 규정한 이론이다. 허드는 지대는 위치에, 위치는 편리에, 편리는 접근성에 의존하므로 결국 지가는 접근성에 따라 결정된다고 주장하였다.

허드는 지가의 본질을 경제적 지대로 보고, 지대와 위치, 편리성, 접근성 간의 연결고리를 체계화하였다. 접근성은 용도에 따른 접근의 정도와 혐오시설이나 편의시설 등 접근대상의 성격에 따라 차별화된다. 도시성장 과정에서 접근성의 변화는 토지가치 변동의 주요 원인이 된다. 이러한 접근성 중심의 지가결정 이론은 현대 감정평가에서 토지의 입지적 특성과 교통여건 분석의 중요성을 뒷받침하는 이론적 근거가 되었다.

3) 토페카의 실증연구(소도시의 지가구조)

토페카의 실증연구는 지가와 토지이용 간의 상호작용을 피드백 시스템으로 규명한 연구이다. 이 연구는 도시 중심부에서는 높은 지가와 집약적 토지이용이, 외곽으로 갈수록 낮은 지가와 조방적 토지이용이 나타남을 실증적으로 분석하였다.

미국 소도시 토페카시를 대상으로 한 이 연구는 소도시의 비교적 단순한 지가구조에서 중심지 지가가 다른 지역보다 현저히 높게 형성되는 현상을 확인하였다. 중심지에서는 토지의 집약적 이용이 이루어지는 반면, 접근성이 떨어지는 도시 외곽으로 갈수록 지가는 급격히 하락하고 토지이용은 조방적 형태로 변화한다. 지가변동이 토지이용의 집약도를 변화시키고, 이러한 이용패턴의 변화가 다시 지가구조에 영향을 미치는 피드백 시스템을 실증적으로 규명하였다. 토페카 연구는 감정평가에서 토지이용 특성과 지가형성 간의 관계를 분석하는 이론적 틀을 제공한다.

4) 로스(Ross)의 가격조정이론

로스의 가격조정이론은 지가가 매도인과 매수인 간의 상호조정 과정에서 형성된다는 이론이다. 이 이론은 지가가 단순한 경제적 법칙만으로 결정되지 않고 시장참여자의 주관적 판단과 거래환경에 영향을 받는다고 설명한다.

실제 부동산 시장에서는 다양한 불안정 요인이 상존하므로 주관적 판단이 가격결정에 개입할 가능성이 높다. 매도인의 가격결정에는 은행이자율과 양도소득세가 주요 배후요인으로 작용하며, 매수인의 가격 제안에는 대출이자율과 재산세가 영향을 미친다. 로스의 이론은 감정평가에서 시장접근법 적용 시 거래 사례의 특수성과 시장참여자의 동기를 고려해야 하는 이론적 근거가 된다.

5) 거품지가이론

거품지가이론은 토지 등 실물자산의 거래가격이 시장 기본가치를 크게 상회하는 현상을 설명하는 이론이다. 이 이론은 토지의 내구성, 희소성, 가격상승 기대가 거품지가 발생의 전제조건이 됨을 강조한다. 경제학에서 거품지가란 자산가격이 자신의 기본가치보다 과도하게 높게 평가될 때 발생하는 경제현상을 의미한다. 부동산 시장에서는 기대되는 임대료 등에 의해 결정되는 시장 기본가치를 크게 상회하는 거래 가격이 형성될 수 있다. 토지는 내구성, 희소성, 가격상승 기대라는 거품발생 조건을 모두 충족하기 때문에 거품현상이 발생하기 쉽다. 거품지가이론은 감정평가에서 지역분석이나 감정평가방식 적용 시 투기적 요소를 배제하고 합리적 요인만을 분석해야 한다는 실무적 지침을 제공한다. 이는 감정평가의 객관성과 신뢰성을 유지하기 위해 시장의 비정상적 가격상승 요인을 식별하고 제외해야 함을 강조하는 이론적 기반이 된다.

4. 도시성장 · 구조이론

1) 버제스의 동심원이론

버제스의 동심원이론은 도시가 중심으로부터 원형으로 확장되며 각 원에 따라 토지이용이 분화된다는 이론이다. 이 이론에 따르면 중심지에서 멀어질수록 접근성, 지대 및 인구밀도가 감소한다.

도시는 중심부로부터 상업지역(중심업무지구), 전이지역(상업이나 경공업지역에 침범당하는 개발지구나 슬럼지구), 공장지역(공업 근로자들이 직장에 접근한 곳), 저소득지역, 고소득지역(고급아파트나 독립주택), 통근지역(도시 경계 밖 통근자 거주지)으로 분화하며 성장한다. 이는 알론소의 지대지불이론 및 패널티 이론과 유사하며, 높은 지대를 지불할 수 있는 용도가 특정 지역의 토지이용을 결정한다는 원리를 보여준다. 도시성장이 계속되면 내부 원은 침입과 승계작용에 의해 점차 외부권을 침식해 들어가는 경향이 있다. 중심지 기능이 외곽지역을 침입하여 해체와 재조직화가 일어나며 원형적 확산이 이루어진다. 이러한 파급 또는 침식과정의 속도는 도시경제 성장과 인구증가에 의해 결정된다.

2) 호이트의 선형이론

호이트의 선형이론은 교통망을 따라 토지이용패턴이 선형으로 확장된다는 이론이다. 이 이론은 주거지역이 소득과 사회적 지위에 따라 분리되어 발전한다고 설명한다.

교통망에 따라 토지이용모형이 달라지며 같은 동질부문이 확장되어 원이 변형된 부채꼴(선형) 모양의 토지이용유형을 보인다. 주거지역은 소득과 사회적 지위에 따라 분리된 주거지를 형성하며, 고소득층은 교통망의 축에 가까이 입지하고 저소득층은 반대편에 입지하며 중산층은 고소득층 인근에 입지하는 경향이 있다. 도시중심지에서 고소득층이 교외로 이동하면 저소득층이 그곳을 점유하게 된다. 호이트는 주택가격 지불능력을 도시주거공간의 입지유형을 결정짓는 핵심요인으로 파악했다. 도시 지역 내에서 유사 토지이용군은 서로 흡인력을 가지고 집단을 형성한다. 핵의 성립요인은 경제활동에 따른 특수시설의 입지, 동종산업의 집적이익 추구, 이종산업 간 이해상반, 업종별 지대지불 능력 차이 등이다. 이러한 요인들로 인해 상이한 장소에서 집적이 진행되며 도시의 기능적 지역분화가 이루어져 여러 핵심공간이 형성된다.

3) 해리스와 울만의 다핵심이론

해리스와 울만의 다핵심이론은 도시공간 내에 여러 개의 토지이용군이 핵을 이루며 지역공간이 구성된다는 이론이다. 이 이론은 현대 도시의 복잡한 공간구조를 설명하는 데 유용하다.

같은 도시공간 내에 여러 개의 토지이용군이 핵을 이루면서 지역공간이 구성된다. 하나의 핵을 이루고 있는 도시의 공간이용을 보면 주거지역과 지역 간 교통망 등이 모인 소핵을 이룬 토지이용군이 형성된다. 이는 현대 대도시의 복합적인 공간구조와 다양한 중심지 발생 현상을 설명하는 데 적합한 이론이다.

4) 감정평가에 미친 영향

(1) 지역분석의 체계화

감정평가에서 대상부동산의 입지를 도시구조적 맥락에서 분석하는 방법론을 제공하였다. 평가사는 평가대상이 동심원, 선형, 다핵심 중 어떤 구조에 위치하는지 파악하여 가치형성요인을 분석한다.

(2) 용도지역 변화 예측

도시구조이론은 감정평가사가 특정 지역의 미래 용도변화를 예측하는 이론적 틀을 제공한다. 특히 침입 - 승계 과정에 대한 이해는 개발사업 대상지의 장기적 가치변화 예측에 활용된다.

(3) 교통망과 가치 관계 분석

호이트의 선형이론은 교통망 개발이 토지가치에 미치는 영향을 분석하는 방법론 발전에 기여하였다. 새로운 교통인프라 건설에 따른 가치변화 예측에 이론적 기초를 제공한다.

(4) 지역 간 가치격차 설명

도시구조이론은 같은 도시 내에서도 지역별로 상이한 가치가 형성되는 원리를 설명하여 감정평가에서 지역요인 분석의 중요성을 부각시켰다.

(5) 최유효이용 분석 기법

도시구조이론은 특정 위치에 적합한 최유효이용을 파악하는 데 필요한 공간구조적 맥락을 제공하여 최유효이용 분석 기법 발전에 기여하였다.

5. 지대이론과 감정평가와의 관련성

1) 가격제원칙과의 관련성

지대이론과 도시구조이론은 감정평가의 기본원칙과 밀접한 관련성을 갖는다. 도시성장 구조에 대한 이해는 지역의 성장과 발달에 대한 변동 및 예측에 필요하므로 변동·예측의 원칙과 관련이 있다. 접근성과 위치에 관련된 지가이론은 적합의 원칙 및 외부성의 원칙과 직접적인 관련성을 갖는다. 이러한 원칙들은 부동산의 가치를 평가할 때 기본적인 판단 기준으로 작용한다.

2) 지역·개별분석과의 관련성

지대이론과 도시구조이론은 감정평가의 지역분석과 개별분석 과정에 중요한 분석틀을 제공한다. 지역분석의 대상지역을 확정할 때 도시성장구조이론은 대상 부동산의 인근지역 확정 및 유사지역 설정의 기준이 된다. 거품지가이론은 지역의 지가수준에 급격한 변동이 있을 경우 그 해석에 유용하며, 접근성 개념은 지역분석 시 해당지역을 분석하는 주요요인이 된다. 또한 접근성은 개별요인으로도 작용하므로 이와 관련된 이론은 개별분석 시에도 유용하게 적용된다.

3) 감정평가방식 적용과의 관련성

(1) 원가방식

원가방식 적용 시 지대이론은 감가수정의 이론적 근거를 제공한다. 접근성과 위치와 관련하여 감가수정을 할 때, 주변에 혐오시설이 존재하는 경우나 주변의 토지이용과 현저히 다른 토지이용의 경우에는 외부효과에 대한 경제적 감가가 필요하다. 이러한 감가요인 분석에 지대이론과 도시구조이론의 개념이 적용된다.

(2) 비교방식

비교방식 적용 시 지역요인과 개별요인 등의 비교에서 접근성 관련 지가이론이 유용하게 활용된다. 거품지가이론은 유사성 있는 사례를 선정하는 데 종합적인 분석 틀을 제공하여 비정상적 거래사례를 식별하는 데 도움을 준다. 토지의 위치가치와 접근성이 유사한 비교사례를 선별하는 과정에서 지대이론의 개념이 적용된다.

(3) 수익방식

수익방식은 수익을 환원하는 방식으로, 수익의 대표적인 형태인 지대와 지가와의 관계를 설명하는 이론들이 수익방식의 기초가 된다. 차액지대론과 절대지대론은 토지가 창출하는 수익의 본질을 설명하며, 이는 수익환원법의 이론적 근거가 된다. 적정 자본환원율 산정과 미래 수익 예측에 있어 지대이론의 원리가 적용된다.

4) 지대이론의 한계

지대이론과 도시구조이론은 감정평가에 유용한 이론적 기초를 제공하지만 한계도 존재한다. 도시지가이론은 지가형성요인을 단순화하여 다양한 가격형성요인을 종합적으로 반영하지 못하는 한계를 가진다. 도시내부의 지리적 분포, 규모, 다양한 기능 등을 통합적으로 고려하는 도시성장구조이론은 계량화가 곤란하다는 한계점이 있다. 또한 개별토지마다 개별적·구체적으로 발생하는 개별지가를 판정할 때 이러한 이론들을 직접적으로 적용하는 것에는 실무적 한계가 있다. 따라서 감정평가사는 이론의 기본 원리를 이해하되, 개별 사안의 특수성을 고려한 융통성 있는 적용이 필요하다.

Ⅱ. 부동산 가치이론과 감정평가

1. 부동산 가치이론 학습 목적

오늘날 사용되는 감정평가 3방식(원가방식, 비교방식, 수익방식)의 이론적 근거는 경제학자들의 가치이론에서 찾을 수 있다. 가치이론은 가치의 본질에 대한 경제학적 연구를 통해 가치추계이론의 성립에 기여했으며, 이는 현대 감정평가방식의 논리적 토대가 되었다. 각 방식이 기반하고 있는 가치이론을 살펴보면, 원가방식은 생산비설(비용가치설), 비교방식은 시장가치설, 수익방식은 효용가치설에 그 이론적 근거를 두고 있다.

구분	가치이론	가치발생요인	가치추계방법
고전학파	생산비가치설 생산비가 가치를 결정	생산성, 공급	원가법 비용접근법
한계효용학파	한계효용가치설 한계효용이 가치를 결정	시장성, 수요	비교법 시장접근법
신고전학파	균형가치이론 장래 기대되는 편익이 가치를 결정	단기 - 수요 장기 - 생산성	수익법 소득접근법

2. 고전학파와 원가방식(18C 말 ~ 19C 말)

1) 의의

고전학파 경제학자들은 재화의 가치는 그 재화의 생산에 투입된 생산요소의 대가, 즉 생산비에 의해 결정된다고 주장하였다. 이는 공급측면에서 시장가격의 형성원리를 설명하고 있으며, 오늘날 원가방식의 이론적 기초가 된다.

2) 생산비가치설

생산비는 노동비용(생산 노동의 대가), 자본비용(투입 자본의 이자), 지대(토지 사용의 대가), 이윤(기업가의 위험부담 보상) 등으로 구성된다. 시장가격은 수요와 공급에 의해 결정되나, 시장가격이 생산비에 미치지 못하면 공급이 감소되어 가격은 상승한다. 반대로 시장가격이 생산비를 초과하면 초과이윤이 발생하여 경쟁자들이 진입하게 되고, 이로 인해 공급이 증가하여 가격은 하락한다. 결국 장기적으로는 시장가격과 생산비가 일치하는 균형점에 도달하게 된다.

3) 가치발생요인

재화가 가치를 가지기 위해서는 효용과 희소성이 있어야 한다는 측면에서 '효용'이 가장 중요한 가치발생요인이라는 것을 제시하였다. 다만, 효용의 근본이 곧 비용이라는 전제하에 생산비가치설을 주장하여 공급과 비용을 강조하였다.

4) 구체적 내용

(1) 가정된 효용

가정된 효용이란 재화의 효용과 생산비가 일대일로 대응되고 그만큼 가치를 지닌다고 가정하는 것
이다. 생산자는 합리적 경제주체로서 이윤 창출이 가능한 재화만을 생산하므로, 시장에서 거래되는
재화는 이미 수요자가 원하는 효용을 가진다고 보았다. 또한 생산비의 크기가 곧 효용의 크기를 반
영한다고 생각했는데, 이는 생산자가 해당 재화에 비용을 투입한다는 것은 그만큼의 효용이 있다고
판단했기 때문이다. 시장에서 지속적으로 거래된다는 것 자체가 그 재화의 효용을 입증하는 것이며,
효용이 없다면 자연스럽게 시장에서 도태될 것이라고 설명했다.

(2) 생산비와 시장가격간의 관계

시장가격은 수요와 공급에 의해 결정되나, 만약 시장가격이 그 재화의 생산비에 미치지 못하면 공급
이 감소되고 시장가격은 상승한다. 한편, 시장가격이 생산비를 초과하면 초과이윤이 발생하게 됨에
따라 경쟁자들의 진입으로 공급이 증가하게 되고 시장가격은 하락하게 된다. 결국, 시장가격과 생산
비가 일치하는 선에서 균형을 이루게 된다. 장기적인 관점에서 생산비는 확실히 부동산의 가치에
영향을 미친다는 점을 시사하고 있다.

3. 한계효용학파와 수익방식(1899 ~ 1930)

1) 의의

한계효용학파 경제학자들은 재화의 가치는 그 재화가 소비자의 복리를 증진에 기여한 만큼 가치로 반영
되기 때문에, 한계효용이 곧 재화의 가치라고 주장하였다. 이는 수요측면에서 시장가격 형성원리를 설명
하고 있으며, 오늘날 수익방식의 이론적 기초가 된다.

2) 한계효용가치설

한계효용학파는 재화의 가치가 생산비가 아닌 한계효용에 의해 결정된다고 주장하며, 공급보다 수요 측
면을 중시했다. 여기서 효용은 재화가 개인의 욕구를 충족시키는 능력을, 한계효용은 재화를 한 단위
더 소비할 때 얻는 효용의 증가분을 의미한다. 이들은 대상부동산의 가치 기여도가 투입비용이 아닌,
시장에서 매수자들이 지불하고자 하는 가격으로 측정된다고 보았다.

3) 가치발생요인

한계효용학파는 가치발생요인으로 효용과 희소성에 유효수요를 추가했다. 가치는 재화가 제공하는 효용에 기반한 수요에 의해 결정되며, 이러한 수요는 가격으로 측정된다고 보았다. 다만, 수요가 증가하더라도 소비자의 지불의사에는 한계가 있다는 점을 고려하여 유효수요 개념을 도입했다.

4) 구체적 내용

(1) 효용의 기여

한계효용학파는 재화가 소비자에게 제공하는 효용의 기여도를 중시했다. 이들은 재화의 가치가 생산에 투입된 비용이 아닌, 소비자가 얻는 만족도에 따라 결정된다고 보았다. 따라서 동일한 생산비가 투입된 재화라도 소비자에게 제공하는 효용이 다르다면 그 가치도 달라질 수 있다고 설명했다.

(2) 효용, 시장가격과 생산비의 관계

한계효용학파는 재화의 효용이 시장에서 매수자의 지불의사가격으로 측정된다고 보았다. 부동산 가격은 단기적으로 수요에 의해 결정되나, 장기적으로는 반드시 그렇지는 않다. 이들은 생산비와 가치 사이의 상관관계는 인정하되, 이것이 인과관계는 아니라고 주장했다. 즉, 시장의 힘에 의해 비용과 가치가 같아지는 경향이 있을 뿐, 생산비가 가치를 결정하는 것은 아니라고 설명했다.

4. 신고전학파와 비교방식

1) 의의

신고전학파 경제학자들은 재화의 가치는 수요와 공급이 균형을 이루는 시장에서 결정되기 때문에, 균형가격이 곧 재화의 가치라고 주장하였다. 이는 공급과 비용 측면의 고전학파 이론과 수요와 가격 측면의 한계효용학파 이론을 시간의 개념을 도입하여 결합하여 시장가격 형성원리를 설명한 것으로, 오늘날 비교방식의 이론적 기초가 된다.

2) 구체적 내용

앨프리드 마셜(Alfred Marshall)은 수요와 공급은 가위의 양날과 같아서 어느 하나도 가치 결정에서 배제될 수 없다고 보았다. 고전학파와 한계효용학파의 견해를 조정하는 데 있어 가장 중요한 요소는 '시간'이라고 생각하여 단기와 장기라는 새로운 시간 개념을 도입하여 양 학파의 견해를 조정했다.

(1) 단기에서 시장가격

단기는 생산시설이 확장되지 않는 짧은 시간을 의미한다. 이 시기에는 공급이 고정적이므로 수요가 가격 결정의 주요 요인이 된다. 즉, 단기에서는 한계효용학파가 주장한 것처럼 수요 측면이 가격 결정을 주도한다. 이는 감정평가에서 중요한 원리를 제공하는데, 평가사는 부동산의 가치를 평가할 때 현재 시장에서 시장가치를 지지할 수 있는 실제 거래사례 등의 증거를 확보해야 한다는 것이다.

(2) 장기에서 시장가격

장기에는 생산양식이 변화하여 상황이 달라진다. 시간이 지나면서 단기적 수요·공급의 불균형에 의한 가격변동이 조정되고, 공급이 늘어나면서 생산비가 가치에 미치는 영향이 커지게 된다. 이는 고전학파가 주장한 것처럼 생산비가 가치 결정에 중요한 영향을 미치게 됨을 의미한다. 따라서 재화의 가치는 단기적으로는 수요의 함수이지만, 장기적으로는 공급의 함수가 된다는 것이 신고전학파의 핵심 주장이다.

5. 가치추계이론

1) 의의

가치추계이론은 재화의 가치를 구체적으로 어떻게 산정할 것인가에 대한 실무적 이론이다. 이는 경제학의 가치이론이 현실에서 어떻게 적용되는지를 설명하고, 실제 가치 산정의 방법론을 제시한다.

2) 가치추계방법의 발전

(1) 비용성 기준

생산비를 기준으로 한 가치추계는 재화의 재생산비용을 추적하여 가치를 산정한다. 이는 특히 건물과 같이 재생산이 가능한 부동산의 가치 산정에 유용하다.

(2) 수익성 기준

장래 기대되는 수익을 기준으로 한 가치추계는 부동산이 창출할 수 있는 미래의 수익을 현재가치로 환원하여 가치를 산정한다. 이는 수익을 발생시키는 부동산의 가치 산정에 적합하다.

(3) 시장성 기준

시장에서의 거래사례를 기준으로 한 가치추계는 유사한 부동산의 실제 거래가격을 비교·분석하여 가치를 산정한다. 이는 활발한 거래시장이 형성된 부동산의 가치 산정에 효과적이다.

3) 현대적 의의

오늘날 감정평가의 3방식(원가방식, 수익방식, 비교방식)은 이러한 가치추계이론의 발전 과정에서 확립되었다. 각 방식은 부동산의 특성과 시장 상황에 따라 선별적으로 또는 종합적으로 적용되어 합리적인 가치 판단의 기준을 제공한다.

6. 가치이론이 감정평가에 미친 영향

1) 고전학파와 비용성

고전학파는 재화의 교환가치가 생산비에 의해 결정된다고 보았다. 이는 대상 부동산이 어느 정도의 비용이 투입되어 만들어질 수 있는 물건인가를 분석하는 근거가 되었다. 원가방식은 재조달원가에서 감가수정을 통해 가치를 결정하는 방식으로, 생산비가치설에 근거한다. 특히 재조달원가가 적산가격의 상한이 된다는 점은 고전학파의 가정된 효용 개념과 연관된다.

또한 리카도의 지대이론(생산비를 제한 잉여분을 토지대로 보는 이론)은 토지잔여법과 수익배분원칙에 영향을 미쳤다. 또한 토지의 가치가 개량행위에 의해 결정되며, 그중 가장 많은 수익을 발생시키는 이용방법에 의해 결정된다는 그의 이론은 최유효이용 원칙의 근거가 되었다.

2) 한계효용학파와 수익성

한계효용학파는 재화의 가치가 수요 측면의 한계효용에 의해 결정된다고 보았다. 이는 장래 편익을 현재가치로 환원하여 가치를 추계하는 수익방식의 이론적 기초가 되었다. 또한 시장에서의 수요와 시장가격을 강조한 이들의 이론은 비교방식에도 영향을 미쳤다.

특히 생산요소의 기여도 합이 곧 가치라는 기여의 원칙과, 부동산 가치가 장래 사용의 예측을 근거로 결정된다는 예측의 원칙은 한계효용학파의 이론과 맥을 같이한다.

3) 신고전학파와 시장성

신고전학파는 재화의 가치가 수요와 공급의 균형을 조정하는 과정에서 결정된다고 보았다. 이는 시장성의 원리에 따라 수요·공급의 균형을 중시하는 비교방식의 이론적 근거가 되었다. 또한 어빙 피셔의 소득 기준 가치평가 기법 개발은 수익방식 발전에도 영향을 주었다.

4) 마셜의 3면등가원칙과 시산가액조정의 필요성

수익성(수익방식), 비용성(원가방식), 시장성(비교방식)에 근거한 3방식은 모두 시장가치 도출을 목적으로 한다는 점에서 마셜의 3면 등가성 이론과 연결된다. 다만, 현실의 동태적인 부동산시장에서는 완전한 3면 등가가 이루어지기 어렵기 때문에 시산가액 조정이 필요하게 된다.

Ⅲ. 가치의 정의와 가격과의 차이

1. 가치의 개념 파악을 위한 가치의 성격별 분류

1) 가치다원론의 개념

부동산의 가치는 평가목적 및 형성된 원인에 따라 다양하며, 부동산 활동을 함에 있어 일원적 가치로는 불충분하기에 동일한 부동산에 다양한 가치가 존재할 수 있다는 견해를 말한다.

가치다원론 전제 하 감정평가 목적별로 감정평가금액에 차이가 있게 된다. 구체적으로 부동산은 용도의 다양성이 인정되고, 부동산을 바라보는 관점에 따라 수익과 효용의 크기가 달라지기 때문에 가치다원론이 발생하게 된다.

2) 객관적 가치와 주관적 가치

① 객관적 가치란 자료를 통해 검증될 수 있고 집단적으로 공감할 수 있는 가치를 말한다. 반면, ② 주관적 가치란 개인의 주관적 판단에 따라 평가되는 가치로, 상대적인 가치를 말한다.

3) 당위가치와 존재가치

① 당위가치란 있어야 할 상태의 가치로 당위성을 내포한 이상적·규범적 가치로서 시장이 균형을 이루고 있을 때 성립할 것으로 생각되는 가치이다. 쉽게 '있어야 할 상태'의 가치를 말한다. ② 존재가치란 현실의 시장상황을 반영하는 가치로서 객관적으로 확인이 가능한 가치를 말한다. 원인보다는 현상 그 자체를 중시하는 개념으로 '있는 그대로의 상태'의 가치이다.

부동산 실거래가는 존재가치로 보나, 부동산 가치형성요인의 변화 등은 시장의 효율성에 의해 즉각적으로 거래에 반영되지 않기 때문에 감정평가로 당위가치제시가 필요하다.

4) 교환가치와 사용가치

① 교환가치란 시장에서 매매를 전제로 하여 매도하고자 하는 가격과 구입하고자 하는 가격의 의사합치로 성립하는 가치로, 현실의 시장상황을 반영하는 객관적인 가치이다. 또한 시장에서 시장참여자들의 선택의 결과로 이용상황과 가치가 결정되는 것으로 존재가치라고 할 수 있다. 반면, ② 사용가치란 경제재의 생산성에 근거한 개념으로 대상 부동산이 특정한 용도로 사용될 것을 전제로 하여 파악되는 가치이다. 이러한 사용가치는 특정 개인이나 기업에 기여하는 가치로서 주관적 가치라고 할 수 있다.

2. 부동산 가치 정의

1) 부동산 가치 정의

부동산 가치는 내구재인 부동산의 소유에서 비롯되는 장래 이익에 대한 현재가치를 의미한다. 부동산[1]은 영속성을 가진 재화로서, 그 가치는 교환의 대가인 가격과 용익의 대가인 임료로 표시되며, 이 둘은 원본과 과실의 관계를 갖는다. 또한 부동산은 지리적 위치의 고정성으로 인해 부동산 자체의 순환은 불가능하고, 이를 추상화한 권리가 순환하는 특성을 지닌다.

2) 어빙 피셔(Irving Fisher)의 가치

어빙 피셔는 가치란 장래 기대되는 편익을 현재가치로 환원한 값으로 정의한다. 이러한 정의는 부동산과 같이 사용가치를 향유하는 내구재의 가치를 설명하는 데 적합하다. 부동산의 이용가능성에 따른 이익이 가치의 원천이 되며 시간의 경과에 따라 효익이 변화한다는 특성이 있다.

3) 소유권의 가치

부동산 가치는 일반경제재와 달리 지리적 위치의 고정성으로 인해 부동산 자체가 아닌 이를 추상화한 권리가 순환된다. 법·제도적 보호하에서 부동산을 배타적으로 이용할 수 있는 소유권이 인정되고, 이러한 소유권에 기반한 이용 편익이 가치의 원천이 된다. 즉, 가치는 부동산에 설정된 다양한 권리적이 복합적으로 작용하여 형성되며 각 권리 가치의 합으로 볼 수 있다. 다만, 권리 간의 관계와 제한, 법·제도적 환경, 시장 조건 등을 고려하여 권리 간의 상호작용과 제약을 반영한 가치평가가 필요하다.

4) 위치의 가치

부동산의 가치는 주로 위치에 의해 결정된다. 토지의 위치는 자연적 조건상 불변성, 희소성, 개별성이라는 고유한 특성을 가지면서도, 사회경제적 환경 변화에 따라 그 가치가 변동하는 상대성을 지닌다. 이러한 위치가치는 접근성, 용도지역, 독점력, 비탄력성 등의 요소를 통해 실현되므로, 현대 자본주의 사회에서 부동산 가격의 본질은 위치라고 할 수 있다.

5) 부동산시장에서의 가치

부동산 가치란 부동산이 가지고 있는 효용, 상대적 희소성, 유효수요를 바탕으로 시장에서 형성되는 경제적 가치를 의미한다. 이는 특정 시점에서 부동산이 시장에서 거래될 것으로 기대되는 가능성이 가장 높은 가격으로 표현된다. 이러한 가치는 시장 참여자들의 합리적인 의사결정을 전제로 하며, 부동산의 최유효이용을 고려한 가치를 의미한다. 또한 이는 고정불변의 것이 아니라 시간의 경과와 경제적·사회적 환경 변화에 따라 변동하는 상대적 개념이다.

---

1) 부동산은 일반재화와 달리 장래에 계속 이용할 수 있다는 특성 때문에 가치가 있으며, 이용을 통해 얻는 이익이 가치의 원천이 된다. 이러한 이익은 임대료수익이나 직접 사용에 따른 거주이익과 같은 사용가치의 성격을 지니지만, 객관적 측정이 어려워 교환가치로 환산하여 현재가치를 산정한다.

3. 가격의 정의

1) 가격의 의의

가격이란 거래 상황에서 특정 구매자가 지불하기로 동의하고 특정 매도자가 받아들이기로 상호협의(동의)한 금액을 말한다. 이는 수요자와 공급자간 합의에 이른 가치를 화폐단위로 환산한 것으로 실제 발생된 거래사실을 내포하고 있다.

2) 가격의 특징

가격은 시장에서 수요와 공급의 상호작용을 통해 형성된다. 정상적인 시장에서는 초과수요 발생시 가격이 상승하여 수요가 감소하고, 초과공급 발생시 가격이 하락하여 균형점에 도달한다. 이는 시장이 적정한 자원 분배의 균형을 이루는 과정이다. 다만, 부동산은 고유의 특성으로 복잡한 시장 메커니즘 속에서 가격이 왜곡되거나 굴절되는 현상이 나타날 수 있다.

4. 가치와 가격이 동일한지에 대한 견해

1) 가치와 가격을 구분하는 견해

(1) 개념상의 차이

가격이란 교환의 대가로 시장에서 매도자와 매수자 간에 지불된 실거래액이다. 반면 가치는 장래 기대되는 편익을 현재가치로 환원한 값으로, 개념상 차이가 존재한다.

(2) 가치와 가격의 불일치

부동산시장은 다른 재화시장과 달리 불완전한 요소를 많이 내포하고 있어 시장에서 거래된 가격은 왜곡될 가능성이 있다. 따라서 가격이 비정상적이거나 적정하다고 보기 어려운 경우가 발생가능하여 가치와 불일치하며, 가치는 가격 ± 오차로 표현될 수 있다.

(3) 가치는 현재의 값

가격은 시장에서 실제 지불된 금액으로서 과거의 값이다. 반면, 가치는 현재 시점에서 장래 기대되는 편익을 목적에 따라 현재로 환원한 값이다. 따라서 가격은 과거의 값으로 누구나 알 수 있지만, 가치는 전문가가 아닌 이상 쉽게 알기 어렵다.

(4) 가치의 다원성

가격은 과거에 거래된 실제 사실이자 과거의 값이므로 주어진 시점에서 하나만 존재한다. 그러나 가치는 장래 기대되는 편익을 현재로 환원한 값으로, 편익은 보는 관점에 따라 무수히 많을 수 있어 양자는 다르다.

2) 구분하지 않는 견해

가치는 장래 기대되는 편익을 현재가치로 환원한 값이며, 가격은 이러한 가치의 화폐적 표현이다. 가격은 수요공급의 변동에 따라 변화하여 양자가 일시적으로 괴리될 수 있으나, 장기적으로는 일치한다고 보는 견해이다. 이는 감정평가사의 업무가 가치 추계가 아닌, 부동산을 조사하고 분석하여 감정평가가격을 결정해야 하는 책임이 따르는 업무라고 보는 관점이다.

3) 소결

부동산시장은 시장참여자들의 개인적 사정으로 인해 왜곡되거나, 부동산 투기로 인해 과장된 시장 형태가 자주 나타난다. 이처럼 불완전한 부동산시장에서는 시장가격이 가치를 항상 정확하게 반영한다고 할 수 없다. 따라서 부동산 가치는 부동산이 차지하는 사회적 · 경제적 · 법률적 위치를 적정하게 반영하는 합리적인 값으로 표현되어야 한다. 감정평가사는 이러한 부동산 가격형성요인을 정확하게 분석해야 하는 책무를 가지며, 이것이 궁극적으로 감정평가사가 필요한 이유가 된다.

심화 다양한 가치의 개념과 감정평가 대상으로서의 가치

1. 경제학에서의 가치 개념

경제학에서 가치는 효용이 존재하고 인간의 욕망을 충족시킬 수 있는 모든 대상을 의미한다. 인간이 욕망 충족을 위해 선택하는 과정에서 발생하는 자원배분의 문제는 이러한 가치와 밀접하게 관련된다. 경제학의 가치이론은 크게 객관적 가치이론인 가격설과 주관적 가치이론인 한계효용설로 구분된다. 다만, 근대 경제학에서는 사용가치(효용)의 측정이 불가능하다는 한계로 인해 가치이론을 직접 다루기보다는 객관적으로 측정 가능한 가격을 중심으로 논의한다.

2. 회계학에서의 가치 개념

회계학에서 경제적 가치는 일반적으로 화폐액으로 표시된다. 회계상 가치는 현행 가치의 개념이 아닌, 특정한 양적 표현방법에 따라 원가로 결정되는 것을 의미한다. 회계학에서는 가치의 본질적 논의보다는 회계기준에서 규정한 가치개념, 즉 원가나 시가에 근거하여 회계등식을 성립시키고 회계이론을 전개한다. 이러한 접근 방식은 감정평가 대상이 되는 경제적 가치의 본질을 이해하는 데 한계를 지닌다.

3. 감정평가에서의 가치 개념

감정평가에서 가치는 일반적으로 최유효이용을 전제로 한 교환가치로서의 시장가치를 의미한다. 이는 시장에서의 매매를 전제로 할 때, 인간의 합리성 추구로 인해 선택의 과정에서 결국 최유효이용을 전제로 한 가치로 귀결되기 때문이다. 여기서 시장가치란 통상적인 시장에서 충분한 기간 동안 거래가 공개되고, 대상물건의 내용을 충분히 이해하는 당사자들 사이에서 신중하고 자발적인 거래가 이루어질 경우 성립될 가능성이 가장 높다고 인정되는 대상물건의 가액을 의미한다.

Ⅳ. 부동산가격의 특징과 기능

1. 부동산가격의 특징

1) 교환의 대가와 용익의 대가

부동산 가격은 원본과 과실의 상관관계를 갖는다. 적정 순이익을 환원이율로 자본환원하면 가격이 산정되며, 반대로 원본가격에 기대이율을 적용하면 순임료가 도출된다. 이처럼 부동산 가격은 원본과 과실이 상호 연관된 특성을 지닌다.

2) 권리관계에 따른 가격

부동산에는 소유권과 기타 권리가 중첩적으로 존재할 수 있으며, 각 권리마다 개별적인 가격이 형성된다. 부동산 가격은 이러한 권리이익의 총합으로 나타난다. 따라서 감정평가시에는 완전소유권, 임차권, 임대권 등 대상 권리의 명확한 구분이 필요하며, 물적 확인과 함께 권리관계의 확인이 중요하다.

3) 장래를 고려한 가격

부동산 가격은 사회적·경제적·행정적 위치의 가변성으로 인해 환경 변화에 따라 변동한다. 시장 참여자들은 현재 이용상황의 지속가능성을 예측하여 거래에 임하므로, 부동산 가격은 과거와 현재, 그리고 장래를 종합적으로 고려하여 형성된다.

4) 개별가격 형성 및 가격형성의 장기성

부동산은 개별성이 강하여 각 물건의 특성에 따라 개별적으로 가격이 형성된다. 또한 거래당사자들 간의 특수한 사정에 따라 가격이 영향을 받기도 하므로 일반인이 적정가격을 산정하기 어렵다. 개별성으로 인한 비교의 어려움과 거래금액의 규모, 신중한 의사결정 등으로 인해 가격 형성에 장시간이 소요된다.

5) 수요중심의 가격

수요와 공급의 상호작용에 의해 가격이 결정되는 일반 경제재와 달리 부동산은 부증성으로 인해 공급 증가가 제한된다. 따라서 부동산 가격은 주로 수요요인에 의해 결정되는 수요자 중심의 특성을 보인다.

2. 부동산가격의 기능

1) 정보제공 기능

부동산 가격은 소비자와 공급자의 의사결정에 중요한 지표가 되며, 시장 참여자들에게 필요한 정보를 제공한다. 특히 감정평가 가격은 다시 시장가격 형성에 영향을 미치는 이중적 특성을 지닌다.

2) 자원배분 기능

부동산 가격은 시장의 수요와 공급에 영향을 미쳐 부동산의 효율적 배분과 최유효이용을 촉진한다. 또한 건물의 건축·유지·수선 등과 관련된 자원의 배분에도 영향을 준다.

3) 잠재가격 기능

잠재가격은 완전시장에서 재화의 기회비용을 적절히 반영하는 가격을 의미한다. 현실의 거래가격이 이러한 잠재가격이 되기는 어려우나, 감정평가 가격은 잠재가격으로서의 역할을 수행한다.

V. 부동산 가치형성의 메커니즘

학습포인트

감정평가는 궁극적으로 부동산 가치형성과정을 추적하고 분석하여 당해 부동산의 가치를 판정하는 것이기 때문에 일련의 부동산 가치형성의 메커니즘을 이해할 필요가 있다.

학습 로직

부동산의 가치는 수요적 측면의 효용과 상대적 희소성, 공급적 측면의 상대적 희소성의 3가지 요소의 상호결합에 의해 발생한다. 하지만 부동산의 사회적·경제적·행정적 가변성 등으로 인해 끊임없이 변화하게 된다. 부동산 가치형성요인이란 이러한 가치발생요인에 영향을 미쳐 부동산의 가치를 변화시키는 요인들을 말한다. 부동산 감정평가시 부동산 가격형성요인을 명확하게 파악하고 요인치들의 추세와 동향, 요인치 간의 상호관계를 충분하게 분석하여 가치판정시 이를 반영하여야 한다.

1. 가치발생요인

1) 가치발생요인 의의

부동산에 경제적 가치가 발생하기 위한 본질적인 요인으로 부동산시장의 수요, 공급에 영향을 미치는 부동산의 효용, 상대적 희소성, 유효수요를 말한다. 수요에 영향을 미치는 효용과 유효수요, 공급에 영향을 미치는 상대적 희소성 3가지 요인의 상호작용에 의해 가치는 발생한다.

2) 효용

(1) 개념

효용이란 인간의 필요나 욕구를 만족시켜 줄 수 있는 재화의 능력으로서 수요 측면에 영향을 미치는 가치발생요인이다. 부동산에서 효용이란, 부동산을 인간이 사용하며 얻게되는 쾌적성, 수익 등 과실을 말하며 이는 용도에 따라 달라진다. 부동산이 가치를 지니기 위해서는 부동산을 통해 향유할 수 있는 효용이 있어야 하며, 부동산 가치는 그 크기에 의해 결정된다.

(2) 효용의 형태

① 쾌적성

쾌적성이란 부동산에 거주함으로써 느끼는 정신적 만족도를 의미한다. 이는 부동산을 사용하며 느끼는 안정감과 질서 있는 환경에서 오는 편안함과 쾌적감을 판단하는 기준이다. 특히 주거용 부동산의 경우 수익이 발생하지 않아 수익성을 통한 최유효이용 판정이 적절하지 않으므로, 쾌적성이 최유효이용 판정의 주요 기준이 된다.

② 수익성

수익성이란 대상 부동산을 이용하거나 사용함으로써 얻을 수 있는 수익 발생능력을 의미한다. 주로 상업용 부동산과 공업용 부동산에서 나타나며, 이는 부동산을 생산수단으로 이용하는 경우에 해당한다. 기업용 또는 임대용 부동산의 최유효이용을 판정할 때 중요한 지표로 활용된다.

③ 생산성

생산성이란 부동산이 생산활동에 이용되는 경우 생산비용을 절감할 수 있는 능력을 의미한다. 특히 공업용 부동산의 가치를 판정할 때 수익성과 함께 최유효이용 판정의 핵심적인 지표가 된다.

(3) 일반재화와의 차이점

일반재화의 효용은 영속적이지 않고 소멸되며 용도가 제한적인 반면, 부동산은 영속적인 효용을 제공하고 다양한 용도로 이용할 수 있는 특성을 지닌다. 또한 부동산은 개별성이 강한 재화로서 각 부동산마다 효용이 상이하며 이를 정확한 수치로 측정하기 어렵다. 같은 부동산이라도 해당 부동산이 속한 지역의 특성이 변화함에 따라 효용이 변동될 수 있다는 특징을 갖는다.

3) 상대적 희소성

(1) 개념

상대적 희소성이란 인간의 욕망에 비해 이를 만족시킬 수 있는 수단이 부족한 상태를 의미한다. 여기서 '상대적'이란 두 가지 의미를 내포한다. 첫째, 부동산의 물리적 측면뿐 아니라 지역적·용도적 측면에서 상대적으로 부족하다는 의미이며, 둘째, 수요에 비하여 공급이 상대적으로 부족하다는 의미이다.

(2) 상대적 희소성의 원인

상대적 희소성은 물리적(자연적), 경제적(사회 · 경제 · 행정적) 측면에서 발생한다. 자연적 특성인 부증성으로 인한 토지의 절대량 부족이 물리적 원인이 되며, 경제적으로는 인구 증가나 소득 증가로 인한 토지 수요 증가가 원인이 된다. 행정적으로는 개발제한구역 지정이나 용도지역 변경 등으로 인한 토지의 수요와 공급의 변동이 원인이 될 수 있다.

(3) 상대적 희소성의 해소방안

희소성 문제는 공급과 수요 양 측면에서 해결할 수 있다. 공급 측면에서는 가용토지의 신규개발, 기존 토지의 집약적 · 입체적 이용, 용적률 규제완화 등을 통해 토지의 효율성을 높임으로써 해소할 수 있다. 수요 측면에서는 금리인상이나 대출 규제를 통한 유효수요의 하향조정, 인구억제 및 분산정책 등을 통해 해소가 가능하다.

(4) 일반재화와의 차이점

부동산은 고정성이라는 자연적 특성으로 인해 일반재화보다 상대적 희소성이 더욱 문제가 되며, 이는 지역적 · 용도적으로 발생하는 특징이 있다. 부증성으로 인해 상대적 희소성이 심화되나, 용도의 다양성이라는 인문적 특성을 통해 일부 완화할 수 있다. 또한 사회성 · 공공성으로 인한 행정적 규제가 희소성을 강화하거나 완화시킬 수 있다. 반면 일반재화는 절대적 희소성이 문제가 되며, 특정 지역의 부족 문제는 운송이나 생산을 통해 해결이 가능하다.

4) 유효수요

(1) 개념

유효수요란 구매의사와 지불능력을 모두 갖춘 수요를 의미한다. 즉, 부동산을 구매하고자 하는 의사와 이를 실제로 구매할 수 있는 능력을 함께 갖춘 수요를 말한다. 이러한 구매능력은 지역과 시기에 따라 차이가 있으며, 임금이나 관습, 가격수준과 같은 사회경제적 요인과 거래규제, 금융규제와 같은 행정적 요인의 영향을 받는다.

(2) 유효수요의 내용

유효수요는 재화의 가치발생에 중요한 영향을 미친다. 효용과 상대적 희소성이 존재하더라도 유효수요가 전혀 없다면 시장에서 재화의 가치는 발생하지 않는다. 예를 들어, 경제침체기에 부동산 가격이 폭락하는 것은 주택의 희소성이나 효용이 감소했기 때문이 아니라 유효수요가 감소했기 때문이다.

(3) 일반재화와의 차이점

부동산은 일반재화에 비해 고가의 재화이므로 실질적인 구매능력을 갖춘 경우에만 수요의 범주에 포함된다. 또한 일반재화의 수요는 소비와 동시에 소멸되는 반면, 부동산은 지속적으로 이용하거나 재판매할 수 있어 투자의 개념이 포함된 수요라는 특징이 있다.

5) 이전성

(1) 개념

이전성이란 부동산의 소유권이 법적으로 이전될 수 있는 가능성을 의미한다. 일부 학자들은 효용, 상대적 희소성, 유효수요 외에 법적 개념으로서 이전성을 가치발생요인으로 주장한다. 이는 부동산 가치가 발생하기 위해서는 물리적 이동(점유)의 이전뿐만 아니라 소유권을 구성하는 권리의 법률적 이전이 필요하다는 관점에 근거한다.

(2) 이전성에 대한 비판

중국, 북한 등 일부 국가에서는 공공부동산 및 부동산의 법률적 소유권을 인정하지 않음에도 부동산 가치가 존재한다. 이러한 점에서 이전성을 가치발생요인으로 보지 않는 것이 일반적인 견해이다.

6) 가치발생요인 간의 상호관련성

가치발생요인들은 서로 밀접한 관련성을 가지고 있다. 경제학의 기본원리에 따르면 가치는 시장에서 수요와 공급의 상호작용을 통해 가격으로 형성된다. 부동산의 특성에 따라 수요 측면에서는 효용과 유효수요가, 공급 측면에서는 상대적 희소성이 상호작용하며 가치를 발생시키는 것이다.

2. 가치형성요인

1) 의의

가치형성요인이란 부동산의 이용상태 및 가격 수준 형성에 영향을 미치는 일반적 · 지역적 · 개별적 요인을 말한다. 일반적 요인은 자연적 · 사회적 · 경제적 · 행정적 요인으로 분류할 수 있는데, 이는 전국적으로 동일한 영향을 미치는 것이 아니라 지역지향성을 가진다. 부동산의 종별 유형별에 따라 다양한 가격형성요인을 가지며, 이는 가치발생요인에 영향을 미쳐 부동산의 가치를 변화시키는 요인으로 작용한다.

2) 가치형성요인의 분류

가치형성요인은 공간적 범위에 따라 일반요인 · 지역요인 · 개별요인으로 구분할 수 있다. 내용적 측면에서는 자연적 · 사회적 · 경제적 · 행정적 요인으로 구분할 수 있다.

3) 가치형성요인 특징

(1) 상호 연관성

부동산의 가치는 다양한 요인들의 복합적인 작용에 의해 형성된다. 이러한 가치형성요인들은 개별적으로 독립하여 작용하는 것이 아니라, 서로 긴밀한 상호작용을 통해 부동산의 가치를 결정한다. 따라서 각 요인들의 상호 연관성을 종합적으로 고려하여 분석할 필요가 있다.

(2) 변동성

부동산은 고정성으로 인해 국지적 시장이 형성되고 지역성을 갖게 된다. 이로 인해 가치 형성은 해당 지역사회의 표준적 이용과 가격수준에 영향을 받는다. 특히 부동산이 속한 인근지역은 지속적으로 변화하는 특성이 있으므로, 감정평가 시에는 현재 시점의 가치형성요인을 명확히 파악해야 한다. 또한 과거의 추세와 미래의 동향에 대한 동태적 분석이 필요하며, 요인 간 상호관련성을 충분히 분석하고 예측해야 한다.

4) 가치형성요인 분석의 필요성

부동산은 고유의 특성으로 인해 시장에서 수요와 공급에 의해 가격이 형성되기 어렵다. 따라서 감정평가를 통해 대상부동산의 가치를 정확하게 파악하기 위해서는 가치형성요인을 체계적이고 정확하게 분석하는 것이 필수적이다. 이는 합리적이고 객관적인 감정평가의 기초가 된다.

5) 일반요인

(1) 일반요인 의의

일반요인이란 대상 부동산이 속한 전체 사회에서 대상 부동산의 이용과 가격수준 형성에 전반적인 영향을 미치는 요인을 말한다. 일반요인은 부동산이 입지하고 있는 전체 사회에 걸쳐 작용하는 요인으로 그 내용에 따라 자연, 사회, 경제, 행정적 요인 등으로 구분할 수 있다.

(2) 일반요인 분석의 중요성

일반요인은 일반 경제사회에서 부동산의 이용과 가격수준 형성에 전반적인 영향을 미치는 요인으로, 가치형성요인 분석에서 최우선적으로 고려되어야 한다. 일반요인은 지역별로 다르게 작용하는 지역지향성을 가지므로, 지역분석에서 대상 부동산이 속한 지역의 표준적 이용과 장래 동향을 분석할 때 중요하게 다루어져야 한다. 또한 개별분석에서 최유효이용 판정의 기초자료가 되며, 거래사례 선정과 시산가액 조정의 타당성을 검토할 때에도 일반요인과의 관련성을 충분히 파악하여 판단의 정확성을 높일 수 있다.

(3) 일반요인 특징; 지역지향성

일반요인은 전국의 모든 지역과 모든 종류의 부동산에 균등하게 작용하지 않는다. 부동산은 특정 지역에 속하여 그 지역을 구성하므로, 일반요인은 부동산이 속한 지역별로 각기 다른 영향을 주며 동종지역에서는 동질적인 영향을 미친다. 이를 지역지향성 또는 편향성이라 한다. 또한 일반요인은 전국적·광역적으로 영향을 미치는 요인으로서 광범위성과 추상성의 특징을 지닌다.

(4) 일반요인 내용

① 자연적 요인

자연적 요인은 부동산 가치에 영향을 주는 자연환경적 요소들로 토지가 가진 본질적 기능에 관계된 요인을 의미한다. 이는 농업 및 임업, 건축물의 건축 능력과 관련된 요인이다. 내용으로 지질, 지반 등의 상태, 토양 및 토층상태, 지세의 상태, 지리적 위치, 기상상태 등이 있다. 또한 인공 환경적 요인으로 교통체계, 철도, 공항, 가용수로, 대상부동산 주변의 토지상황 등이 있다. 이러한 자연적 요인은 부동산의 고정성·개별성에서 비롯되며, 특정 장소나 시설과의 접근성을 포함하여 부동산 가치를 결정짓는 중요한 요소이다.

② 사회적 요인

사회적 요인은 부동산 가치에 영향을 미치는 사회적 현상을 의미한다. 내용으로 인구의 상태, 가족 구성 및 가구분리의 상태, 생활양식 등, 도시형성 및 공공시설의 정비상태, 교육 및 사회복지 수준, 부동산거래 관행, 건축양식 등이 있다. 이러한 사회적 요인은 부동산의 지역성에서 발생하며, 해당 지역의 인구적 특성을 반영하여 부동산 수요 측면에서 가치를 결정짓는 중요한 요소이다.

③ 경제적 요인

경제적 요인은 하나의 경제재인 부동산의 가치에 영향을 미치는 경제상황을 의미한다. 내용으로 수요 측면에서는 저축·소비·투자 수준, 임금, 고용상태, 조세부담 등이 있고, 공급 측면에서는 국제수지 상태, 재정 및 금융 상태, 산업구조, 국제화 정도 등이 있다. 이러한 경제적 요인은 부동산의 고가성으로 인해 발생하는 것으로 유효수요에 직접적인 영향을 미치는바, 부동산 가치를 결정짓는 중요한 요소이다.

④ 행정적 요인

행정적 요인은 부동산의 사용·수익 가능성에 기반한 가치에 영향을 미치는 행정적 규제 또는 완화 등을 의미한다. 부동산은 사회성·공공성이 강조되는 재화로 부동산의 사용·수익에는 공익을 중심으로 하는 행정적 규제 또는 완화가 필요하다. 내용으로 토지이용계획 및 규제 상태, 토지 및 건축물의 구조제한, 부동산세제 상태, 부동산거래의 규제 등이 있다. 이러한 행정적 요인은 유효수요, 상대적 희소성에 영향을 미치는바, 부동산 가치를 결정짓는 중요한 요소이다.

6) 지역요인

(1) 지역요인 의의

지역요인이란 대상부동산이 속한 지역의 가격수준 형성에 영향을 미치는 자연적·사회적·경제적·행정적 요인을 말한다.

(2) 지역요인 분석의 중요성

지역요인은 일반요인보다 구체적·직접적으로 대상 부동산의 가격에 영향을 주기 때문에 감정평가에 있어 중요하게 분석할 필요가 있다. 부동산은 부동성에 의해 시장이 국지적으로 형성되며, 지역성을 가지는바 대상 부동산의 가격형성은 지역요인의 영향을 받을 수밖에 없어, 특정지역의 지가는 지역적으로 형성되기 때문이다.

(3) 지역요인 특징

지역요인은 대상지역의 자연적(물리적) 조건과 상호작용하여 지역의 규모, 구성 및 형태, 기능 등에 영향을 미쳐 지역특성을 형성하게 된다. 이러한 지역특성은 해당 지역의 표준적 이용과 가격수준에 영향을 주는 요인으로 작용하게 된다.

(4) 지역요인 내용

지역요인 또한 일반요인과 똑같이 자연적·사회적·경제적·행정적 요인으로 세분할 수 있다. 다만, 가치형성요인의 공간적 범위가 전국단위에서 지역단위로 축소된 것일 뿐이다. 자연적 요인은 지역 내 광역적인 교통 시설, 사회적 요인은 지역적인 사회 구성원의 생활 양식, 경제적 요인은 지역 내 경제기반시설, 행정적 요인은 인근지역에서 유사한 공법상 제한 등이 된다.

7) 개별요인

(1) 개별요인 의의

개별요인이란 대상부동산의 개별적 특성에 의해 가격형성에 영향을 미치는 요인으로서 부동산가격을 개별화·구체화시키는 요인을 말한다. 개별요인은 토지의 개별요인과 건물의 개별요인으로 구분할 수 있고 이는 종별과 유형에 따라 세분화되며, 구체적으로 자연적·사회적·경제적·행정적 요인으로 다시 세분화할 수 있다.

(2) 개별요인 분석의 중요성

부동산은 개별성이 강한 재화로서 부동산 가치는 지역의 가격수준 및 이용상황을 바탕으로 개별적 특성에 의해 구체화된다. 따라서 가치판단에 있어 개별적 요인에 대한 분석은 중요하다.

(3) 개별요인 특징

부동산의 가치는 일반적 요인과 지역 요인의 영향을 받아 국지적으로 가격수준이 형성되고 해당 가격수준 안에서 벗어나지 못하는 것이 일반적이다. 그러나 개별요인은 같은 가격수준에 있는 지역이라도 개별요인에 따라 가격을 다르게 한다. 또한, 자연적 요인 측면에서 지세, 지형, 형상, 면적, 가로조건, 접근조건 등이 차이가 나기 때문에 일반적으로 자연적 요인을 중심으로 파악하게 된다.

(4) 개별요인 내용

① 토지의 개별요인

토지의 개별요인은 그 토지의 용도(택지, 농지, 임야 등)에 따라 여러 가지로 분류되어 그 용도에 따라 개별적 제요인이 형성되고 있다. 대표적인 토지의 개별요인으로 택지의 개별요인은 ㉠ 위치, 지적, 지세, 지질, 지반 등, ㉡ 전면넓이, 깊이 형상 등, ㉢ 일조, 통풍, 건습 등, ㉣ 고저, 각지, 접면가로와의 관계, ㉤ 전면가로의 계통·구조 등, ㉥ 공공시설이나 상업시설에의 접근정도, ㉦ 상·하수도 등 공급, 처리시설의 유무와 이용의 난이, ㉧ 변전소, 오물처리장 등 위험 또는 혐오시설에의 접근정도, ㉨ 공·사법상의 규제 및 제약 등이 있다.

■ 상업지대의 지역요인 및 개별요인

지역요인			개별요인		
조건	항목	세항목	조건	항목	세항목
가로 조건	가로의 폭, 구조 등의 상태	폭	가로 조건	가로의 폭, 구조 등의 상태	폭
		포장			포장
		보도			보도
		계통 및 연속성			계통 및 연속성
	가구(block)의 상태	가구의 정연성			
		가구시설의 상태			
접근 조건	교통수단 및 공공시설과의 접근성	인근교통시설의 편의성	접근 조건	상업지역중심 및 교통시설과의 편의성	상업지역중심과의 접근성
		인근교통시설의 이용 승 객수			
		주차시설의 정비			
		교통규제의 정도(일방통행, 주정차 금지 등)			인근교통시설과의 거리 및 편의성
		관공서 등 공공시설과의 접근성			
환경 조건	상업 및 업무시설의 배치상태	백화점, 대형상가의 수와 연면적	환경 조건	고객의 유동성과의 적합성	고객의 유동성과의 적합성
		전국규모의 상가 및 사무 소의 수와 연면적		인근환경	인근토지의 이용상황
		관람집회시설의 상태			인근토지의 이용상황과의 적합성
		부적합한 시설의 상태(공 장, 창고, 주택 등)		자연환경	지반, 지질 등
		기타 고객유인시설 등	획지 조건	면적, 접면, 너비, 깊이, 형상 등	면적
		배후지의 인구			접면너비
		배후지의 범위			깊이
		고객의 구매력 등			부정형지
	경쟁의 정도 및 경영자의 능력	상가의 전문화와 집단화		면적, 접면, 너비, 깊이, 형상 등	삼각지
		고층화 이용정도			자루형획지
	번화성의 정도	고객의 통행량			맹지
		상가의 연립성		방위, 고저 등	방위
		영업시간의 장단			고저
		범죄의 발생정도			경사지
	자연환경	지반, 지질 등		접면도로상태	각지
					2면획지
					3면획지
행정적 조건	행정상의 규제정도	용도지역, 지구, 구역 등	행정적 조건	행정상의 규제정도	용도지역, 지구, 구역 등
		용적제한			용적제한
		고도제한			고도제한
		기타규제			기타규제(입체이용제한 등)
기타 조건	기타	장래의 동향	기타 조건	기타	장래의 동향
		기타			기타

지역요인			개별요인		
조건	항목	세항목	조건	항목	세항목
가로 조건	가로의 폭, 구조 등의 상태	폭	가로 조건	가로의 폭, 구조 등의 상태	폭
		포장			포장
		보도			보도
		계통 및 연속성			계통 및 연속성
접근 조건	도심과의 거리 및 교통시설의 상태	인근교통시설의 편의성	접근 조건	교통시설과의 접근성	인근대중교통시설과의 거 리 및 편의성
		인근교통시설의 도시중심 접근성		상가와의 접근성	인근상가와의 거리 및 편 의성
	상가의 배치상태	인근상가의 편의성		공공 및 편익시설과의 접근성	유치원, 초등학교, 공원, 병원, 관공서 등과의 거리 및 편의성
		인근상가의 품격			
	공공 및 편익시설의 배치상태	유치원, 초등학교, 공원, 병원, 관공서 등			
환경 조건	기상조건	일조, 습도, 온도, 통풍 등	환경 조건	일조 등	일조, 통풍 등
	자연환경	조망, 경관, 지반, 지질 등		자연환경	조망, 경관, 지반, 지질 등
	사회환경	거주자의 직업, 연령 등		인근환경	인근토지의 이용상황
		학군 등			인근토지의 이용상황과의 적합성
	획지의 상태	획지의 표준적인 면적		공급시설 및 처리시설의 상태	상수도
		획지의 정연성			하수도
		건물의 소밀도			도시가스
		주변의 이용상황		위험 및 혐오시설 등	변전소, 가스탱크, 오수처 리장 등의 유무
	공급 및 처리 시설의 상태	상수도			특별고압선 등과의 거리
		하수도			
		도시가스 등			
환경 조건	위험 및 혐오시설	변전소, 가스탱크, 오수처 리장 등의 유무	획지 조건	면적, 접면너비, 깊이, 형상 등	면적
		특별고압선 등의 통과 유무			접면너비
					깊이
	재해발생의 위험성	홍수, 사태, 절벽붕괴 등			부정형지
					삼각지
					자루형획지
					맹지
	공해발생의 정도	소음, 진동, 대기오염 등		방위, 고저 등	방위
					고저
					경사지
				접면도로 상태	각지
					2면획지
					3면획지
행정적 조건	행정상의 규제정도	용도지역, 지구, 구역 등	행정적 조건	행정상의 규제정도	용도지역, 지구, 구역 등
		기타규제			기타규제(입체이용제한 등)
기타 조건	기타	장래의 동향	기타 조건	기타	장래의 동향
		기타			기타

제2장

부동산 가격론 | 해커스 감정평가사 2차 국유인 감정평가이론 2차 기본서 1권 총론

■ 공업지대의 지역요인 및 개별요인

지역요인			개별요인		
조건	항목	세항목	조건	항목	세항목
가로조건	가로의 폭, 구조 등의 상태	폭	가로조건	가로의 폭, 구조 등의 상태	폭
		포장			포장
		계통 및 연속성			계통의 연속성
접근조건	판매 및 원료 구입시장과의 위치관계	도심과의 접근성	접근조건	교통시설과의 거리	인근교통시설과의 거리 및 접근성
		항만, 공항, 철도, 고속도로, 산업도로 등과의 접근성			철도전용인입선
	노동력확보의 난이	인근교통시설과의 접근성			전용부두
	관련산업과의 관계	관련산업 및 협력업체간의 위치관계			
환경조건	공공 및 처리 시설의 상태	동력자원	환경조건	공급 및 처리 시설의 상태	동력자원
		공업용수			공업용수
		공장배수			공장배수
	공해발생의 위험성	수질, 대기오염 등		자연환경	지반, 지질 등
	자연환경	지반, 지질 등	획지조건	면적, 형상 등	면적
					형상
					고저
행정적조건	행정상의 조장 및 규제정도	조장의 정도	행정적조건	행정상의 조장 및 규제정도	조장의 정도
		규제의 정도			규제의 정도
		기타규제			기타규제
기타조건	기타	공장진출의 동향	기타조건	기타	장래의 동향
		장래의 동향			기타
		기타			

지역요인			개별요인		
조건	항목	세항목	조건	항목	세항목
접근 조건	교통의 편부	취락과의 접근성	접근 조건	교통의 편부	취락과의 접근성
		출하집적지와의 접근성			농로의 상태
		농로의 상태			
자연 조건	기상조건	일조, 습도, 온도, 통풍, 강 우량 등	자연 조건	일조 등	일조, 통풍 등
				토양, 토질	토양, 토질의 양부
	지세	경사의 방향		관개, 배수	관개의 양부
		경사도			배수의 양부
	토양, 토질	토양, 토질의 양부		재해의 위험성	수해의 위험성
	관개, 배수	관개의 양부			기타 재해의 위험성
		배수의 양부			
	재해의 위험성	수해의 위험성	획지 조건	면적, 경사 등	면적
					경사도
		기타 재해의 위험성			경사의 방향
				경작의 편부	형상부정 및 장애물에 의 한 장애의 정도
행정적 조건	행정상의 조장 및 규제정도	보조금, 융자금 등 조장의 정도	행정적 조건	행정상의 조장 및 규제정도	보조금, 융자금 등 조장의 정도
		규제의 정도			규제의 정도
기타 조건	기타	장래의 동향	기타 조건	기타	장래의 동향
		기타			기타

■ 농경지대(답 지대)의 지역요인 및 개별요인

지역요인			개별요인		
조건	항목	세항목	조건	항목	세항목
접근 조건	교통의 편부	취락과의 접근성	접근 조건	교통의 편부	취락과의 접근성
		출하집적지와의 접근성			농로의 상태
		농로의 상태			
자연 조건	기상조건	일조, 습도, 온도, 통풍, 강 우량 등	자연 조건	일조 등	일조, 통풍 등
	지세	경사의 방향		토양, 토질	토양, 토질의 양부
		경사도			관개의 양부
	토양, 토질	토양, 토질의 양부		관개, 배수	배수의 양부
	관개, 배수	관개의 양부		재해의 위험성	수해의 위험성
		배수의 양부			기타 재해의 위험성
	재해의 위험성	수해의 위험성	획지 조건	면적 등	면적
					경사
		기타 재해의 위험성		경작의 편부	형상부정 및 장애물에 의 한 장애의 정도
행정적 조건	행정상의 조장 및 규제정도	보조금, 융자금 등 조장의 정도	행정적 조건	행정상의 조장 및 규제정도	보조금, 융자금 등 조장의 정도
		규제의 정도			규제의 정도
기타 조건	기타	장래의 동향	기타 조건	기타	장래의 동향
		기타			기타

■ 임야지대의 지역요인 및 개별요인

지역요인			개별요인		
조건	항목	세항목	조건	항목	세항목
접근 조건	교통의 편부 등	인근역과의 접근성	접근 조건	교통의 편부 등	인근역과의 접근성
		인근취락과의 접근성			인근취락과의 접근성
		인도의 배치, 폭, 구조 등			인도의 배치, 폭, 구조 등
		인근시장과의 접근성			반출지점까지의 거리
					반출지점에서 시장까지의 거리
자연 조건	기상조건	일조, 기온, 강우량, 안개, 적설량 등	자연 조건	일조 등	일조, 통풍 등
	지세 등	표고		지세, 방위 등	표고
		경사도			방위
		경사의 굴곡			경사
					경사면의 위치
	토양, 토질	토양, 토질의 양부			경사의 굴곡
				토양, 토질	토양, 토질의 양부
행정적 조건	행정상의 조장 및 규제정도	행정상의 조장의 정도	행정적 조건	행정상의 조장 및 규제정도	조장의 정도
		국·도립공원, 보안림, 사방지지정 등의 규제			국·도립공원, 보안림, 사방지지정 등의 규제
		기타규제			기타규제
기타 조건	기타	장래의 동향	기타 조건	기타	장래의 동향
		기타			기타

■ 후보지지대의 지역요인 및 개별요인

지역요인			개별요인		
조건	항목	세항목	조건	항목	세항목
접근조건	도심과의 거리 및 교통시설의 상태	인근교통시설과의 접근성	접근조건	교통시설과의 접근성	인근상가와의 거리 및 편의성
		인근교통시설의 성격			인근교통시설과의 거리 및 편의성
		인근교통시설의 도시중심 접근성			
	상가의 배치 상태	인근상가와의 접근성		공공 및 편익시설과의 접근성	유치원, 초등학교, 공원, 병원, 관공서 등과의 거리 및 편의성
		인근상가의 품격			
	공공 및 편익시설의 배치 상태	유치원, 초등학교, 공원, 병원, 관공서 등		주변가로의 상태	주변간선도로와의 거리 및 가로의 종류 등
	주변가로의 상태	주변간선도로와의 접근성 및 가로의 종류 등			
환경조건	기상조건	일조, 습도, 온도, 통풍 등	환경조건	일조 등	일조, 통풍 등
	자연환경	조망, 경관, 지반, 지질 등		자연환경	조망, 경관, 지반, 지질 등
	공공 및 처리시설의 상태	상하수도, 가스, 전기 등 설치의 난이		공급 및 처리시설의 상태	상하수도, 가스, 전기 등 설치의 난이
	인근환경	주변기존지역의 성격 및 규모		위험 및 혐오시설	변전소, 가스탱크, 오수처리장 등의 유무
	시가화 정도	시가화 진행의 정도			특별고압선 등과의 거리
	도시의 규모 및 성격 등	도시의 인구, 재정, 사회, 복지, 문화, 교육시설 등	획지조건	면적, 형상 등	면적
환경조건	위험 및 혐오시설	변전소, 가스탱크, 오수처리장 등의 유무			형상
		특별고압선 등의 통과유무	획지조건	면적, 형상 등	접면도로상태
	재해발생의 위험성	홍수, 사태, 절벽붕괴 등		방위, 고저 등	방위
	공해발생의 정도	소음, 진동, 대기오염 등			경사
					고저
택지조성조건	택지조성의 난이 및 유용성	택지조성의 난이 및 필요정도	택지조성조건	택지조성의 난이 및 유용성	택지조성의 난이도 및 필요정도
		택지로서의 유효 이용도			택지로서의 유효 이용도
행정적조건	행정상의 조장 및 규제정도	조장의 정도	행정적조건	행정상의 조장 및 규제정도	조장의 정도
		용도지역, 지구, 구역 등			용도지역, 지구, 구역 등
		기타규제			기타규제
기타조건	기타	장래의 동향	기타조건	기타	장래의 동향
		기타			기타

② 건물의 개별요인

⊙ 면적·높이·구조·재질 등, ⓒ 설계·설비 등의 양부, ⓒ 시공의 질과 양, ⓔ 건물과 그 환경과의 적합상태, ⓜ 공·사법상의 규제 및 제약 등이 있다.

③ 구분소유건물의 개별요인

⊙ 건물의 배치상태, ⓒ 건물과 부지의 균형의 정도, ⓒ 건물의 용도와 부지의 용도와 적합성 여부 등이 있다.

구분	주거용	상업용	공업용	업무용
단지 외부 요인	대중교통의 편리성, 교육시설 배치, 자연환경	고객의 유동성과의 적합성, 도심지 접근성, 대중교통의 편의성, 배후지 크기, 상가의 성숙도	외부진출입의 용이성, 차량이용의 편리성, 동력자원 및 노동력 확보의 용이성	도심지 및 상업·업무시설과의 접근성, 대중교통의 편의성, 차량이용의 편의성
단지 내부 요인	시공업체브랜드, 단지 내 총 세대수, 건물의 구조 및 마감상태, 경과년수에 따른 노후도	단지 내 주차의 편리성, 건물 전체 공실률, 건물의 구조 및 마감상태, 경과년수에 따른 노후도	건물의 관리상태 및 각종 설비의 유무, 화물용 및 승객용 승강기의 편의성, 노후도, 주차의 편리성 정도, 건물의 구조 및 마감상태	건물의 관리상태 및 각종 설비의 유무, 경과연수에 따른 노후도, 단지 내 주차의 편리성 정도, 건물의 구조 및 마감상태
호별 요인	층별효용, 위치별 효용, 주출입구와의 거리, 전유부분의 면적 및 대지권의 크기	층별효용, 향별효용, 위치별 효용, 전유부분의 면적 및 대지권의 크기, 소음 등	층별효용, 위치별 효용, 전유부분의 면적 및 대지권의 크기	층별효용, 위치별 효용, 전유부분의 면적 및 대지권의 크기

3. 부동산 가격형성원리

TIP

답안에 빈번하게 작성되는 의의로 차별화를 위해 나만의 의의를 ① 문단기준 ② 문장기준으로 만들어보기

1) 의의

부동산은 자연적·인문적 특성으로 인해 고유의 가격형성원리를 갖는다. 부동산 가격형성원리란 부동산의 자연적·사회적·경제적·행정적 가치형성요인이 가치발생요인인 유효수요, 효용, 상대적 희소성에 영향을 미쳐 부동산 수요와 공급을 변화시키며 균형을 조정하는 과정에서 부동산 가격이 형성된다는 원리이다. 부동산의 고정성과 지역성으로 인해 지역적·용도적으로 유사한 부동산과 대체·경쟁 관계를 통해 가격수준이 결정되고, 이러한 제약하 개별부동산의 개별적 특성에 의해 개별·구체적 가격으로 수렴한다.

2) 가격수준의 형성 단계

(1) 원인; 부동산의 지역성

지역성은 부동산의 고정성으로 인해 발생한다. 부동산은 다른 부동산과 함께 하나의 지역을 구성하며, 해당 지역의 구성요소로서 상호의존·보완·협동 또는 대체·경쟁 관계를 형성한다. 이러한 상호관계를 통해 부동산의 사회적·경제적·행정적 위치가 결정된다.

(2) 지역분석과 표준적 이용의 파악

지역분석은 부동산이 속한 지역을 파악하고, 그 지역 내 부동산의 가격형성에 영향을 미치는 지역요인을 분석하는 것이다. 이를 통해 지역 특성의 현황과 장래 동향을 명확히 하여 해당 지역 내 부동산의 전반적인 위치, 표준적 이용과 가격수준을 판정한다. 표준적 이용은 인근지역 부동산의 최유효이용이 집약된 표준적 이용방법으로, 지역특성을 나타내는 핵심 요소이며 최유효이용 판정의 중요한 기준이 된다.

(3) 가격수준 형성

가격수준은 개별 부동산의 가치가 아닌 지역 내 부동산의 평균 가격을 의미하며, 이는 지역 간 격차를 보여준다. 부동산의 개별적 가격은 해당 지역의 가격수준 내에서 형성되므로, 지역 내 부동산의 표준적 상태와 장래 동향을 파악하는 것이 중요하다.

3) 구체적(개별적) 가격형성

(1) 원인; 부동산의 개별성

개별성은 물리적으로 동일한 복수의 토지가 존재할 수 없다는 특성으로, 지역의 특성과 결합하여 가치형성요인과 가격을 개별화하는 과정을 만들어낸다. 지역의 종별에 따라 개별성이 가격에 미치는 영향의 정도는 다르지만, 일반적으로 지역의 표준적 이용과 가격수준은 개별 부동산의 최유효이용을 결정하는 전제가 된다.

(2) 개별분석과 최유효이용

개별분석은 대상부동산의 개별요인을 분석하여 최유효이용을 판정하는 과정이다. 개별분석을 통해 가치를 개별화하는 요인을 분석하여 부동산의 최유효이용이 결정되는데, 이는 해당 부동산이 법적으로 허용되고, 물리적으로 가능하며, 재무적으로 타당하고, 최대의 수익을 창출하는 용도를 의미한다. 일반적으로 표준적 이용을 전제로 최유효이용이 결정되나, 부동산의 개별성으로 다른 용도가 최유효이용일 수 있으므로 이를 판정해야 한다.

(3) 구체적 가격의 형성

개별 부동산의 가격은 지역 가격수준을 기준으로 개별요인에 의한 가격 증감이 반영되어 구체화된다. 대상부동산은 인근지역 내 대체·경쟁 부동산과의 비교를 통해 상대적 시장경쟁력이 평가되며, 이는 가격형성의 중요한 기준이 된다. 개별요인의 우열에 따른 가격 증감이 반영되어 지역의 가격수준 내에서 개별 부동산만의 고유한 특성을 반영한 구체적 가격이 형성된다.

4) 감정평가와의 관계

개별적 가격을 추계하기 위해서는 대상부동산의 비용성·시장성·수익성에 근거해 감정평가3방식을 적용하여야 한다. 즉, 대상부동산과 인근지역 내 대체·경쟁 부동산을 비교하여 상대적인 시장경쟁력을 파악하고, 사례간 격차율로 표현하여 대상 부동산의 가치를 추계할 수 있다.

답안용 요약 버전

1. 부동산가격 형성원리의 의의

부동산가격 형성원리란 부동산의 지역성에 따른 그 지역의 가격수준과 개별성에 따른 구체적 가격으로 개별화·구체화되어가는 과정을 말한다.

2. 지역성에 따른 지역의 표준적 이용과 가격수준의 형성

지리적 위치의 고정성에 의해 부동산의 가격은 지역성의 영향을 받는다. 즉, 지역시장에서 용도적으로 대체·경쟁 관계에 있는 부동산과의 관계에 의해 가격이 형성된다. 따라서 지역분석에 의해 지역 내의 부동산에 대한 전반적인 위치 및 표준적 이용과 가격수준이 형성된다.

3. 개별성에 따른 부동산가격의 개별화·구체화

부동산은 개별성에 의해 개별적인 최유효이용과 가격을 가진다. 즉 대상 부동산의 개별요인이 지역 내 대체·경쟁 관계에 있는 부동산과 우열의 격차를 바탕으로 개별 부동산의 가격이 구체화된다. 따라서 표준적 이용과 가격수준에 대한 전제를 바탕으로 개별분석을 통해 개별 부동산의 최유효이용과 구체적 가격이 결정된다.

4. 결

부동산의 가격형성과정은 일반재화와는 가격형성과정이 다르고, 복잡하고 다양한 요인에 의해 형성되고 변동하므로, 일반인이 부동산의 가격을 결정하기에는 어려운 일이다. 따라서 전문가인 감정평가사에 의한 가치 판정이 필요하게 되고, 감정평가사는 감정평가 이론의 지식을 토대로 전문성을 확보해야 한다.

4. 가격제원칙

1) 부동산가격제원칙의 개념

(1) 부동산가격제원칙 의의

부동산가격제원칙은 부동산가격이 시장에서 어떻게 만들어지고 변화하는지를 설명하는 기본 원리이다. 부동산은 다양한 가치형성요인들이 효용, 희소성, 유효수요와 같은 가치발생요인에 영향을 미치며 구체적 가치가 형성된다. 이러한 가격 형성 과정에서 나타나는 일반 경제원리와 유사한 법칙들이 가격제원칙이다.

감정평가사는 이러한 가격제원칙을 기준으로 삼아 대상 부동산의 가격이 어떤 과정을 거쳐 결정되는지 분석하게 된다. 따라서 가격제원칙은 감정평가의 실무적 기준이자 평가 과정 전반을 이끄는 지침이 되며, 이는 감정평가의 객관성과 신뢰성을 확보하는 근거가 된다.

(2) 부동산가격제원칙의 특징

① 부동산 특성을 반영

부동산은 자연적·인문적 특성으로 인해 일반 재화와 유사하지만 다른 가격형성과정을 보인다. 가격제원칙은 이러한 가격형성과정에서 발견된 기본적 법칙성이므로, 부동산의 고유한 특성이 반영되어 있다.

② 상호 유기적 관련성 및 최유효이용 원칙

부동산의 가격형성요인은 서로 유기적으로 연관되어 있다. 따라서 이를 반영하는 가격제원칙 역시 상호 밀접한 관련성을 가지고 있으며, 최유효이용원칙을 최상위 원칙으로 하나의 통합된 체계를 이룬다.

2) 토대가 되는 원칙

(1) 의의

부동산의 사회적 · 경제적 · 행정적 가변성으로 **변동의 원칙**과 장기적 측면에서 **예측의 원칙**을 기반으로 최유효이용과 부동산가격이 결정된다는 법칙이다.

(2) 최유효이용 원칙

① 최유효이용 원칙 의의

부동산가격은 사회통념상 합리적이고 현실적인 방법으로 그 부동산의 효용이 최고로 발휘될 가능성이 있는 이용(최유효이용)을 전제로 형성된다는 원칙을 말한다. 최유효이용이란 객관적으로 보아 양식과 통상의 이용능력을 가진 사람이 부동산을 합법적이고 합리적이며 최고 · 최선의 방법으로 이용하는 것을 말한다.

② 최유효이용 원칙의 내용

최유효이용은 부동산의 본질적 특성인 용도의 다양성과 직접 연결된다. 부동산은 여러 용도로 이용할 수 있으며, 그중 물리적 가능성, 법률적 허용성, 경제적 타당성을 고려해 가장 높은 가치를 실현하는 이용방법이 최유효이용이 된다. 가격제원칙의 체계에서 최유효이용 원칙은 중심적 위치를 차지한다. 합리적인 시장참여자들은 항상 최대의 가치를 추구하므로, 부동산 역시 최대 가치를 실현할 수 있는 방향으로 이용된다. 따라서 최유효이용은 시장에서 자연스럽게 형성되는 가치판단의 기준이 된다. 다른 가격제원칙들은 최유효이용을 중심으로 시계열적 관계(시간에 따른 변화), 내부적 관계(부동산 자체의 특성), 외부적 관계(주변 환경과의 관계)를 형성한다.

③ 최유효이용 원칙의 활용(감정평가 3방식과의 연관성)

㉠ 비교방식

거래사례비교법 적용 시 최유효이용 상태에 있는 거래사례를 선택하고 최유효이용을 기준으로 가치형성요인을 비교하여야 한다. 또한 복합부동산의 거래사례를 통해 배분법을 적용할 경우 최유효이용 상태에 있는 거래사례를 선택하여 가치를 배분한 후 시장가치를 도출해야 한다.

㉡ 원가방식

원가법 적용 시 재조달원가는 최유효이용 상태를 전제로 산정한다. 간접법으로 재조달원가를 산정하는 경우, 최유효이용을 기준으로 개별요인을 비교하여 결정한다. 신축을 전제로 한 최유효이용 상태의 재조달원가를 기준으로 물리적 · 기능적 · 경제적 감가수정의 절차를 거쳐 기준시점 현 상태의 시장가치를 구하게 된다.

© 수익방식

수익환원법 적용 시 최유효이용 상태에 있는 임대사례를 선택하여 대상 부동산의 최유효이용 상태를 기준해 순수익 및 현금흐름과 환원율 및 할인율을 도출해야 한다. 또한, 잔여법을 적용할 경우 최유효이용 상태에 있는 임대사례를 기준으로 순수익을 배분한 후 시장가치를 도출해야 한다.

④ 관련원칙

최유효이용 원칙은 가격제원칙 중 최상위의 원칙로서, 변동의 원칙과 예측의 원칙이 바탕이 되고 내부적으로는 균형의 원칙, 수익체증·체감의 원칙, 수익배분의 원칙, 기여의 원칙, 그리고 외부적으로 적합의 원칙과 대체·경쟁의 원칙 등이 관련된다.

(3) 예측의 원칙

① 의의 및 성립근거

예측의 원칙은 부동산 가치가 현재의 이용상태가 아닌, 장래의 이용가능성에 대한 예측을 근거로 결정된다는 원칙이다. 이는 부동산이 가진 영속성과 함께 사회적·경제적·행정적 위치의 가변성에서 비롯된다. 또한 부동산 가격은 장기적 배려하에서 형성된다는 가격의 특징과 투자자의 투자행태에서 성립근거를 찾을 수 있다.

② 내용(감정평가 3방식과의 관계)

ㄱ 원가방식에서는 경제적 잔존내용연수 판정에 예측이 필요하다. 건물의 물리적 수명뿐 아니라 경제적 가치의 지속 기간을 예측하여 감가수정을 실시한다.

ㄴ 비교방식에서는 지역요인과 개별요인의 장래 동향을 예측하여 비교·분석한다. 특히 대상부동산이 속한 지역의 발전 가능성이나 쇠퇴 가능성 등 미래 변화를 고려해야 한다.

ㄷ 수익방식에서는 미래의 기대수익과 환원이율 결정에 예측이 핵심이 된다. 장래 발생할 것으로 예상되는 총수익을 산정하고, 이를 현재가치로 환원하는 과정에서 예측이 필수적이다.

③ 관련원칙

예측은 변동을 전제로 하기 때문에 변동의 원칙과 관련이 있다. 예측은 비현실적인 이용이나 투기적 이용 또는 비합리적인 이용 등의 비정상적인 상태를 전제로 하여서는 안되므로 최유효이용의 원칙과도 관련이 있다. 즉, 최유효이용을 전제로 하여 과거·현재·미래를 판단하여야 한다.

(4) 변동의 원칙

① 의의 및 성립근거

변동의 원칙이란 가격형성요인의 변화에 따라 부동산의 가치가 변동한다는 원칙이다. 부동산은 사회적·경제적·행정적 요인은 계속 변화되는 것으로 이에 영향을 받는 부동산 가격 또한 변동성을 갖게 된다. 즉, 부동산 자체의 개별적 요인 변화에 따라 그 가치가 변동하며, 이러한 변동성은 부동산 가격형성의 핵심적 특성이 된다.

② 부동산특성과의 관계(내용)

부동산의 고정성으로 인해 지역요인의 변화는 지역특성의 변화를 초래하며, 다른 용도로 전환 또는 이행할 경우 그 지역을 구성하는 부동산이 변화하게 된다. 또한 사회적·경제적·행정적 가변성은 지역요인 및 개별요인의 변화와 연관되며, 병합 및 분할 가능성은 개별요인의 변화와 직접적으로 관련된다.

③ 감정평가시 유의사항

감정평가사는 부동산의 가격형성요인이 지속적인 변동 과정에 있음을 인식하고, 요인 간 상호인 과관계를 동태적으로 파악해야 한다. 변동의 원칙은 감정평가의 기준시점 설정 필요성을 제시하며, 이는 동태적인 부동산가치 판단에 대한 책임소재를 명확히 하는 기준이 된다.

④ 관련원칙

변동의 원칙은 부동산가치의 장래 변화를 다루므로 예측의 원칙과 밀접한 관련이 있다. 또한 수요와 공급, 대체, 균형, 외부성의 원칙은 가치 변동의 방향과 동향을 설명하는 데 기여한다. 이러한 원칙들이 종합적으로 작용하여 최유효이용이 실현되므로, 변동의 원칙은 감정평가의 핵심적 원칙으로서의 의의를 갖는다.

3) 내부 측면의 원칙

(1) 의의

최유효이용이 되고 그에 적합한 가격이 형성되기 위해서는 내부 구성요소간에 가치형성에 대한 **기여**가 합리적으로 반영되고, **잔여수익**이 **한계수익점에서 최대**가 되며, **구성요소간 균형**이 이루어져야 한다.

(2) 기여의 원칙

① 의의 및 성립근거

기여의 원칙은 부동산을 구성하는 각 요소가 전체 가치에 기여하는 정도에 따라 부동산의 가격이 결정된다는 원칙이다. 부동산은 여러 구성요소가 결합되어 하나의 가치를 형성하므로, 단순히 투입된 비용의 합이 아닌 각 요소의 기여도에 따라 전체 가치가 결정된다. 이러한 원칙은 건물의 용도 다양성과 토지의 병합·분할 가능성이라는 부동산의 특성에서 비롯되며, 각 구성요소가 전체에 기여하는 정도가 가장 큰 이용방법을 선택해야 한다는 점에서 그 근거를 찾을 수 있다.

② 내용

부동산을 이루는 구성요소의 기여도를 분석하는 이 원칙은 실무에서 다양한 형태로 적용된다. 주변의 표준적 이용에 부적합한 면적의 토지를 구입하여 합필하거나 건물을 증축하는 경우, 이러한 추가투자가 부동산 전체의 가치에 미치는 영향을 분석할 수 있으므로 투자 타당성 판단에 유용하게 활용된다. 다만, 추가 투자에 따른 비용이 반드시 동일한 수준의 효용 증가로 이어지지는 않으므로, 기여도 분석시 이를 고려해야 한다.

③ 관련원칙

기여의 원칙은 균형의 원칙에 선행하는 원칙이다. 균형의 원칙이 부동산 구성요소 간의 균형 상태를 중시한다면, 기여의 원칙은 각 구성요소의 기여도가 합리적으로 반영되어야 함을 강조하기 때문이다. 또한 각 구성요소가 전체 가치에 얼마나 기여하는지를 분석하는 기여의 원칙은 최유효이용을 판단하는 중요한 기준이 된다. 예를 들어 토지와 건물의 기여도 분석을 통해 현재 이용이 최유효이용인지, 또는 다른 이용방법이 더 높은 가치를 창출할 수 있는지를 판단할 수 있다.

(3) 수익배분의 원칙

① 의의 및 성립근거

수익배분의 원칙은 부동산에서 발생하는 총수익이 생산요소별로 배분되며, 토지의 경우 다른 생산요소(자본, 노동, 경영)에 배분되고 남은 잔여수익이 귀속된다는 원칙이다. 이는 토지의 지리적 위치 고정성으로 인해 유동성 있는 다른 생산요소에 배분되고 남은 수익이 최종적으로 토지에 배분된다는 차액지대설에 근거한다.

② 내용

토지는 고정성이라는 자연적 특성으로 인해 이동이 불가능하나, 다른 생산요소들은 유동성을 가지고 있으므로 수익 배분에서 후순위가 된다. 따라서 토지의 가치는 전체 수익에서 다른 생산요소들의 배분액을 공제한 잔여수익에 의해 결정된다. 이러한 특성은 감정평가에서 토지잔여법 적용의 이론적 근거가 된다.

③ 관련원칙

토지에 배분되는 수익은 다른 생산요소에 대한 배분의 적정성과 관리능력의 합리성에 따라 달라진다. 토지가 획득할 수 있는 최대 수익은 최유효이용 상태에서 실현되므로, 수익배분의 원칙은 최유효이용 원칙과 밀접한 관련을 갖는다. 즉, 토지의 최유효이용을 판단할 때 각 생산요소의 적절한 수익배분 상태를 고려해야 한다.

(4) 균형의 원칙

① 의의 및 성립근거

균형의 원칙은 부동산의 가치가 각 구성요소 간 결합이 균형적일 때 최대화된다는 원칙이다. 부동산은 토지만을 단독으로 이용하기보다 건물과 결합하여 효용을 발휘하므로, 여러 구성요소가 복합적으로 결합된 재화라는 특성을 지닌다. 따라서 이러한 구성요소 간의 균형은 전체 가치에 중요한 영향을 미치며, 적절한 균형 상태에서 최유효이용이 실현되고 최고의 가치가 발현된다.

② 내용

균형관계는 부동산의 유형에 따라 다양하게 나타난다. 토지의 경우 접면 너비, 획지의 깊이, 고저 등의 균형이 요구되며, 건물은 건축면적, 높이, 복도 등의 요소 간 균형이 필요하다. 특히 복합부동산의 경우에는 토지와 건물의 관계, 건물과 부지의 배치 및 크기 등에서 균형이 이루어져야 한다. 또한 종별 측면에서도 이러한 개별 부동산의 균형은 해당 지역의 특성과도 조화를 이루어야 한다.

③ 관련원칙

균형의 원칙은 부동산 내부 구성요소 간의 관계를 다루는 내부적 관계의 원칙으로서, 외부와의 관계를 다루는 적합의 원칙과 대비된다. 구성요소 간의 균형은 최유효이용의 전제조건이 되므로 최유효이용 원칙과 밀접한 관련이 있다. 예를 들어 토지와 건물의 규모 관계가 불균형한 경우, 해당 부동산은 최유효이용 상태에 있다고 보기 어려우며 이는 전체 가치의 저하로 이어진다. 또한 각 요소의 기여도를 분석하는 기여의 원칙이 균형의 원칙 성립을 위한 기초가 된다.

(5) 수익체증 · 체감의 원칙

① 의의 및 성립근거

수익체증 · 체감의 원칙은 부동산에 대한 단위투자당 수익이 일정 수준까지는 체증하다가 그 이후에는 체감한다는 원칙이다. 부동산의 가치가 최대로 되는 경우는 한계비용과 한계수입이 일치하는 수준까지 비용을 투입했을 때(MR = MC)이다. 이는 토지의 부증성으로 인해 공급이 한정된 상황에서 인구증가와 산업화로 인한 수요 증가에 대응하여 토지이용의 효율을 극대화하기 위한 투자의 한계점을 찾아야 한다는 점에서 성립한다. 건물에 대한 투자(건축)판단시 엘레베이터, 층수 등을 판단함에 있어 건축비에 비해 효용(수익)이 일치하는 수준까지 건물설비에 대한 투자가 이루어진다.

② 내용

이 원칙은 부동산 투자의 한계점을 판단하는 데 적용된다. 예를 들어 건물의 엘리베이터 설치나 층수 결정 시, 건축비용 대비 효용이 일치하는 수준까지 투자가 이루어져야 한다. 이때 '토지공간의 입체이용률'과 '입체이용저해율'의 개념을 활용하여 추가투자의 적정 규모를 결정할 수 있다.

③ 관련원칙

수익체증 · 체감의 원칙은 토지와 건물 간의 최적 균형점을 찾는 데 중요한 역할을 하므로 균형의 원칙과 관련된다. 또한 투자의 한계점을 제시함으로써 최유효이용 판정의 기준이 된다. 즉, 추가 투자를 통해 얻을 수 있는 수익이 비용을 초과하지 못하는 지점이 최유효이용의 한계가 되므로, 이 원칙은 최유효이용 원칙의 실현을 위한 구체적 지침이 된다.

4) 외부측면에서의 원칙

(1) 의의

최유효이용이 되고 그에 적합한 가격이 형성되기 위해서는 용도가 **주위환경에 적합**해야 하고, 용도 및 가격은 **외부적 요인**의 영향을 받아 **수요와 공급의 상호작용**으로 결정된다. 그에 따른 가격은 수요와 공급의 **경쟁 결과**로 **대체관계**에 있는 다른 부동산의 영향과 **기회비용**을 반영하여 결정된다.

(2) 적합의 원칙

① 의의 및 성립근거

적합의 원칙은 부동산의 효용이 최대가 되기 위해서는 대상부동산이 그 환경과 조화를 이루어야 한다는 원칙이다. 부동산은 그 입지한 환경에 적합하여야만 최유효이용의 상태가 된다는 것을 강조하는 원칙이다. 이는 부동산의 지리적 위치 고정성으로 인해 일정 지역 내에서 인근 부동산과 대체 · 경쟁 관계를 형성하며, 용도와 이용방법, 가격이 유사해지는 지역성에서 비롯된다.

② 내용(적합성 판단시 고려사항)

적합성은 사회적 · 경제적 · 행정적 측면에서 종합적으로 판단해야 한다. 특히 부동산이 속한 지역의 표준적 이용이 인근지역 내 수요와 공급의 결과물이므로 표준적 이용과의 적합성이 중요하며, 반드시 완전히 일치하지 않더라도 합리적인 유사성이 인정되면 적합성을 인정할 수 있다. 다만 지역의 표준적 이용은 환경 변화에 따라 변동하므로, 현재의 적합성뿐만 아니라 장래 예상되는 표준적 이용과의 적합성도 고려해야 한다. 반면, 일부 부동산은 표준적 이용과 유사하지 않더라도 특수한 수요가 있는 경우 최유효이용이 될 수 있음에 유의하여야 한다.

③ 관련원칙

적합의 원칙은 최유효이용 원칙과 밀접한 관련이 있다. 부동산이 최유효이용 상태에 있기 위해서는 인근 환경과 적합해야 하며, 적합성이 떨어지는 경우 기능적·경제적 감가가 발생하여 최유효이용에 미달하게 된다. 또한 적합의 원칙은 부동산의 외부적 관계를 다룬다는 점에서 내부적 관계를 다루는 기여의 원칙과 상호보완적 관계에 있다.

(3) 외부성의 원칙

① 의의 및 성립근거

외부성의 원칙은 부동산의 가치가 외부적 요인에 의해 긍정적(외부경제) 또는 부정적(외부불경제) 영향을 받는다는 원칙이다. 이는 부동산이 지리적 위치의 고정성으로 인해 지역성을 가지므로, 그 가치가 자체적으로 결정되지 않고 속한 지역의 외부환경에 영향을 받기 때문에 성립한다. 이러한 특성은 지역분석의 필요성을 뒷받침한다.

② 내용(적합의 원칙과의 비교)

외부성의 원칙은 외부요인이 부동산에 미치는 일방향적이고 수동적인 영향을 다루는 반면, 적합의 원칙은 부동산과 외부환경 간의 양방향적이고 능동적인 상호작용을 의미한다. 두 원칙은 외부환경과의 관계를 다룬다는 점에서는 같으나, 그 영향의 방향성과 성격에서 차이를 보인다.

③ 감정평가와의 관련성

외부성의 원칙은 시장분석, 특히 지역분석과 개별분석에서 핵심적 역할을 한다. 가치형성요인 분석 시 외부경제가 존재하면 그만큼의 가치 상승을 반영해야 하며, 외부불경제가 있다면 가치 하락분을 경제적 감가로 적용해야 한다. 또한 이 원칙은 최유효이용 판단에도 영향을 미치는데, 외부환경의 변화가 대상부동산의 최적 이용방안을 결정하는 중요한 요소가 되기 때문이다.

(4) 수요와 공급의 원칙

① 의의 및 성립근거

수요와 공급의 원칙은 부동산의 가치가 시장에서의 수요·공급 상호작용에 의해 결정된다는 원칙이다. 부동산의 가격은 최유효이용을 전제로 시장에서의 수요와 공급의 상호작용에 의해 결정되며 이렇게 결정된 가격은 다시 수요와 공급에 영향을 미친다는 가격원칙이다. 부동산은 부증성으로 인해 물리적 공급이 제한되어 공급곡선이 수직에 가깝게 형성되나, 용도의 다양성으로 인한 용도 대체가 가능하여 경제적 공급이 이루어질 수 있다. 이에 따라 지역이나 유형별로 서로 다른 수요·공급 양상이 나타나며, 최유효이용을 전제로 한 가격이 형성된다.

② 내용(일반재화의 수요·공급원칙과의 차이점)

㉠ 균형가격의 성립문제

부동산은 고정성 등의 특성으로 인해 위치중심적이고 추상적인 시장이 형성되며, 가격형성과정이 복잡하여 균형가격의 식별이 어렵다. 이로 인해 전문가에 의한 가치 판단, 즉 감정평가의 필요성이 발생한다.

㉡ 공급의 비탄력성

용도적 측면에서 공급이 가능하더라도, 물리적 부증성과 건축의 시차성으로 인해 공급곡선은 수직에 가까운 비탄력적 형태를 보인다. 따라서 완전경쟁에 의한 균형가격의 자동적 성립이 어렵다.

© 가격 이중성의 차이

일반재화는 가격이 수요·공급 관계에서 결정되고, 결정된 가격이 다시 수요·공급에 영향을 미쳐 자동적으로 수급이 조절되는 가격의 이중성이 작용한다. 예를 들어 초과공급 상태라면 가격이 하락하여 수요가 증가하고, 가격이 감소하여 수급이 조절된다. 그러나 부동산 가격은 단순한 수급원리가 아닌, 다양한 가격형성요인의 상호작용을 통해 형성된다.

③ 관련원칙

수요·공급의 원칙은 자유경쟁 시장에서 경쟁이 수요와 공급을 조절하는 작용을 하므로 경쟁의 원칙과 밀접한 관련이 있다. 또한 대체의 원칙, 변동의 원칙, 예측의 원칙과도 연관되는데, 이는 부동산 시장에서의 수요·공급이 이러한 요소들의 영향을 받아 변화하기 때문이다.

(5) 경쟁의 원칙

① 의의 및 성립근거

경쟁의 원칙은 부동산의 가격이 시장 참가자들의 경쟁관계에 의해 형성된다는 원칙이다. 특정 부동산 이용에서 초과이윤이 발생하면 신규진입자가 유입되어 경쟁이 발생하고, 공급 증가에 따른 초과이윤이 소멸되면서 적정 가격이 형성된다. 부동산은 고정성과 부증성으로 인해 물리적 경쟁은 제한되나, 용도의 다양성으로 인해 경제적 경쟁이 가능하다.

② 내용

㉠ 수요자 경쟁

부동산은 고정성과 부증성으로 인해 국지적 시장이 형성되고 공급에 한계가 있다. 따라서 특정 위치나 효용을 제공하는 부동산의 상대적 희소성으로 인해 주로 수요자 간 경쟁이 나타난다.

㉡ 용도 간 경쟁

물리적 경쟁은 제한되나 용도의 다양성으로 인해 공급자 측면에서 용도 간 경쟁이 활발하게 이루어진다. 이는 부동산의 최유효이용을 결정하는 중요한 요소가 된다.

㉢ 초과이윤 획득의 가능성

경쟁의 원칙상 장기적으로는 초과이윤이 상실되어 차익획득이 어렵다. 다만, 부동산은 공급까지 시차가 존재하며 그 공급에 필요한 기간이 상대적으로 길기 때문에 사전적 독점(시장선점)을 한 경우에는 경쟁상태에 이르기까지 초과이윤의 획득이 가능하다.

③ 관련원칙

㉠ 대체의 원칙과의 관계

부동산은 고정성과 개별성으로 인해 완전한 대체는 불가능하나, 유사한 효용을 제공하는 부동산이나 다른 재화와의 불완전한 대체가 가능하다. 이러한 대체 가능성이 경쟁의 기초가 되므로, 경쟁의 원칙은 대체의 원칙과 밀접한 관련이 있다.

㉡ 수요·공급 원칙과의 관계

초과이윤이 발생하면 이를 획득하기 위한 신규 공급자의 진입으로 경쟁이 발생한다. 이러한 공급 증가는 시장의 경쟁을 심화시키고 결과적으로 초과이윤을 소멸시킨다. 대체성이 낮은 부동산의 경우 신규 공급이 제한되므로 초과이윤이 지속될 수 있으나, 대체성이 높은 부동산은 경쟁적 공급 증가로 인해 초과이윤이 빠르게 소멸된다. 이처럼 경쟁은 공급 측면에서 수요·공급 원칙과 밀접한 관련을 갖는다.

(6) 대체의 원칙

① 의의 및 성립근거

대체의 원칙은 부동산의 가격이 대체·경쟁관계에 있는 유사 부동산이나 다른 재화의 영향을 받아 형성된다는 원칙이다. 시장참여자들은 효용이 같으면 낮은 가격을, 가격이 같으면 높은 효용을 선택하므로, 부동산 가격도 대체 가능한 다른 재화의 가격과 상호 영향을 주고받는다. 부동산은 고정성과 개별성으로 인해 완전한 대체는 어려우나, 용도적 측면과 지역성으로 인해 경제적 대체가 가능하다.

② 내용

㉠ 대체의 조건

대체관계가 성립하기 위해서는 부동산 상호간 또는 부동산과 일반 재화 간에 용도·효용·가격의 동일성이나 유사성이 존재해야 한다.

㉡ 대체의 대상

지역성에 따라 동일 지역 내 부동산 간 대체뿐만 아니라, 서로 다른 지역 간의 대체도 가능하다. 또한 부동산은 투자자산으로서 다른 경제재 간의 대체도 이루어질 수 있다.

③ 감정평가 3방식과의 관계

㉠ 비교방식

비교방식은 시장성의 원리를 기초한 평가방법으로 유사한 시장내 거래사례를 비교하는 방식이다. 유사성 또는 동일성 있는 재화의 가격은 대체의 원칙이 작용하여 유사한 물건가격을 비교하는 방식으로 추계 가능하다. 즉, 비교방식은 대체의 원칙에 성립근거를 두고 있다.

㉡ 원가방식

원가방식은 비용성의 원리를 기초한 평가방법으로 기준시점 당시 대상물건을 재생산 또는 재취득하는 비용인 재조달원가에서 감가수정을 하는 방식이다. 재조달원가를 산정할 때 대체가능한 유사한 부동산의 원가를 참고하여 결정하게 된다. 즉, 재조달원가(기초가액)를 산정하기 위한 이론적 근거는 대체의 원칙이다.

㉢ 수익방식

수익방식은 수익성의 원리에 기초한 평가방법으로 장래 기대되는 현금흐름을 할인 또는 환원하여 현재가치를 산정하는 방식이다. 순수익 산정시 간접법으로 대상부동산과 사례부동산 간 대체를 전제로 하며, 환원율 또는 할인율 결정시 부동산과 대체관계에 있는 투자자산의 수익률을 참고한다. 즉, 대체의 원칙은 수익방식과도 밀접한 관련이 있다.

④ 관련원칙

대체 가능한 재화 간에는 경쟁이 발생하므로 대체의 원칙은 경쟁의 원칙과 밀접한 관련이 있다. 또한 이러한 경쟁과 대체를 통해 수요·공급의 원칙과도 연관성을 갖는다.

(7) 기회비용의 원칙

① 의의 및 성립근거

기회비용의 원칙은 부동산의 가격이 다른 투자대안들 중 포기한 최선의 대안이 가진 가치를 반영하여 형성된다는 원칙이다. 부동산은 영속성으로 인해 투자자산의 성격을 가지며, 투자자는 생산원가보다는 대상 부동산과 대체·경쟁 관계에 있는 재화의 효용을 비교하여 가격을 판단한다. 또한 부동산 가격은 유사 부동산의 가격을 반영하여 형성되므로, 이러한 대체관계가 기회비용 원칙의 성립 근거가 된다.

② 내용(감정평가와의 관계)

선택된 투자안과 포기된 투자대안의 기회비용은 대체·경쟁관계에 있다. 대상이 제공하는 효용과 차선의 기회가 제공하는 효용을 비교해 지불가격을 결정하기 때문에 유사부동산을 비교해 가치추계하는 근거가 된다. 또한 다양한 용도로 이용가능한 부지가 더 비싼 이유도 매수자가 기꺼이 지불하려는 가격이 곧 기회비용이 이미 반영된 결과이다. 수익환원법 적용 시 자본에 대한 요구수익률을 정하는 중요한 기준이 된다.

③ 다른 원칙과의 관계

기회비용의 원칙은 대체의 원칙과 밀접한 관련이 있다. 기회비용은 포기한 대안들 중 최선의 선택이 주는 가치를 의미하므로, 이는 곧 대체 가능한 선택지들 간의 비교를 전제로 한다. 또한 최유효이용 원칙과도 연관성을 갖는다. 다양한 용도로 이용 가능한 부동산의 경우, 각 용도별 기회비용을 비교하여 가장 높은 가치를 창출하는 용도가 최유효이용이 되기 때문이다. 경쟁의 원칙과도 관련되는데, 이는 시장 참여자들이 여러 대안 중 최선의 선택을 위해 경쟁하는 과정에서 기회비용이 가격에 반영되기 때문이다. 이러한 과정을 통해 수요·공급 원칙과도 간접적으로 연결된다.

5) 부동산가격제원칙과 감정평가 3방식과의 관련성

(1) 개설

부동산가격제원칙은 독립적으로 작용하지 않고 상호 유기적인 관계를 갖는다. 따라서 감정평가시에도 관련 원칙을 고려하여야 한다. 특히 변동의 원칙, 예측의 원칙, 대체의 원칙은 감정평가 3방식 모두에 적용되는 기본원칙이다.

(2) 비교방식과의 관련성

① 사례선정 및 시점수정시

비교방식은 대상 부동산과 가치형성요인이 같거나 유사한 물건의 거래 사례와 비교하는 방식을 말한다. 이는 시장에서 대체성이 있는 유사물건의 거래사례를 선정하여 시산가액을 산정하므로 대체의 원칙에 근거한다. 거래사례는 과거의 사실이므로 기준시점과 시간적 차이가 존재한다. 따라서 거래시점과 기준시점 간의 시간적 불일치를 수정할 때 예측과 변동의 원칙을 고려해야 한다.

② 가치형성요인 비교시

지역요인 비교시에는 부동산이 속한 지역이 항상 변동하는 특성이 있으므로, 부동산시장의 경기변동 등에 따른 일반·지역요인의 변화를 고려해야 한다. 따라서 변동과 예측의 원칙을 적용해야 한다. 개별요인 비교시에는 최유효이용을 전제로 증가·감가 여부를 판단하므로, 최유효이용 및 관련된 가격제원칙을 모두 활용한다.

(3) 원가방식과의 관련성

① 재조달원가 산정시

원가방식은 대상물건의 재생산에 필요한 비용을 고려하여 시산가액을 산정하는 방식으로, 비용성에 근거한다. 재조달원가는 최유효이용을 전제로 대상물건과 대체성이 존재하는 재화를 고려하여 결정한바, 대체의 원칙에 대한 고려가 필요하다.

② 감가수정 적용시

감가수정에는 시간 경과에 따른 가치 변화를 고려해야 하므로 변동의 원칙과 예측의 원칙이 적용된다. 경제적 감가는 대상물건과 주위환경과의 관계 측면에서 적합의 원칙과 관련되며, 기능적 감가는 부동산 구성요소 간 조화 측면에서 균형의 원칙과 관련된다. 이는 토지와 건물의 규모 관계나 건물의 설계, 구조, 부대시설 등이 서로 균형을 이루지 못할 경우 전체 부동산의 가치가 저하되는 현상을 설명하기 때문이다. 예를 들어 토지에 비해 건물 규모가 과대하거나 과소한 경우, 또는 건물의 내부 구조가 비효율적인 경우 기능적 감가가 발생하게 된다.

(4) 수익방식과의 관련성

① 순수익 산정시

수익방식은 부동산의 운영을 통해 얻을 수 있는 수익성을 기초로 한다. 순수익 산정은 수익방식의 핵심 요소로, 대상물건의 최유효이용을 전제로 한 객관적이고 표준적인 수익을 조사해야 한다. 이는 부동산의 최적 활용 측면에서 최유효이용의 원칙과 관련되며, 수익 규모의 한계 측면에서 수익체증·체감의 원칙과 연관된다.

② 환원이율 산정 및 결정시

환원이율은 투자 대안 간 비교가 필요하므로 채권, 주식, 부동산 시장 등 대체·경쟁 자산과의 수익률을 고려한다. 이는 투자 선택의 측면에서 대체의 원칙 및 경쟁의 원칙, 기회비용의 원칙과 관련된다. 또한 시장상황과 위험 조정이 필요하므로 미래 예측의 측면에서 변동 및 예측의 원칙과도 연관된다.

③ 잔여법 등

토지잔여법은 전체 부동산의 수익에서 건물의 기여분을 공제하여 토지가치를 산정하며, 건물잔여법은 전체 수익에서 토지의 기여분을 공제하여 건물가치를 산정한다. 이러한 방법은 수익이 생산요소의 기여도에 따라 배분된다는 수익배분의 원칙에 근거한다. 또한 기여의 원칙은 추가투자를 할 때 의사결정의 기준이 되는데, 추가투자로 인한 가치증가분이 투자비용을 초과할 경우에만 경제적으로 타당하다는 판단 기준을 제공한다.

(5) 소결

가격제원칙은 감정평가의 이론적 기초로서, 사회적·경제적·행정적 요인들과 상호작용하며 유기적 관계를 형성한다. 가격제원칙은 감정평가 과정에서 가치형성요인을 체계적으로 분석하고 평가방법을 적절히 선택·적용하는 이론적 기반이 된다. 따라서 감정평가사는 가격제원칙을 심도 있게 이해하고 실무에 효과적으로 활용함으로써 보다 정확하고 신뢰성 있는 평가액을 산출할 수 있을 것이다.

VI. 최유효이용의 판정 및 분석

1. 최유효이용 개설

부동산은 용도의 다양성으로 인해 여러 이용방법 간에 대체·경쟁관계가 발생한다. 또한 지리적 위치의 고정성과 부증성으로 인해 제한된 자원의 효율적 이용이 중요하다. 이러한 부동산의 특성으로 인해 자본주의 시장에서 부동산은 최대 수익을 창출할 수 있는 용도로 이용되며, 거래 역시 최유효이용을 전제로 이루어진다. 이와 같이 자본주의 자유경쟁 시장메커니즘은 수익을 극대화할 수 있는 용도에 토지자원을 할당하게 된다. 감정평가사는 대상 부동산의 가치를 판단하기에 앞서 해당 부동산이 최유효이용 상태에 있는지 분석해야 한다. 이를 위해 지역분석과 개별분석을 통해 대상 부동산이 창출할 수 있는 최적의 용도를 파악하는 최유효이용 분석이 필요하다. 이는 단순히 현재의 이용상태를 확인하는 것이 아니라, 해당 부동산이 가진 잠재력을 포함한 종합적인 분석이 되어야 한다.

2. 최유효이용 의의(감정평가 실무기준)

최유효이용이란 객관적으로 보아 양식과 통상의 이용능력을 가진 사람이 부동산을 합법적이고 합리적이며 최고·최선의 방법으로 이용하는 것을 말한다. 최유효이용 원칙이란 최유효이용 상태를 기준으로 하여 감정평가를 하는 것을 말한다.

> **참고**
>
> ### 1. 일본 부동산감정평가기준
> 최유효이용은 입지주체를 기준으로 최유효이용을 판단하는 시각으로 부동산 가치는 그 부동산의 효용을 최고도로 발휘할 수 있는 가능성이 가장 높은 이용을 전제로 하여 파악되는 가치를 표준으로 해서 형성된다. 즉, 최유효이용은 객관적으로 보아 양식과 통상의 능력을 갖고 있는 사람에 의한 최고이자 최선의 사용방법을 말한다.
>
> ### 2. 미국 USPAP
> 합리적이고 합법적인 상황 하에서 나지 상정 토지의 최유효이용 및 기존 건물의 용도 전환 등의 변화를 고려한 건물의 최유효이용 상황을 검토한다. 이러한 판단기준은 먼저 '물리적 측면' 및 '법적 측면'에서 그 이용이 가능하고 '재무적 측면'에서도 이용·개발이 타당성을 가지는 이용 중에서 '최대생산성'을 실현할 수 있는 이용방안을 말한다.

3. 최유효이용의 이론적 근거[2]

1) 부동산 용도의 다양성과 용도경쟁

부동산은 다양한 용도로 이용할 수 있으므로 여러 용도 간에 대체·경쟁관계가 발생한다. 이러한 용도 간 경쟁과정을 통해 부동산은 자연스럽게 최대 수익을 창출할 수 있는 용도로 이용되며, 시장에서의 거래도 이러한 최유효이용을 전제로 이루어진다.

---

2) 노용호·박정화·백일현, 감정평가론 제4판, 부연사, 2011, p.150

2) 토지자원의 최적 할당

토지소유자는 합리적 판단을 통해 최대 이윤을 창출할 수 있는 용도를 선택하려 한다. 이러한 과정에서 자유경쟁시장은 수익을 극대화할 수 있는 용도로 토지자원을 할당하게 되며, 결과적으로 개별 토지는 수익이 극대화되는 최유효이용 상태에 도달하게 된다. 용도의 다양성으로 토지 위 용도가 경합하므로 그 위치와 특성에 맞는 최적의 용도로 사용되기 때문이다.

3) 인간의 합리성 추구

인간은 지대를 극대화하려는 경제적 합리성을 추구한다. 이러한 합리성은 토지를 보다 효율적으로 이용하게 하는 원동력이 되며, 최고 지대의 추구는 곧 최대 수익성을 위한 활동으로 이어진다. 따라서 부동산 경영주체의 이윤 극대화 과정은 최유효이용의 실현으로 귀결된다.

4) 최유효이용의 강제

부동산은 사회 구성원 모두의 생활기반이자 국가를 구성하는 자원이며 부증성과 비가역성이 있어 높은 사회성과 공공성을 지닌다. 부동산시장은 불완전시장이므로, 사회성과 공공성을 최대한 발휘하기 위해서는 국가에서 부동산의 효율적이고 합리적인 이용을 위해 최유효이용을 강제할 필요가 있다. 용도지역제, 건축규제와 같은 행정적 규제와 함께 토지이용계획, 도시계획 등을 통해 최유효이용을 유도한다. 뿐만 아니라 각종 인허가 제도와 개발행위 제한으로 무분별한 이용을 방지하고, 조세제도를 통해 효율적 이용을 장려하는 등 다양한 정책적 수단으로 최유효이용을 실현한다.

5) 소결

부동산은 경제주체들의 합리성 추구와 용도의 다양성 하 대체·경쟁 과정을 통해 최유효이용에 할당된다. 또한, 부동산은 국토의 기반이자 부증성, 비가역성이 있으므로 사회성과 공공성을 최대로 발휘하기 위해 외부적으로 여러 공적 규제 등을 통해 최유효이용이 강제된다. 즉, 부동산은 시장의 자율적 힘과 국가나 사회의 외부적 압력에 의해 최유효이용에 귀결된다.

> **TIP** **최유효이용의 필요성**
>
> 1. 부동산의 용도의 다양성으로 인하여 여러 용도간의 경합을 통해 최유효이용에 할당됨
> 2. 토지할당원리에 의해 지가는 잔여수익으로 배분되는바, 최대 수익을 내는 최유효이용으로 이용
> 3. 감정평가시 기준
>   ① 원가방식: 최유효이용 상정의 재조달원가에서 최유효이용을 기준으로 한 감가 발생액을 차감
>   ② 비교방식: 최유효이용 상태의 사례를 선정하고 대상과 사례간 최유효이용을 토대로 개별요인이 비교됨
>   ③ 수익방식: 최유효이용 상태의 순수익과 환원율을 평가

---

4. 최유효이용의 장애

1) 개설

부동산은 이론적으로 최유효이용에 따라 이용되어야 하나, 현실에서는 다양한 장애요인으로 인해 최유효이용이 실현되지 못하는 경우가 발생한다. 이러한 장애요인들은 크게 경제주체, 시장, 제도적 측면에서 살펴볼 수 있다.

2) 경제주체의 비전문성

최유효이용은 경제주체의 합리적 판단을 전제로 한다. 그러나 부동산의 이용을 결정하기 위해서는 물리적·사회적·경제적·행정적 요인 등 수많은 요소들을 고려해야 하며, 이러한 요인들은 지속적으로 변화한다. 따라서 소유자를 비롯한 경제주체들이 독자적으로 최유효이용을 판단하기는 어렵다. 전문가의 도움이 필요하지만, 비용 부담과 복잡한 절차로 인해 실제로는 이를 활용하지 못하는 경우가 많다.

3) 부동산시장의 불완전성

부동산은 시장 참여자들의 경쟁을 통해 최유효이용이 실현되어야 하나, 현실의 부동산시장은 여러 제약이 존재한다. 공급 측면에서는 부동산의 고정성으로 인한 물리적 제약이, 수요 측면에서는 고가성으로 인한 참여 제약이 발생한다. 또한 부동산 정보의 비공개성과 불완전성으로 인해 시장 기능이 제대로 작동하지 못하여 최유효이용의 실현이 저해될 수 있다.

4) 정부의 규제

정부는 부동산의 사회성과 공공성을 위해 시장 기능을 보완하고 최유효이용을 지원하는 역할을 한다. 그러나 시장 과열이나 부의 편중을 막기 위해 규제를 가하기도 한다. 용도지역제, 건축규제, 분양가 상한제, 임대료 상승률 제한 등의 규제는 시장 참여자들의 이익 극대화를 제한함으로써 최유효이용의 실현을 어렵게 만들 수 있다.

5. 최유효이용의 판정기준[3][4]

1) 물리적 이용 가능성

(1) 의의

물리적 이용 가능성이란 특정 용도로 부동산을 활용하는 것이 물리적 조건상 가능한 것이어야 함을 의미한다. 토양의 하중 지지력, 지형과 지세 등 기본적인 물리적 요건이 충족되어야 최유효이용으로 판단할 수 있다.

(2) 내용

토지는 지반, 지형, 형상 등 자체 특성과 인공 환경적 요건에 의한 입지여건에 따라 그 용도 및 개발 가능성이 달라질 수 있다. 인공 환경적 요건은 상하수도, 전기, 도로 등으로 해당 부동산 이용을 지원하는 중요한 기능을 수행한다. 지형이나 토양 상태, 인공 환경적 요건에 따라 개발의 가부뿐만 아니라 개발 비용이 과도하게 증가할 수 있으며, 경제적 타당성과도 결부된다. 따라서 최유효이용을 판단하기 위해서는 토지의 물리적 상태와 인공 환경적 요인에 대한 분석이 선행되어야 한다.

(3) 예시

① 토양의 하중지지력이 충분하지 못할 경우 행정적(법률적) 조건이 충족되더라도 건축이 불가능하다.

② 입지적으로 상업용으로 이용하기에 훌륭하더라도 부지의 형상이 심각한 부정형이며 경사가 심하다면 타당성이 결여된다.

③ 근린생활시설이 건축가능한 부지라도 상·하수도와 같은 공공편익시설이 없다면 효용이 결여되어 건축이 어렵다.

---

3) 서광채, 감정평가학원론, 부연사, p.395 이하 참고
4) 안정근, 부동산평가이론 제5판, 양현사, 2010, p.104~p.108 이하 참고

2) 합법적(법률적) 허용 가능성

(1) 의의

합법적 이용가능성이란 대상부동산을 특정용도로 이용하는 것이 용도지역제, 건축법규, 환경기준이나 생태기준과 같은 각종 규제요건에 충족하는 이용이여야 한다는 것을 말한다.

(2) 내용

부동산의 현재 이용 상황이 법적으로 허용되는지 여부뿐만 아니라, 향후 계획된 이용이 법적 요건을 충족하는지도 검토해야 한다. 다만, 현재 법률에 적합하지 않다고 해서 해당 이용이 반드시 최유효이용에서 제외되는 것은 아니다. 현행 정부 사업과 조례 등, 용도지역의 과거 변천 과정, 토지이용의 변화 추세와 같은 관련 자료를 종합적으로 분석해 용도지역제 변경 가능성도 함께 고려해야 한다. 공법상 제약뿐만 아니라 지상권 설정이나 장기 임대차와 같은 사법상 제약 또한 부동산 이용에 직접적인 제약을 줄 수 있기 때문에 검토하여야 한다. 대규모 부동산 개발사업의 경우, 인근 지역의 여론과 민원도 사업 진행에 큰 영향을 미칠 수 있으므로 이를 충분히 고려해야 한다.

(3) 예시

① 농림지역에서는 아파트건축이 허용되지 않는데 아파트용도로 이용하고자 하는 것은 불가능하다.

② 재개발, 재건축이 가능한 오래된 저층아파트의 경우 현재 상태로는 고층아파트로 이용하는 것이 합법적이지 않지만, 가까운 장래에 그것이 가능할 것이라는 합리적 판단이 가능하다.

③ 데이터센터와 같은 혐오시설 설립은 각종 인허가를 받아도 주민 민원으로 인해 개발이 무산되기도 한다.[5]

3) 합리적(경제적) 이용 가능성

(1) 의의

합리적 이용가능성이란 최유효이용이 되려면 합리적으로 가능한 이용이면서 경제적으로도 타당성이 있는 이용이어야 한다는 것을 말한다.

(2) 내용

① 합리적 이용가능성

부동산이 합리적으로 이용되기 위해서는 해당 용도에 대한 수요와 공급을 기반으로 한 '토지이용 흡수율 분석'이 필요하다. 이 분석을 통해 시장에서 수용할 수 있는 개발 규모와 시기를 파악할 수 있다. 또한 부동산의 수익성은 시간이 지남에 따라 변동하므로 시계열적 분석을 통해 장기적인 수익성을 고려해야 한다.

② 경제적 타당성

경제적 타당성은 개발로 인해 발생하는 수익이 투입된 비용을 초과하는지 여부로 판단할 수 있다. 구체적으로는 순현재가치(NPV)가 0보다 크고, 기대 이윤이나 가치 증진이 개발 비용을 상회할 때 경제적 타당성이 있다고 본다.

---

5) 건축허가는 받았으나, 특고압 인입을 위한 도로굴착심의를 거치지 않아 이 과정에서 주민 반발로 무산된 경우이다.

(3) 예시

인근지역의 표준적 이용은 5층 규모의 상업용 건물인 경우, 물리적으로나 법률적으로나 20층 주거용 건물을 개발하는 것이 가능하다 할지라도 현재와 가까운 장래의 수요를 분석하여 개발 후 수익이 투입된 비용을 상회하여야 합리적 이용으로 개발이 가능하다.

4) 최고의 수익성(최대 생산성)을 주는 이용일 것

(1) 의의

최고의 수익성을 주는 이용이란 물리적으로 이용가능하고 합법적이며 합리성 모두 충족하는 여러 잠재적 용도 중에서 가장 높은 가치를 창출할 수 있는 용도를 선택하는 것을 의미한다. 이때, 최고의 수익성은 객관적인 자료를 통해 증명될 수 있어야 한다.

(2) 내용

수익성은 대상 부동산의 효용과 연관이 있다. 효용이란 주관에 따라 달라질 수 있는바, 최유효이용이 되기 위해서는 실제 시장증거를 반영한 객관적이며 경험적인 증거가 제시되어야 한다. 특히 특정 용도로 활용하기 위해 발생하는 비용을 고려한 수익률이 대체 및 경쟁 관계에 있는 금융(자본) 시장의 수익률과 비교해 동등하거나 이를 초과해야 한다. 또한 유사한 부동산의 시장 수익률과도 최소한 동일한 수준이어야 최유효이용으로 판단할 수 있다.

(3) 예시

주택 및 상가 혼재지역에서 하나의 토지는 주거용, 상업용, 주상복합용 등 다양한 용도로 개발될 수 있다. 이 경우, 해당 지역의 수요와 공급을 분석하고 경제적 타당성을 평가하여 가장 높은 수익성을 창출할 수 있는 용도를 선택하는 것이 최유효이용으로 볼 수 있다.

5) 최유효이용 판정 시 유의사항

(1) 판정 기준의 순차적 검토

최유효이용을 판정할 때는 먼저 물리적 가능성과 법률적 허용 가능성을 검토하고, 이후 경제적 타당성과 최고의 수익성을 평가해야 한다. 다만, 이러한 순서는 절대적인 것이 아니며, 경우에 따라 법률적 허용 가능성을 물리적 가능성보다 우선하여 검토할 수 있다. 상황에 따라 유동적인 접근이 필요하다.

(2) 동태적 분석의 병행

부동산의 이용 수익은 장기간에 걸쳐 지속적으로 발생하기 때문에 현재뿐만 아니라 장래의 상황을 고려한 판단이 필요하다. 부동산은 사회적 · 경제적 · 행정적 · 환경적 조건의 변화에 따라 가치와 이용 가능성이 지속적으로 변한다.

예를 들어, 교통망 확충, 대규모 개발계획, 환경 규제의 강화, 인구구조 변화 등은 부동산의 용도와 가치에 중대한 영향을 미칠 수 있다. 현재 시점에서는 수익성이 낮더라도 미래의 정책 변화나 시장 환경 개선으로 특정 용도가 최유효이용으로 전환될 수 있다. 이러한 이유로 최유효이용을 판정할 때는 정적인 분석에 그치지 않고, 미래의 변화 가능성을 반영한 동태적 관점에서 접근해야 한다. 특히 이행지 또는 후보지의 최유효이용을 판정하는 경우 이행 또는 전환에 이르는 기간의 예측이 필요하다.

(3) 표준적 이용과의 상관관계 고려

개별 부동산의 최유효이용은 일반적으로 인근 지역의 표준적 이용 형태와 밀접한 관련이 있다. 따라서 개별 부동산을 분석할 때는 인근 지역 부동산의 표준적 이용과의 상관관계를 명확히 파악해야 한다. 다만, 대상 부동산의 위치, 규모, 환경 등의 특수성에 따라 표준적 이용과 다른 형태의 최유효이용이 도출될 수 있다(특수 상황하 최유효이용). 이러한 경우에는 각 용도별 특성을 고려한 개별 요인을 분석한 후 최유효이용을 결정해야 한다.

(4) 충분한 수요가 있는지 여부의 판단

최유효이용을 판정할 때는 해당 용도에 대한 충분한 수요가 있는지 여부를 반드시 검토해야 한다. 특히 수요 분석 과정에서 수요의 지속성과 확장 가능성에 주의해야 한다. 현재 시점에서 수요가 부족한 경우 최유효이용은 일시적으로 연기되거나 대체 용도로 판단될 수 있다. 예를 들어, 특정 용도의 개발이 장기적으로 수익성이 높더라도 단기적인 수요 부족으로 인해 중도적 이용 형태로 활용될 수 있다.

(5) 소유자에 의한 이용

최유효이용은 단순한 사용자가 아닌 소유자의 관점에서 판단되어야 한다. 소유자는 부동산의 개발, 이용, 처분에 대한 법적 권한을 가지고 있으며, 장기적인 가치 상승과 자본이득을 고려하여 전략적인 의사결정을 내릴 수 있다. 이러한 점에서 단기적 수익 창출에 집중하는 임차인과는 접근 방식이 다르다. 동일한 부동산이라도 소유자와 임차인의 성격에 따라 이용 방식과 수익성이 달라질 수 있다. 예를 들어, 소유자가 장기적인 개발 계획을 통해 부동산의 가치를 극대화할 수 있는 반면, 임차인은 계약 기간 내 수익 극대화를 목표로 하여 단기적인 용도로만 활용할 수 있다. 또한 단독 이용과 같이 일반적인 표준적 사용과는 다른 형태라도 소유자의 특정 목적이나 조건에 따라 최유효이용으로 판단될 수 있다. 따라서 최유효이용을 판정할 때는 소유자의 권리 구조, 장기적 전략, 개발 의지 등을 종합적으로 고려해야 한다.

6. 최유효이용 분석[6][7]

1) 최유효이용 분석 개념

최유효이용을 판정하기 위해서는 물리적 가능성, 법률적 허용성, 경제적 타당성, 최고의 수익성이라는 네 가지 기준을 모두 충족해야 한다. 이 중 첫 세 가지 조건은 결국 최고의 수익성을 검토하기 위한 과정이다. 따라서 **최유효이용 분석이란 여러 잠재적 용도의 수익성을 비교하여 가장 높은 수익을 창출할 수 있는 용도를 찾아내는 작업이다.** 최유효이용 분석은 건물의 비가역성으로 인해 부동산이 나지 상태인지, 개량물이 존재하는 상태인지에 따라 수익성이 달라지므로 구분하여 접근한다.

---

6) 서광채, 감정평가학원론, 부연사, p.398 이하 참고
7) 안정근, 부동산평가이론 제5판, 양현사, 2010, p.109, p.124 이하 참고

2) 최유효이용 분석유형

(1) (나지 및 나지상정) 토지에 대한 분석

① 개설

나지상정의 토지는 다양한 잠재적 용도를 가지고 있는바, 나지상태 토지 자체의 가치를 극대화하는 용도를 확인하는 작업이다. 토지에 대한 분석은 개발 후 부동산이 수익성 부동산인지 여부를 기준으로 하여 구분할 수 있다. 이는 개발 후 부동산의 가치를 측정하는 방법이 달라진다는 점에서 구분의 실익이 있다. 한편, 최유효이용분석을 하기 전에 먼저 대상토지를 개발할 것인지 또는 그대로 두어야 할 것인지를 결정해야 한다. 나지상태로 두는 소극적 이용도 최유효이용이 될 수 있기 때문이다.

② 비수익성 부동산일 경우

대상 토지를 개발하여 건물을 신축하는 것이 최유효이용에 해당하는 경우, 어떤 유형의 건물을 건설할 것인지를 결정해야 한다. 각 유형별 복합부동산의 시장가치(원가법 or 거사비)에서 건축비용과 개발비용을 공제한 토지가치를 산정하여, 가장 높은 토지가치를 실현하는 이용이 최유효이용이 된다. 이때 나지상태의 토지가치와도 비교하여야 한다.

> • 복합부동산의 시장가치 − 개발비용 = 토지가치
> • 나지상태의 토지가치

③ 수익성 부동산일 경우

수익성 부동산이라면 수익환원법을 활용해 토지가치를 평가한다. 수익환원법에는 대표적으로 직접환원법과 잔여환원법이 있다. 직접환원법으로 산정할 경우에는 복합부동산의 순수익을 종합환원율로 자본환원하여 복합부동산의 가치를 산정한 후 건축비용 등을 포함한 개발비용을 공제하여 토지가치를 구한다. 잔여환원법으로 산정할 경우에는 복합부동산의 순수익을 토지와 건물로 구분한 뒤 토지귀속 순수익을 토지환원율로 자본환원하여 토지가치를 구하게 된다. 이때 나지상태의 토지가치와도 비교하여야 한다.

> • 직접환원법: (순수익 / 종합환원율 = 자본환원가치) − 개발비용 = 토지가치
> • 잔여환원법(토지잔여법): (순수익 − 건물귀속순수익 = 토지귀속순수익) / 토지환원율 = 토지가치
> • 나지상태의 토지가치

(2) 개량물 하 부동산에 대한 분석(복합부동산)

① 개설

개량물이 있는 상태의 최유효이용 분석은 토지와 개량물이 결합해서 최고의 가치를 창출하는 이용을 찾아내는 작업이다. 개량물은 기존 용도를 지속하는 경우, 기존 용도를 변경하는 경우, 기존 개량물의 철거와 부지 재개발하는 경우를 고려한다. 현재 개량물이 최유효이용에 부합하지 않는 경우, 용도 전환이나 개선에 따른 치유비용과 가치 손실과 같은 자본적 지출을 분석해야 한다. 즉, 자본적 지출을 고려했을 때 전체 가치를 극대화할 수 있는 이용 형태가 최유효이용이 된다. 분석의 기본적인 틀은 토지 분석과 동일하므로, 이하에서는 수익성 부동산을 전제로 한 분석을 다룬다.

② 자본적 지출이 필요 없을 경우

자본적 지출 없이 다양한 용도로 전환할 수 있는 부동산의 경우, 각 용도별 순수익을 종합환원율로 자본환원하여 복합부동산의 가치를 산정한다. 이 중에서 가장 높은 가치를 창출하는 이용 형태가 최유효이용이 된다. 다만, 새롭게 산정된 가치와 현재 상태의 복합부동산 가치도 반드시 비교하여야 한다. 기존 상태로 유지하는 것이 더 높은 가치를 제공할 수 있기 때문이다.

> • 직접환원법: (순수익 / 종합환원율 = 자본환원가치)
> • 현재 상태의 복합부동산의 가치

③ 자본적 지출이 필요한 경우

개량물의 용도를 전환하거나 개선하기 위해 자본적 지출이 필요한 경우, 각 용도별 순수익을 종합환원율로 자본환원하여 복합부동산의 가치를 산정한 후 용도 전환이나 개보수에 필요한 비용(자본적 지출)을 공제한다. 이때 자본적 지출을 감안한 가치가 가장 높은 용도가 최유효이용으로 판정된다. 현 상태의 복합부동산 가치와도 비교하여 자본적 지출 후 가치가 현재 가치보다 높은 경우에만 용도 전환이 타당하다.

> • 직접환원법: (순수익 / 종합환원율 = 자본환원가치) – 자본적 지출
> • 현재 상태의 복합부동산의 가치

3) 유형별 최유효이용 분석 결과가 다른 경우

동일한 부동산이라도 분석 방식에 따라 최유효이용 판정 결과가 다르게 나타날 수 있다. 특히, 토지만의 최유효이용 분석과 개량물이 존재하는 복합부동산의 최유효이용 분석에서 차이가 발생할 수 있다. 일반적으로는 토지만의 최유효이용 가치가 더 높게 나타나는 경우가 많다. 기존 개량물의 철거 비용, 신축 시 발생하는 건설 비용, 건설 기간 동안 발생하는 임대 수익 손실 등을 추가로 고려하여야 하기 때문이다. 이러한 비용 요소들은 개량물이 존재하는 상태에서의 최유효이용 가치를 낮추는 요인으로 작용한다. 즉, 현재의 개량물이 토지의 최유효이용에는 부합하지 않지만, 그렇다고 해서 토지의 최유효이용으로 전환하는 것이 항상 수익성을 극대화하는 것은 아니다.

이러한 상황에서는 가까운 장래에 최유효이용이 도래할 것으로 예상되면 '중도적 이용'으로 간주한다. 구체적으로는 현재 시장가치가 철거비용 및 신축공사비를 감안한 잠재적 용도의 시장가치에서 전환비용을 공제한 가치보다 높게 유지될 때까지 현재의 이용 상태가 유지된다. 반면 토지 위 지상 견고한 개량물이 존재함으로 토지의 최유효이용을 방해하고 있는 경우는 '비최유효이용'으로 간주한다.

'비적법적 이용'과 같이 현존하는 개량물이 현 토지의 잠재용도보다 우위에 있는 경우 복합부동산의 최유효이용 분석의 결과가 토지의 최유효이용 분석의 용도보다 더 가치가 높게 나타날 수 있다.

4) 최유효이용 분석시 유의사항

① 최유효이용은 통상의 이용능력을 가진 사람에 의한 이용이어야 하며, 특별한 능력이나 단순한 이용자에 의한 이용은 배제해야 한다.

② 효용이 발휘될 시점이 예측 가능한 기간 내에 이루어지는 이용이어야 하며, 너무 먼 미래의 이용은 불확실성으로 인해 객관성이 결여된다.

③ 장기적으로 사용·수익이 계속될 수 있는 이용이어야 하며, 일시적 초과수익 상황은 최유효이용으로 보기 어렵다.

④ 인근지역의 표준적 이용상황을 고려하되, 대상 부동산의 개별요인에 따라 표준적 이용과 다른 특수 상황의 최유효이용도 가능함을 유의해야 한다.

⑤ 가치형성요인은 항상 변화하므로, 특히 지역요인의 변동이 예측되는 경우 동태적 관점에서 최유효이용을 분석해야 한다.

7. 특수한 상황의 최유효이용[8][9][10]

1) 특수한 상황의 최유효이용 개념

특수상황의 최유효이용이란 최유효이용이 되기 위한 물리적 가능성, 법률적 허용 가능성, 합리적(경제적 타당성) 이용 가능성, 최대 수익성의 요건을 모두 충족하지 못할지라도 대상이 갖는 특수성에 의해 그 상태가 최유효이용인 경우를 의미한다. 감정평가는 최유효이용을 전제로 이루어지므로 부동산의 개별성과 특수성을 반영한 개념으로 중요한 의의를 가진다.

2) 단독이용(Single use)

(1) 개념

단독이용이란 인근지역의 표준적 이용과 다른 독자적인 이용을 말한다. 일반적으로 최유효이용은 주위의 표준적 이용과 일치하거나 유사한 용도가 되는 경우가 많다. 그러나 특수한 용도에 대한 충분한 수요가 존재하여 최대 수익성 요건을 충족한다면 표준적 이용과 다르더라도 최유효이용이 될 수 있다.

(2) 활용

단독이용은 부동산의 개별성이 강하게 작용하여 인근지역의 영향이나 제약이 상대적으로 적은 경우에 나타난다. 이러한 경우에는 지역특성의 유사성보다 개별 부동산 특성의 유사성에 초점을 맞추는 것이 적절하다. 따라서 감정평가 시 인근지역 범위에 한정하지 않고 동일 수급권 내에서 대상 부동산과 대체·경쟁관계가 성립한다고 판단되는 사례를 선택하여 분석하는 것이 필요하다.

3) 복합적 이용(Multiple use)

(1) 개념

복합적 이용이란 하나의 부동산이 여러 용도로 할당됨으로써 최고의 효용을 발휘하는 경우를 말한다. 일반적으로 하나의 토지나 건물은 단일 용도로 활용되는 것이 보편적이다. 그러나 특정 상황에서는 하나의 부동산에 다양한 용도가 혼합된 복합적 이용이 최유효이용이 될 수 있다.

---

8) 안정근, 부동산평가이론 제5판, 양현사, 2010, p.117~123
9) 경응수, 감정평가론 제6판, 나무미디어, 2020, p.364 이하 참고
10) 서광채, 감정평가학원론, 부연사, p.404 이하 참고

(2) 내용

① 계획단위개발(planned unit development)

아파트단지는 주거시설뿐만 아니라 쇼핑, 위락, 스포츠시설 등 다양한 용도를 함께 계획함으로써 전체 가치를 극대화한다. 복합레저단지 역시 스포츠 시설과 호텔 등 숙박시설을 대단위 토지에 통합적으로 배치하여 시너지효과를 창출한다. 이러한 개발 방식을 토지의 복합적 이용을 위한 '하나의 계획된 개발'이라 한다.

② 임차인 혼합

대형빌딩이나 상업시설은 다양한 용도로 혼합 구성될 때 최고의 효용을 발휘하는 경우가 많다. 지식산업센터의 경우 주 용도인 오피스 외에도 은행, 식당가, 편의점 등의 지원시설을 포함함으로써 편리성과 생산성을 높여 임차인 유치에 유리하다. 이와 같은 전략적 임차인 구성을 통해 전체 수익을 극대화하는 방식을 임차인 혼합 전략이라 한다.

(3) 활용

복합적 이용 부동산의 가치평가에서는 각 구성부분이 전체가치에 기여하는 정도를 고려해야 한다. 전체 부동산의 가치는 개별 구성요소들이 하나의 유기적 단위로서 얼마나 조화롭게 기능하는지에 따라 결정된다. 따라서 감정평가 시에는 이러한 조화와 시너지 효과를 정확히 분석하는 과정이 필요하다.

4) 비적법적 이용(legal nonconforming use)

(1) 개념

비적법적 이용이란 건축 당시에는 적법하였으나 이후 새로운 규제가 발생하거나 기존 규제가 강화되어 현재의 법령 기준에 적합하지 않게 된 부동산의 이용 상태를 의미한다. 개발제한구역 내 건물이 이에 해당하는 대표적 사례로, 개발제한구역으로 지정된 후에도 기존 건축물은 기득권 보호 차원에서 계속적 이용이 가능하다.

(2) 불법적 이용과의 차이

비적법적 이용은 불법적 이용과는 구별된다. 비적법적 이용은 현재의 법 규정에는 부합되지 않지만 현재의 이용상태를 계속적으로 유지할 수 있는 반면, 불법적 이용은 현재의 법 규정에 부합되지도 않으며, 현 이용상태도 지속적으로 유지할 수 없는 이용을 말한다.

(3) 발생원인[11]

① 용도지역의 변경

용도지역은 건축물의 용도, 건폐율, 용적률, 높이 등을 제한하는 지역지구제이다. 용도지역은 토지 이용에 직접적인 제약을 가하는 행정적 요인으로, 용도지역이 변경되면 기존에 허용되던 토지 이용이 제한되거나 금지될 수 있다. 이로 인해 기존 건축물이 새로운 용도지역 규제에 맞지 않는 비적법적 이용 상태가 발생하며, 이는 부동산의 가치에 중대한 영향을 미친다.

---

11) 경응수, 감정평가론 제6판, 나무미디어, 2020, p.348 이하 참고

② 건폐율 및 용적률 기준 변경

도시계획 및 주택정책 변화에 따라 건폐율 및 용적률 규제 등은 수시로 변경됨으로써 비적법부동산이 발생할 수 있다. 건폐율 및 용적률 기준이 변경되어 원인을 제공하는 예이다. 건폐율의 규제는 대지공간의 쾌적성을 규제하는 것이고, 용적률 규제는 도시의 과밀화를 막기 위해서 취하는 조치이다. 이러한 기준이 강화되면 기존 건축물이 새 기준을 초과하게 되어 비적법 상태가 된다. 반대로 기준이 완화되면 토지의 개발 잠재력이 증가하여 부동산 가치에 영향을 미친다.

③ 지방자치단체의 자치법규 간 차이

지방자치단체의 조례는 시행법령과 달리 지역 특성과 환경 변화에 대응하여 빠르게 변경되는 특성이 있다. 따라서 지방자치단체의 신구 조례 간 충돌, 지방자치단체 간 통합 과정에서 조례 불일치 등이 발생할 수 있다.

(4) 비적법 이용의 유형

① 과대개량

과대개량은 용도지역의 변경이나 용적률, 건폐율, 건축선, 주차시설 등과 같은 개발기준이 강화되어 변경될 때 발생한다. 예를 들어 오래전에 지정된 주거지역이 관리지역으로 재지정되는 경우가 이에 해당한다. 과대개량된 부동산은 토지 단위 면적당 효율이 높으므로, 변경된 규제를 적용받는 다른 부동산에 비해 가치가 높게 형성된다.

② 과소개량

과소개량은 개발기준이 완화되어 변경될 때 발생한다. 예를 들어 주거지역이 상업지역으로 용도지역이 변경되는 경우가 이에 해당한다. 과소개량 상태의 부동산은 일반적으로 토지 단위 면적당 수익성이 더 높은 상업용으로 전환된다. 다만, 경우에 따라 상업용으로 전환되기까지 상당 기간 동안 현재의 이용상태(중도적 이용)를 유지하기도 한다.

(5) 비적법 이용 프리미엄과 가치평가 관점

비적법 이용 부동산은 현 규제하의 부동산보다 높은 가치를 가지는데, 이러한 프리미엄의 처리 방법은 부동산 가치에 대한 기본 관점에 따라 다르다.

이론적 측면에서 볼 때 가치 상승의 원인은 건물에 귀속된다고 볼 수 있다. 토지 위의 건물이 없어지면 비적법적 이용이 더 이상 불가능해지기 때문이다. 이 관점에서는 프리미엄 산정 방법으로 현 규제하의 나지 가치를 산정한 후 이를 복합부동산의 가치에서 차감하여 건물 가치에 프리미엄을 반영한다. 이는 미국의 신고전학파의 Price-determining적 사고에 기반하며, 건물은 부동산 가치에 기여하는 만큼만 가치를 가진다는 관점을 취한다.

반면, 한국과 일본의 평가실무에서는 이러한 가치 상승을 토지가치에 귀속시킨다. 이는 토지와 건물을 별개의 부동산으로 인식하며, 토지가 부동산 가치의 기본이 된다는 고전학파의 Price-determined적 사고에 기반한다. 이 관점에서는 토지가치가 건물에 의해 영향을 받는다고 보며, 순수 토지가치에 비적법적 이용에 따른 프리미엄을 가산하여 토지가치를 산정한다. 이를 건부증가라 하며, 반대로 가치가 하락하는 경우에는 건부감가라 한다.

5) 특수목적 이용(Special purpose use)

(1) 개념

특수목적 이용이란 호텔, 극장, 대학교, 교회, 공공건물 등과 같이 극히 제한된 목적에만 적합하도록 건축되어 특정한 활동을 위해 설계되고 운영되는 부동산의 이용 형태를 말한다. 이러한 부동산은 단일 목적이나 매우 제한된 용도에 적합하도록 설계되므로 일반적인 방법으로 최유효이용을 확인하기 어려운 특성을 가진다.

(2) 유형

① 현 상태에 대한 수요가 충분한 경우; 복합부동산 자체의 평가

현 상태(특수목적)에 대한 수요가 충분하여 현재의 이용이 지속될 것으로 판단되는 경우, 복합부동산 전체에 대한 최유효이용 분석을 실시한다. 이 경우 특수목적 부동산이 제공하는 효용은 특수하고 제한적이므로 시장에서 교환가치가 형성되기 어렵기 때문에 사용가치로 평가되는 경우가 많다.

② 현 상태에 대한 수요가 충분하지 않은 경우; 토지에 대한 평가

특수목적 이용에 대한 수요가 충분하지 않아 기능적으로 쇠퇴하거나 물리적으로 효용 제공이 어려운 경우, 현재의 특수목적 이용은 더 이상 최유효이용으로 인정되지 않으므로 토지에 대한 최유효이용 분석을 중심으로 평가한다.

구체적으로는 현재의 이용상태가 아닌 토지의 대안적 이용 가능성을 기준으로 시장에서의 교환가치를 평가한다. 이때 건물은 특수목적에 맞추어 설계되었기 때문에 일반적으로 다른 용도로의 전환이 경제적으로 타당하지 않다. 따라서 건물의 가치는 재활용 가능한 부분의 가치 또는 해체 처분가치만을 인정하는 것이 합리적이다.

(3) 유의사항

① 수요분석

특수부동산에 대한 최유효이용 판정은 시장수요에 의해 결정된다. 따라서 수요에 미치는 요인분석에 유의할 필요가 있다. 수요가 충분하여 사용가치로 평가하게 된다면, 이는 시장가치와 구분되는 가치이므로 평가서에 이러한 사실을 명확히 기술해야 한다.

② 전환가능성

당해 용도에 대한 수요가 부족할 경우에는 다른 용도로의 전환 가능성, 전환비용, 전환시기 등에 대한 예측이 필요하다. 현재 이용이 중도적 이용인지에 대해서도 분석할 필요가 있다. 전환 가능성에 대한 정확한 분석은 부동산의 미래 가치와 현재 투자 가치를 결정하는 중요한 요소가 된다.

6) 일단지 이용

(1) 개념

일단지 이용이란 여러 필지가 일단을 이루어 용도상 불가분의 관계가 있는 경우, 일단의 토지로 이용되고 있는 상황이 사회적 · 경제적 · 행정적 측면에서 합리적이고 해당 토지의 가치형성적 측면에서도 타당하다고 인정되는 관계에 있는 경우를 말한다.

(2) 판단기준

① 용도상 불가분 관계

용도상 불가분의 관계란 '일단지로 이용되고 있는 상황이 사회적·경제적·행정적 측면에서 합리적이고 해당 토지의 가치형성 측면에서도 타당하다고 인정되는 관계에 있는 경우'를 말한다. 이는 토지의 용도별로 최유효이용의 관점에서 구체적으로 검토해야 한다.

② 지목과의 관계

일단지는 일반적으로 2필지 이상의 토지가 일단을 이루어 같은 용도로 이용되기 때문에 지목이 같은 경우가 대부분이다. 그러나 일단지의 범위는 용도상 불가분의 관계 여부를 기준으로 판정하므로 지목분류 개념과 반드시 일치하지는 않는다.

③ 토지소유자의 동일성 여부

용도상 불가분의 관계로 인정되는 토지는 소유자가 다르더라도 「민법」 제262조에서 규정한 공유관계로 보아 일단지에 포함시킨다. 그러나 건축물이 없는 나지 등은 용도상 불가분 관계의 확정성이 부족하고 일단지 범위를 정하기 어려우므로, 소유자가 다를 때는 특별한 사정이 없는 한 일단지로 보지 않는 것이 타당하다(실무상 건축허가를 받고 착공하였으면 일단지로 보는 것이 일반적임).

④ 일시적 이용상황

2필지 이상의 토지가 일단을 이루어 같이 이용되고 있더라도 가설 건축물의 부지, 조경수목재배지, 조경자재제조장, 골재야적장 등 현재의 이용상황이 일시적인 것으로 인정되는 경우에는 용도상 불가분 관계의 확정성이 부족하므로 일단지로 보지 않는 것이 타당하다.

⑤ 일단지로 인정되는 시점

인접한 2필지 이상의 토지에 공시기준일 현재 건축물 등이 있는 경우에는 용도상 불가분의 관계가 이미 성립되어 있으므로 일단지로 인정되는 시점을 따로 확인할 필요가 없다. 그러나 건축물을 건축 중인 토지나 나지상태이지만 건축허가를 받고 공사를 착수한 토지는 용도상 불가분의 관계 성립 시점 확인이 필요하다. 「표준지공시지가 조사평가기준」에서는 '건축 중에 있는 토지와 공시기준일 현재 나지상태이나 건축허가 등을 받고 공사를 착수한 때에는 토지소유자가 다른 경우에도 이를 일단지로 본다.'고 규정한다.

7) 초과토지(Excess land)·잉여토지(Surplus land)

(1) 개념

① 초과토지

초과토지란 현존 지상개량물에 필요한 적정면적 이상의 토지를 말한다. 구체적으로는 현존 지상개량물에 필요한 적정면적을 초과하는 토지로서, 건부지와 다른 용도로 분리되어 독립적으로 사용될 수 있는 특성을 가진다. 초과토지 여부는 지역분석을 통한 표준적 이용과 유사용도 부동산의 시장자료를 토대로 판정된다. 지역분석을 통해 파악된 전형적인 유사개량물의 건폐율 및 용적률을 바탕으로 적정면적을 판단한다. 감정평가 시에는 적정면적의 가치와 초과면적의 가치를 별도로 평가하고, 이를 합산하여 전체가치를 산정한다.

② 잉여토지

잉여토지란 기존 개량물 부지와 독립적으로 분리되어 사용될 수 없고 별도의 최유효이용 용도에 이용할 수 없는 토지를 말한다. 잉여토지의 판단은 최소분할면적이나 최소 건축면적, 도로진입가능 여부 등에 따라 분리가능성을 기초로 이루어진다. 잉여토지 부분은 별도로 거래되기 곤란하기 때문에 적정면적보다 낮은 가치를 형성하는 것이 일반적이다. 다만, 인접토지와 합병이 가능한 경우에는 오히려 합병이익이 발생할 수 있음에 유의해야 한다.

(2) 초과토지와 잉여토지의 차이

초과토지는 미개발 상태로 유지하거나 녹지공간으로 이용할 수 있으며, 건물 확장을 위한 유보공간으로 활용하거나 별개의 다른 형태로 개발하는 것이 최유효이용이 될 수 있다. 반면 잉여토지는 그 자체로 별도의 최유효이용을 가지지 못하며, 건물 확장을 위한 유보공간 정도로만 이용될 수 있다.

(3) 유의사항

단순히 저밀도로 이용되고 있다고 해서 무조건 초과토지로 볼 수 없다. 사무실 건물의 주차장이나 학교의 운동장처럼 주된 사용목적에 적합하게 이용되고 있는 경우에는 초과토지가 아니다. 또한 필요 이상으로 넓은 토지라도 분리하여 특정 용도로 이용할 수 없다면 초과토지의 범주에 속하지 않는다. 어느 정도의 면적이 초과토지인지, 잉여토지인지는 인근 유사 토지의 표준적 이용상황, 건폐율, 도로 진입 가능 여부 등에 따라 달리 판정될 수 있으므로 유의해야 한다.

8) 투기적 이용(Speculative use)

(1) 개념

투기적 이용이란 취득 이후 별도의 운영을 하지 않은 채 보유만 하면서 처분을 위한 준비상태에 있는 일시적인 현재의 이용을 말한다. 통상 부동산 투자는 부동산 투자는 통상 취득, 운영, 처분의 세 단계로 구분되나, 투기적 이용은 미래의 가치 상승을 기대하고 토지를 유보 상태로 두는 경우를 의미한다.

(2) 유의사항

투기적 목적으로 사용되는 토지는 향후 이용방식에 대한 불확실성이 높기 때문에 최유효이용 예측이 어렵다. 이런 경우 감정평가사는 특정한 최유효이용을 판정하는 것이 아니라 미래 이용에 대한 일반적 유형을 상정하여 합리적으로 판단해야 한다. 이 과정에서 지역의 개발 동향, 인근 토지의 이용 변화, 토지 소유자의 계획 등을 종합적으로 고려하여 평가하는 것이 중요하다.

9) 중도적 이용

(1) 개념

가까운 장래에 최유효이용으로 전환되기 전까지 그 이용을 대기하는 과정에서 할당되고 있는 일시적인 이용 형태를 말한다. 용도 전환은 비용을 수반하므로, 장래의 개발 가능성, 시장 상황 변화, 법적 규제 완화 등으로 최유효이용으로의 전환이 타당해질 때까지 잠정적으로 유지되는 이용 상태이다.

(2) 일치성 이용의 원리(principle of consistent use)

일치성 이용의 원리란 토지와 건물을 동일한 용도로 보고 평가해야 하며, 각각 다른 용도로 평가해서는 안 된다는 원칙이다. 즉, 토지가 주거용이면 건물도 주거용으로 감정평가하여야 한다. 대상부동산이 속한 지역의 용도가 다른 용도로 전환되고 있는 경우, 성숙도가 높다면 전환 후의 용도를 기준하여 평가한다. 반면, 성숙도가 낮다면 전환 전의 용도를 기준으로 최유효이용을 판정하되, 건물로 인한 가치하락분을 건부감가의 형태로 토지가치에 반영해야 한다.

(3) 활용

중도적 이용에 있는 부동산은 개발 후의 최유효이용 상태가 되기 전의 중간적이고 예비적인 이용상태에 있다. 따라서 최종적인 개발에 소요되는 시간과 개발 후의 이익을 고려하여 평가에 반영해야 한다. 향후 재개발 예정 지역의 단층 상가나 장래 교통망 확충이 예정된 부지의 주차장 운영은 중도적 이용의 대표적 사례이다. 이들은 각각 고층 주거용 건물이나 상업시설이 최유효이용이지만, 개발 전까지 일시적으로 다른 용도로 활용되는 경우이다.

10) 비최유효이용(uses that are not the H&B use)

(1) 개념

현재의 복합부동산의 최유효이용과 나지상정 최유효이용이 상호 부합되지 않는 현재의 복합부동산의 이용을 말한다. 경제적·물리적·법률적 측면에서 더 나은 이용 형태가 존재함에도 불구하고 적절히 활용되지 않는 경우에 해당한다.

(2) 유형

① 현재의 복합부동산의 이용과 토지의 최유효이용이 같은 용도인 경우

오래된 저층아파트에 대한 토지의 최유효이용을 분석한 결과 현대식 초고층아파트라고 판정되었고, 복합부동산의 최유효이용 분석결과 철거비용, 건축기간, 신축비용 등을 이유로 오래된 저층아파트(현상태)가 최유효이용으로 분석된 경우가 이에 해당한다. 각 유형의 분석결과는 아파트라는 같은 범주에 속하지만 현재의 이용이 최유효이용은 아니다. 이런 경우 건물은 물리적 감가수정과 기능적 감가수정의 대상이 된다.

② 현재의 복합부동산의 이용과 토지의 최유효이용이 다른 용도인 경우

오래된 저층아파트에 대한 토지의 최유효이용을 분석한 결과 상업용 건물로 판정된 경우, 현재의 저층아파트는 상업용과 다른 용도에 속하게 된다. 이런 경우에는 건물은 물리적·기능적 감가수정 외에 경제적 감가수정의 대상도 된다.

(3) 예시

비최유효이용의 대표적 사례로는 저층 창고로 사용 중인 상업용지와 도심 중심지의 노후 주택이 있다. 고층 상업용 건물로 개발할 경우 가치가 크게 상승할 수 있는 상업용지가 저층 창고로 방치되거나, 고수익을 낼 수 있는 오피스텔이나 상업용 건물로 개발할 수 있는 도심 중심지가 노후 주택으로 계속 사용되는 경우가 이에 해당한다.

(4) 감정평가 시 유의사항

현재의 복합부동산의 이용과 토지에 대한 최유효이용이 서로 다른 범주에 속할 경우에는 일치성이용의 원리를 적용하여 감정평가를 해야 한다. 이 경우 건물은 아무런 가치를 갖지 못할 수도 있고, 오히려 철거비용 등으로 마이너스 가치를 가질 수도 있다. 따라서 비최유효이용 상태의 부동산을 평가할 때는 토지의 잠재적 가치와 현재 건물의 가치 및 잠재적 최유효이용으로 전환 시 소요되는 비용을 종합적으로 고려해야 한다.

구분	중도적 이용	비최유효이용
의미	최유효이용으로 전환되기 전 일시적으로 유지되는 임시적 이용 형태	최유효이용 요건을 충족하지 못하는 비효율적이고 부적합한 이용 형태
지속성	단기적, 임시적(장래 변화에 따라 전환)	장기적 부적합성(현재 상태가 지속될 이유 없음)
경제적 타당성	현 시점에서 전환 비용이 과도하여 일시적으로 유지됨	즉각적인 전환이 경제적으로 더 유리함
전환 시점	시장 조건, 법적 규제, 개발 환경 등이 개선될 때 전환	가능한 빠른 시점에서 전환하는 것이 타당
예시	재개발 전 단층 상가, 교통망 확충 전 주차장 운영	도심의 노후 주택, 고수익 상업용지가 저층 창고로 방치된 경우

TIP 건부증 · 감가

1. 건부증가의 개념

해당 토지에 건물이 있어서 토지를 평가할 때 그 유용성을 높게 판단하여 가격을 증가시켜 반영하는 것을 말한다. 즉, 토지가격이 나지일 때보다 건부지가 되었을 때 더 높아지는 경우로써 효용증가분을 말한다.

2. 건부감가의 개념

해당 토지에 건물이 있어 토지를 평가할 때 건물의 비가역성으로 용도를 제한하는바 효용을 감소시켜 가격을 하락시켜 반영하는 것을 말한다.

3. 건부감가 · 건부증가의 판단기준 및 성립근거

최유효이용을 기준으로 건부감가와 건부증가의 성립논리를 검토한다. 나지상태의 최유효이용을 기준으로 개량물하 최유효이용이 효용 감소되는 부분이 건부감가, 효용 증가되는 부분이 건부증가이다.

ca.Hackers.com

제3장

부동산 시장론

제3장 부동산 시장론

I. 부동산시장의 개념

1. 부동산시장 학습 목적

감정평가는 토지 등의 경제적 가치를 산정하여 가액으로 표시하는 활동이다. 경제적 가치 중 핵심은 '시장가치'로, 이는 객관적이고 보편타당한 가치이며 감정평가의 기준이 된다. 시장가치는 수요와 공급을 통한 가격결정이 이루어지는 시장에서 파악해야 한다. 따라서 부동산시장 이해는 시장가치 산정 메커니즘을 파악하는 필수 과정이다. 감정평가사는 이러한 시장 메커니즘을 이해함으로써 객관적인 가치판단을 할 수 있다. 부동산 시장분석은 다양한 관점에서 접근할 수 있다. ① 부동산경기변동은 시간적 측면에서 시장을 분석하는 방법으로, 경기순환에 따른 가치변동을 이해하는 데 중요하다. ② 부동산시장은 국지적으로 형성되므로 공간(지역)적 측면에서 일반분석, 지역분석, 개별분석으로 구분하여 접근한다. ③ 경제학적 측면에서 시장 구성요소의 변화에 따른 수요와 공급을 실증적으로 분석하는 시장분석이 있다. 이러한 다양한 분석방법을 통해 감정평가사는 부동산의 가치를 종합적으로 판단할 수 있는 역량을 갖추게 된다.

2. 부동산시장의 개념

1) 부동산시장 정의

① 부동산의 수요와 공급 작용에 따라 교환 및 가격결정이 이루어지고, 부동산 자산의 이용형태 및 배분이 결정되는 추상적 공간을 의미한다.

② 부동산은 지리적 위치의 고정성으로 인해 부동산 자체의 거래가 불가능하다. 따라서 부동산 거래활동은 부동산의 소유권에 기반한 추상적인 권리의 형태로 이루어 지므로 부동산 시장은 추상적 시장이다.

③ 물리적 관점에서 부동산 시장이란 유사한 가격형성요인 등을 공유하며 대체·경쟁 관계를 형성하여 가격이 유사해지는 경향을 보이는 지리적 구역이다.

2) 부동산시장의 특징

(1) 시장의 국지성

부동산의 지리적 위치 고정성으로 인해 부동산 시장은 국지적으로 형성된다. 이러한 국지성은 지역별 특성을 만들어내어 여러 개의 부분시장으로 구분되는 결과를 가져온다. 또한 동일 지역 내에서도 부동산의 위치, 용도, 규모에 따라 시장이 더욱 세분화된다. 이러한 국지적 특성은 부동산 가치 평가 시 지역적 특수성을 고려해야 하는 근본적 이유가 된다.

(2) 수급조절의 어려움

부동산의 자연적 특성으로 인해 부동산 시장 내 수요와 공급의 조절이 용이하지 않다. 특히 공급 측면에서는 부증성으로 인해 공급자체가 비탄력적일 수밖에 없으며, 공급에는 상당한 시간이 소요되는 지행성이 존재한다. 수요 측면에서도 부동산의 고가성으로 인해 수요가 한정적이며, 금융 지원이 필요하여 일정 시간과 비용이 발생한다. 또한 사회적·경제적·행정적 요인의 가변성은 수요 예측과 조절을 더욱 어렵게 만든다. 이러한 수급조절의 어려움은 시장 균형점에 도달하는 과정에서 가격 변동성을 증가시키는 원인이 된다.

(3) 상품의 비표준화성(개별성)

부동산의 고정성 및 개별성으로 인해 부동산 시장에서는 상품의 표준화가 이루어지기 어렵다. 이러한 비표준화성은 일반 상품시장에서 작동하는 일물일가의 법칙이 부동산시장에서는 적용되기 어려운 현상을 초래한다. 각 부동산은 위치, 형태, 환경이 모두 다르므로 고유한 특성과 가치를 가지게 되며, 이로 인해 객관적 가치 산정에는 전문적 지식과 분석이 필수적으로 요구된다. 다만, 아파트와 같은 정형화된 건물은 인위적 생산품으로서 일정 수준의 규격화 및 표준화가 가능하여 상대적으로 가치 비교가 용이하다.

(4) 시장의 비조직성

부동산의 지역성과 개별성으로 인해 부동산 시장은 조직적 형태를 갖추기 어렵다. 일반상품은 표준화된 유통망을 통해 조직적으로 거래되는 반면, 부동산은 대상 지역과 개별 부동산별로 거래가격과 거래동기가 상이하게 나타난다. 또한 거래의 비공개성은 시장이 체계적으로 조직화되는 것을 저해하는 요소로 작용한다. 이러한 비조직성은 시장 정보의 불완전성으로 이어져 투명한 가격 형성을 방해하는 요인이 된다.

(5) 거래의 비공개성

부동산의 개별성과 고정성으로 인해 부동산 거래는 비공개적 특성을 가진다. 부동산 거래는 주로 매도자와 매수인이 개별적으로 협상하여 이루어지며, 이러한 개별 거래는 본질적으로 비공개적 성격을 가진다. 정부는 이러한 정보 비대칭 문제를 해소하기 위해 부동산실거래가신고제도를 시행하고 있으며, 정부기관과 민간기업을 통해 부동산정보를 수집·가공·공개하는 정책을 운영하고 있다. 그러나 이러한 노력에도 불구하고 정보의 비대칭성은 여전히 존재하며, 시장의 투명성 제고를 위한 지속적인 개선이 필요하다.

(6) 자금 유용성에 영향을 받음

부동산의 고가성으로 인해 부동산 시장은 자금 조달 여건에 민감하게 반응한다. 부동산은 일반 상품에 비해 가격이 높아 대부분의 거래에서 금융 지원이 필요하므로, 부동산시장은 금융(자본)시장과 밀접한 관련성을 가진다. 금융시장이 효율적으로 운영되고 낮은 비용으로 자금 융통이 가능할 때, 부동산 수요와 공급 조절의 어려움이 일부 완화될 수 있다. 금리 변동, 대출 규제, 금융 접근성 등의 변화는 부동산 가격 형성에 직접적인 영향을 미치는 중요한 요소로 작용한다.

(7) 제도적 제한의 과다

부동산의 사회적 중요성과 공공성으로 인해 부동산 시장에는 다양한 제도적 제한이 존재한다. 부동산은 국토공간이자 환경요소로서 국민의 기본생활을 보장하는 필수재이며, 경제적으로도 큰 비중을 차지한다. 이러한 특성은 부동산이 높은 사회성과 공공성을 가지게 하지만, 자연적 특성으로 인한 시장의 불완전성은 최적의 효율과 배분이 자동으로 달성되기 어렵게 만든다. 정부는 시장의 효율성 증진과 사회적·공공적 가치 보호 사이에서 균형을 이루기 위해 다양한 정책을 시행한다. 이러한 정책적 개입은 때로 부동산가격을 왜곡시키고 시장의 자율적 조절기능을 약화시키는 결과를 가져오기도 한다.

(8) 시장의 불완전성

앞서 언급한 모든 특징들은 궁극적으로 부동산 시장의 불완전성을 설명하는 요소들이다. 부동산의 자연적 특성은 시장 기능을 제한하고 불완전하게 만든다. 고정성은 재화의 자유로운 이동을 저해하고, 부증성은 공급을 제한한다. 영속성은 수요 감소에도 불구하고 공급량이 쉽게 줄어들지 않게 하며, 고가성은 시장 참여자의 진입과 퇴출을 어렵게 만들어 거래 당사자의 수를 제한한다. 이러한 불완전성은 부동산 시장의 가장 본질적인 특징으로, 감정평가사가 시장가치를 판단할 때 반드시 고려해야 한다.

3) 부동산시장의 분류

(1) 개설

부동산시장은 종류(용도)에 따라 다양하게 분류할 수 있다. 이렇게 분류된 시장은 다시 세분화된 시장으로 나누어진다. 부동산시장을 분류하는 실익은 시장 특성에 맞는 분석체계를 구축하여 보다 정확한 가치평가와 시장예측이 가능해진다는 점에 있다. 각 시장 유형별로 수요·공급의 결정요인, 가격형성 메커니즘, 참여자의 행태가 상이하므로 세분화된 접근이 필요하다.

(2) 부동산 용도에 따른 분류

① 주거용 부동산 시장

주거용 부동산은 인간의 주거에 사용되며 주거의 쾌적성을 효용으로 향유하는 부동산이다. 주거환경의 안전성, 편리성, 환경적 쾌적함이 중요한 가치형성요인이다. 수요자는 개인 또는 가계로서 주거 안정과 삶의 질을 중시하며, 공급자는 주택건설사업자, 개인 임대사업자 등이다. 단독주택, 다가구주택, 연립주택, 아파트 등이 이에 해당한다. 주거용 부동산 시장은 소유권 유무에 따라 소유자점유 주택시장과 임차점유 주택시장으로 세분화되는 특징이 있다. 예를 들어, 학군이 좋고 대중교통이 편리한 아파트는 동일한 면적과 구조를 가진 외곽 지역 아파트보다 높은 가격을 형성한다.

② 상업용 부동산 시장

상업용 부동산은 영업활동에 사용되며 수익성을 효용으로 추구하는 부동산이다. 유동인구, 접근성, 가시성이 핵심 가치형성요인이 된다. 수요자는 주로 기업체, 자영업자로서 영업이익 창출을 목적으로 하며, 공급자는 상업시설 개발업자, 투자목적의 법인 등이다. 업무용 부동산, 지식산업센터, 상업시설, 숙박시설 등이 이에 해당한다. 상업용 부동산은 일반적으로 중심업무지대에 위치하지만, 대기업 본사 등 대형 업무용 부동산은 도시 외곽이나 공장지대 내에 위치하기도 하는 특징이 있다. 예를 들어, 지하철역 인근의 상가는 유동인구 집중으로 인해 동일한 규모라도 외진 곳의 상가보다 임대료와 가격이 현저히 높게 형성된다.

③ 산업용 부동산 시장

산업용 부동산은 생산활동에 사용되며 생산성을 효용으로 추구하는 부동산이다. 교통접근성, 물류 효율성, 노동력 확보 용이성이 주요 가치형성요인이다. 수요자는 제조업체, 물류기업으로 생산 및 유통 효율화를 추구하며, 공급자는 산업단지 개발업자, 지방자치단체 등이다. 공업용 부동산, 창고, 연구·개발용 부동산 등이 이에 해당한다. 산업용 부동산은 공업용의 경우 건폐율과 용적률이 낮은 반면, 창고는 토지 이용 효율이 높고 교통연결이 양호한 지역에 위치하는 특징이 있다.

④ 농업용 부동산 시장

농업용 부동산은 농업생산활동에 사용되며 농업 생산성을 효용으로 추구하는 부동산이다. 토양의 질, 관개시설, 기후조건이 핵심 가치형성요인이다. 수요자는 농업인, 농업법인으로 농산물 생산성 극대화를 목표로 하며, 공급자는 농지 소유자, 지방자치단체 등이다. 농작물 경작지, 과수원, 목초지, 가금사육장, 산림지 등이 이에 해당한다.

⑤ 특수목적 부동산 시장

특수목적 부동산은 특정 기능 수행을 위해 설계되며 기능적 효율성을 효용으로 추구하는 부동산이다. 용도 적합성, 특수 설계의 효율성이 핵심 가치형성요인이다. 수요자는 특정 목적을 가진 기관이며, 공급자는 전문 개발업자, 공공기관 등이다. 학교, 병원, 교회, 극장, 컨벤션시설, 위락공원, 공공건물 등이 이에 해당한다. 특수목적 부동산은 대체성이 낮고 용도 전환이 제한적이어서 특수설계부동산 또는 간단히 특수부동산이라고도 불리는 특징이 있다.

(3) 공급 기간에 따른 부동산 시장

부동산 시장은 공급 반응 기간에 따라 단기시장과 장기시장으로 구분할 수 있다. 단기시장에서는 부동산 공급의 비탄력성으로 인해 수요 변화가 가격에 즉각적인 영향을 미친다. 수요가 증가하면 공급량 조정이 어려워 가격이 상승하고, 수요가 감소하면 가격이 하락하는 현상이 나타난다. 반면 장기시장에서는 시간이 경과함에 따라 개발사업과 건설활동을 통한 공급 조정이 이루어진다. 가격 상승이 지속되면 신규 공급이 증가하여 점차 가격이 안정화되고, 가격 하락이 지속되면 신규 공급이 감소하여 시장 균형을 회복하는 과정이 나타난다. 이처럼 부동산 시장은 단기적으로는 수요 변화에, 장기적으로는 공급 조정에 의해 가격이 결정되는 특성을 보인다.

(4) 권리별 부동산 시장

부동산의 가격은 교환의 대가인 협의의 가격과 사용·수익의 대가인 임료로 구분된다. 이에 따라 부동산시장도 가격과 관련한 매매시장과 임료와 관련한 임대차시장으로 분류할 수 있다. 매매시장은 완전한 소유권이 이전되는 시장으로, 수요자는 장기적 투자가치와 사용가치를 동시에 고려하며, 주요 가치형성요인으로는 입지, 미래 가격상승 기대, 경제 및 정책 요인 등이 작용한다. 가치는 미래 기대수익의 현재가치 총합으로 발생하며, 거래비용이 크고 의사결정 과정이 길다는 특징이 있다. 반면 임대차시장은 사용·수익권만 이전되는 시장으로, 수요자는 주로 현재의 사용가치에 중점을 두며, 주요 가치형성요인으로는 현재의 효용성, 접근성, 생활 편의성 등이 작용한다. 가치는 현재의 사용·수익 편익에서 주로 발생하며, 상대적으로 거래비용이 적고 시장반응이 빠르다는 특징이 있다. 임대차시장은 그 형태에 따라 전세시장, 보증금부 월세시장, 순수 월세시장으로 세분화된다.

전월세 시장의 구분

1. **전세시장**

   전세는 한국의 독특한 임대차 형태로, 임차인이 임대인에게 목적물 가액의 상당 부분(보통 40~70%)에 해당하는 전세금을 맡기고 계약 종료 시 이를 반환받는 방식이다. 임차인은 별도의 월세를 지불하지 않으며, 임대인은 전세금을 운용하여 얻는 수익이 임료에 해당한다. 전세시장은 주택금융이 발달하지 않았던 시기에 임차인의 주거안정과 임대인의 자금조달이라는 두 가지 목적을 동시에 충족시켰으나, 최근에는 저금리 기조와 부동산 가격 상승으로 그 비중이 감소하는 추세이다.

2. **보증금부 월세시장**

   보증금부 월세는 임차인이 일정액의 보증금을 맡기고 추가로 매월 월세를 지불하는 방식이다. 보증금은 계약 종료 시 반환받으며, 보증금과 월세의 비율은 시장 상황과 당사자 간 협의에 따라 결정된다. 보증금부 월세시장은 임대인에게 안정적인 현금흐름과 보증금 운용수익을, 임차인에게는 전세보다 적은 초기 자금으로 주거공간을 확보할 수 있는 장점을 제공한다.

3. **순수 월세시장**

   순수 월세는 보증금 없이 매월 일정액의 월세만 지불하는 방식이다. 이 형태는 임차인의 초기 부담이 적은 반면, 임대인의 위험을 고려하여 상대적으로 높은 월세가 설정되는 경향이 있다. 순수 월세시장은 단기 거주 목적이나 유동성이 낮은 임차인에게 적합하며, 해외에서는 일반적인 임대차 형태로 활용된다.

(5) 분양(신규)과 재고(중고)에 따른 분류

토지 외의 부동산은 내구재로서 상품이 신규인지 중고인지에 따라 분양시장과 재고시장으로 구분할 수 있다. 분양시장은 신규 건축물이 최초로 공급되는 시장으로, 주요 가치형성요인으로는 브랜드, 입지, 설계품질, 건설사 신뢰도 등이 작용한다. 가치는 완공 후 예상되는 효용에서 발생하며, 미래 기대가치에 근거한 선분양 방식이 일반적이라는 특징이 있다.

반면 재고시장은 기존 건축물이 재거래되는 시장으로, 주요 가치형성요인으로는 실제 사용 경험, 관리상태, 노후도 등이 작용한다. 가치는 현재 상태의 실제 효용에서 발생하며, 현물 확인 후 거래가 이루어진다는 특징이 있다.

우리나라의 경우에는 주택을 중심으로 한 부동산시장이 형성되어 있어 분양주택시장과 재고주택시장이 주된 관심사이다. 분양주택과 재고주택은 상호 대체재의 관계에 있기 때문에 두 시장 간 가격의 상관성은 매우 높은바, 재고주택의 가격 안정을 위해 분양주택에 대한 가격규제 정책이 나오는 배경이 된다.

(6) 부동산 규모에 따른 분류

부동산은 고가의 재화로서 유효수요의 영향을 받아 가치가 발생되므로 금액과 면적이라는 규모 요소에 따라 시장을 분류할 수 있다. 금액에 따라서는 저가시장, 중가시장, 고가시장으로 구분되는데, 이는 지역이나 부동산 종류에 따라 기준이 달라진다. 서울 아파트의 경우 종합부동산세 기준인 12억원(공시가격, 1세대 1주택자 기준)을 고가시장의 기준으로 볼 수 있으나, 지방 중소도시에서는 이보다 낮은 금액이 기준이 될 수 있다. 면적에 따라서는 소형시장, 중형시장, 대형시장으로 구분되며, 아파트를 예로 들면 소형은 60㎡(전용면적) 이하, 중형은 60㎡ 초과~135㎡ 이하, 대형은 135㎡ 초과로 분류하는 것이 일반적이다. 그러나 이러한 면적 기준 역시 지역과 부동산 종류에 따라 상이하게 적용될 수 있다.

(7) 시장참가자의 상대적 힘에 차이에 따른 분류

부동산 시장은 경기변동에 따라 매도인과 매수자의 시장에서 중요도와 역할이 달라지게 된다. 시장이 호황기여서 가격이 상승하는 상태라면 매수자는 많고, 매도자는 적기 때문에 '매도자 우위 시장'을 형성한다. 반대로 시장이 불황기에는 '매수자 우위 시장'이 형성될 것이다. 임차시장 측면에서는 경기가 호황으로 임대료가 올라가는 시기에는 '임대인 우위 시장'을 형성하며, 경기가 불황일 때에는 '임차인 우위 시장'을 형성한다.

Ⅱ. 부동산 시장과 효율적 시장

1. 효율적 시장의 개념

1) 개설

자산가격이 기본적 조건의 변화 없이도 단기간에 급변하는 현상은 시장 효율성과 밀접하게 연관된다. 부동산가치는 미래에 기대되는 편익의 현재가치로 정의되기 때문에, 미래 수익 전망의 변화는 즉각적으로 현재 가치에 영향을 미친다. 중요한 점은 가치 변동이 실제 사건 발생 후가 아닌, 미래 기대의 변화 시점에 즉시 반영된다는 것이다. 이러한 메커니즘은 시장의 정보 처리 능력과 직결되어 있으며, 이는 시장 효율성의 핵심 요소이다.

2) 효율적 시장의 개념

효율적 시장이란 정보가 신속하고 완전하게 가치에 반영되는 시장을 의미한다. 시장에서 새로운 정보가 얼마나 빠르고 정확하게 가치에 반영되는지를 정보의 효율성이라 한다. 효율적 시장에서는 모든 정보가 지체 없이 가치에 반영되며, 이는 합리적 가격 형성의 기본 조건이 된다. 효율적 시장은 반영되는 정보의 범위에 따라 약성 · 준강성 · 강성 효율적 시장으로 구분된다.

3) 약성 효율적 시장

약성 효율적 시장에서는 과거의 모든 역사적 정보가 현재 가치에 완전히 반영되어 있다. 이러한 시장에서는 과거 가격변동 패턴, 거래량 추세, 이자율 동향 등 과거 자료를 분석하더라도 초과수익을 창출할 수 없다. 과거 데이터를 토대로 시장가치의 변동을 예측하는 '기술적 분석'은 약성 효율적 시장에서 효과를 발휘하지 못한다. 이는 모든 역사적 정보가 이미 현재 가격에 반영되어 있기 때문이다.

4) 준강성 효율적 시장

준강성 효율적 시장은 공표된 모든 정보가 즉시 시장가치에 반영되는 시장이다. 기업의 영업실적, 사업계획, 정부 정책 발표 등 공개된 정보를 분석하여 가치를 평가하는 '기본적 분석'도 준강성 효율적 시장에서는 초과수익을 보장하지 못한다. 이러한 시장은 약성 효율적 시장의 조건을 포함하며, 더 높은 수준의 정보 효율성을 의미한다. 즉, 과거 정보뿐만 아니라 현재 공개된 모든 정보도 즉시 가격에 반영된다.

5) 강성 효율적 시장

강성 효율적 시장은 공표되었거나 공표되지 않은 모든 정보가 가치에 반영되는 이상적인 시장이다. 이 시장에서는 어떤 정보를 활용하더라도 초과수익을 얻을 수 없다. 내부 정보나 비공개 정보까지도 이미 가격에 반영되어 있기 때문이다. 강성 효율적 시장은 완전경쟁시장의 가정에 가장 부합하는 이론적 모델로, 현실에서는 거의 존재하지 않는다.

2. 부동산 시장에서의 효율성

1) 부동산시장의 효율성

실증적 연구에 따르면 부동산시장에서는 강성 효율적 시장이 거의 나타나지 않으며, 준강성 효율적 시장까지는 존재할 수 있다. 부동산시장의 효율성은 시간과 공간에 따라 상이하게 나타나는데, 이는 부동산의 고정성, 개별성, 비표준화성 등의 특성에서 기인한다. 정보의 비대칭성과 거래비용의 존재는 부동산시장의 효율성을 제한하는 주요 요인이다.

2) 효율성의 정도와 투자자의 요구수익률

시장의 비효율성 정도와 투자자의 요구수익률 간에는 밀접한 관계가 있다. 시장의 효율성이 낮을수록 정보의 불확실성과 위험이 증가하므로, 투자자들은 더 높은 위험프리미엄과 수익률을 요구하게 된다. 부동산시장은 일반 상품시장에 비해 효율성이 낮기 때문에, 부동산 투자자들은 상대적으로 높은 수익률을 기대한다. 최근 부동산증권화의 확대와 정보 접근성 향상으로 우리나라 부동산시장의 효율성은 점차 개선되고 있으나, 여전히 완전한 효율적 시장에는 도달하지 못한 상태이다.

3. 부동산 시장분석의 수준

1) 개설

부동산 시장에 대한 체계적 분석은 감정평가의 기본 요소이다. 효율적 시장 이론과 시장분석 수준은 상호 밀접한 관련을 가지며 부동산의 가치 평가에 중요한 이론적 틀을 제공한다. 효율적 시장 이론은 시장에서 정보가 가격에 반영되는 속도와 범위를 설명하는 반면, 시장분석 수준은 그러한 정보를 어떻게 수집하고 해석할 것인지에 대한 방법론을 제시한다.

효율적 시장의 개념에 따르면 시장은 정보 처리 능력에 따라 약성, 준강성, 강성으로 구분된다. 부동산 시장은 완전히 효율적이지 않으므로, 적절한 수준의 시장분석을 통해 시장 참여자는 유용한 통찰을 얻을 수 있다. 감정평가사는 시장의 효율성 정도를 고려하여 시장분석의 수준(Level A, B, C, D)을 선택함으로써 보다 정확한 가치 판단이 가능하다. 따라서 효율적 시장 개념을 이해하고 그에 맞는 시장분석 방법을 적용하는 것은 부동산 가치 평가의 신뢰성을 높이는 데 필수적이다.

2) 시장분석의 수준 개념

미국감정평가협회(Appraisal Institute)는 시장분석을 체계적으로 구분하여 접근하고 있다. 시장분석은 거시적 관점의 추론분석과 미시적 관점의 기초분석으로 크게 나뉘며, 이를 다시 세분화하여 A, B, C, D 수준으로 구분한다. 이러한 구분은 분석의 깊이와 범위를 명확히 하여 대상 부동산의 특성과 시장 상황에 적합한 분석 방법을 선택할 수 있게 한다.

3) 추론분석과 기초분석

(1) 추론분석

추론분석은 과거와 현재의 시장 데이터를 기반으로 미래 시장 상황을 예측하는 방법이다. 이 분석은 과거 시장 추세, 현재 시장 상태, 변화율 및 흡수 패턴을 근거로 수요를 예측한다. 추론분석은 주로 설명적 접근을 취하며, 미래 예측보다는 과거 자료의 해석에 중점을 둔다. 분석 결과는 거시적 특성을 가지며, 넓은 지역의 시장 데이터에 관한 종합적 결론을 도출하는 데 유용하다.

(2) 기초분석

기초분석은 개별 산업과 부동산에 영향을 미치는 근본적인 경제적·환경적 요인을 바탕으로 수요를 예측하는 방법이다. 대상 부동산이 속한 개별 하부시장에 집중하며, 과거와 현재보다는 미래 시장 상황에 대한 구체적인 예측 근거와 측정 가능한 데이터를 제시한다. 기초분석은 대상 부동산이 제공하는 개별 서비스에 초점을 맞추고, 이와 관련된 시장조사를 통해 부동산 가치에 영향을 미치는 요인을 심층적으로 분석한다.

4) Level A, B, C, D 분석

(1) Level A

Level A 분석은 가장 기본적인 시장분석 수준으로, 과거와 현재의 일반적 시장 조건을 통해 미래의 수요와 공급을 추론한다. 이 분석은 직관적 접근을 취하며 역사적 자료를 중심으로 이루어진다. 일반적이고 설명적인 방법을 사용하며, 시장이 안정적이고 예측 가능한 경우나 단독주택과 같은 일반적 부동산 평가에 적합하다. 기본적인 시장 동향을 파악하는 데 효과적이지만, 복잡한 시장 상황에서는 한계가 있다.

(2) Level B

Level B 분석은 Level A의 기본 접근법을 유지하면서도 더 구체적인 자료를 활용한다. 미래의 수요와 공급을 추론하기 위해 과거와 현재의 시장 조건을 분석하지만, Level A와 달리 더 상세한 데이터를 제시하고 도시 성장 요소에 대한 체계적 검증을 포함한다. 이를 통해 시장 동향에 대한 보다 정확한 이해가 가능하며, 중간 수준의 복잡성을 가진 부동산 평가에 적합하다.

(3) Level C

Level C 분석은 Level A와 B의 내용을 포함하면서도 기초적인 예측 기법을 활용하여 더 깊이 있는 분석을 수행한다. 수요와 공급을 예측하고 시장 균형을 분석하여 초과 수요나 공급의 존재 여부를 판단한다. 역사적 자료와 일반적 자료뿐만 아니라, 대상 부동산이 속한 지역 시장에서 수집된 구체적이고 적합한 자료들을 활용한다. 이 수준의 분석은 변화하는 시장 환경이나 중요한 투자 결정에 필요한 정보를 제공한다.

(4) Level D

Level D 분석은 가장 포괄적이고 심층적인 시장분석 수준으로, Level C의 모든 요소를 포함하면서 더 광범위한 분석을 수행한다. 해당 지역의 미래 이용 상황에 대한 구체적인 예측을 포함하며, 법규 분석과 위험 분석도 실시한다. 통계적 방법론의 활용이 증가하며, 분석의 신뢰성이 가장 높은 수준이다. 대규모 프로젝트, 복합용도개발, 불안정한 시장 환경 등 높은 불확실성과 복잡성을 가진 상황에서 특히 유용하다. 이 수준의 분석은 투자자와 개발자에게 중요한 의사결정 자료를 제공한다.

구분	분석 특징	추론분석과의 관계	기초분석과의 관계	효율싱 정도
Level A 분석	• 기본적인 시장 동향 파악 • 과거·현재 시장 조건 기반 분석 • 직관적 접근	추론분석과 밀접 (과거 데이터 해석 중심, 안정적인 시장에서 활용됨)	기초분석과는 관련이 적음 (미래 지향적 분석 부족)	높은 시장 효율성
Level B 분석	• Level A보다 구체적인 자료 활용 • 도시 성장 요인 등 체계적 검증 포함	추론분석과 연계 (현재 시장을 보다 구체적으로 해석)	기초분석과 일부 연계 (미래 시장 요소 일부 반영)	중간 시장 효율성
Level C 분석	• 수요·공급 예측 • 시장 균형 분석 • 지역 맞춤형 데이터 활용	추론분석과 기초분석의 중간 단계 (과거 및 미래 지표 혼합 사용)	기초분석과 밀접 (미래 시장 변화 예측 포함)	
Level D 분석	• 법규·위험 요인 포함한 심층 분석 • 통계적 기법과 광범위한 데이터 활용	단순한 추론분석과는 거리 멀음 (설명적 접근 부족)	기초분석과 강한 연계성 (시장 불확실성과 장기적 예측에 중점)	낮은 시장 효율성

Ⅲ. 부동산 시장의 한계 및 정부개입

1. 부동산 시장의 한계

1) 불완전경쟁으로 인한 한계

부동산시장은 부동산의 본질적 특성으로 인해 불완전경쟁시장의 성격을 가진다. 이러한 불완전경쟁은 시장의 효율성을 저하시키고 시장 기능을 제한한다. 부동산의 고정성·개별성·비표준화성은 완전경쟁시장의 조건인 동질적 상품과 자유로운 진입·퇴출을 불가능하게 만든다. 결과적으로 부동산시장은 자원의 최적 배분이 이루어지지 못하며, 한정된 토지자원의 효율적 이용에 제약이 발생한다.

2) 시장실패로 인한 한계

시장실패는 완전경쟁시장의 요건을 갖추더라도 특정 원인으로 인해 자원의 효율적 배분에 실패하는 현상이다. 부동산시장에서 시장실패는 주로 외부효과, 공공재적 특성, 정보의 비대칭성에서 기인한다. 특히 부동산의 고정성으로 인해 외부효과가 두드러지게 나타나며, 이는 일반재화 시장에 비해 시장실패 가능성을 높인다.

3) 부동산 최적 자원 배분의 한계

부동산은 본질적으로 사회적·공공적 특성을 지니는 재화이다. 이러한 특성은 시장 메커니즘만으로는 부동산 자원의 최적 배분이 달성되기 어려운 근본적 원인이 된다. 부동산은 인간 생활의 기본 토대이자 모든 경제활동의 근간으로서, 사회 구성원 모두에게 영향을 미치는 공공재적 성격을 가진다.

시장 기능에만 의존할 경우, 부동산의 이러한 특수성으로 인해 다양한 문제가 발생한다. 투기적 수요 증가로 인한 가격 왜곡, 필수재인 주택의 접근성 저하, 부의 불평등 심화, 토지이용의 비효율성 등이 그 예이다. 특히 부동산 가격 상승은 자산 소유 여부에 따른 계층 간, 세대 간 격차를 확대시켜 사회통합을 저해할 수 있다.

2. 부동산시장과 정부 정책 효과 등

1) 정부의 개입

부동산시장은 자연적 특성 등으로 인해 일반적으로 불완전경쟁 시장의 모습을 보이며, 외부효과 및 공공재로 인하여 시장실패의 모습을 보여준다. 이러한 부동산 시장 자체의 한계로 인하여 부동산시장은 토지 등의 효율적 이용을 달성하지 못하게 된다. 이에 정부가 개입하여 부동산시장의 내재적인 구조적 결함을 치유하고 한정된 부동산 자원의 효율적 이용을 유도한다. 또한 효율적 이용뿐만이 아닌, 형평성 문제해결도 정부의 시장개입 명분이 된다.

2) 정부개입의 실패

정부실패는 시장에 대한 정부 개입이 오히려 자원의 비효율적 배분을 초래하는 현상으로, 시장실패와 대비되는 개념이다. 정부실패는 시장실패보다 시장의 효율성을 더 심각하게 저하시킬 수 있다. 정부의 과도한 규제, 정책의 비일관성, 관료주의적 비효율성, 이익집단의 압력 등이 정부실패의 주요 원인이 된다. 부동산시장에서는 시장 현실을 고려하지 않은 가격통제, 불합리한 토지이용규제, 단기적 정치적 이해관계에 따른 정책 변경 등이 정부실패의 사례로 나타날 수 있다. 따라서 부동산 정책 수립 시에는 시장 메커니즘을 존중하면서 시장실패와 정부실패의 가능성을 균형 있게 고려해야 한다.

3) 정부 개입의 예시

> **TIP**
>
> 정부정책의 변화가 부동산 시장에 미치는 요인은 빈출지문입니다. 각 정책이 행정적 요인 내지 경제적 요인으로 수요와 공급, 가격에 미치는 영향을 정리해보세요.

(1) 금융 규제를 통한 개입

정부는 금융 규제를 통해 부동산 시장의 자금 흐름을 통제한다. LTV(담보인정비율)와 DTI(총부채상환비율)를 조정함으로써 주택담보대출의 한도를 제한하여 과도한 부동산 투자를 억제한다. 또한 DSR(총부채원리금상환비율) 규제를 강화하여 대출자의 상환 능력에 따라 대출 한도를 규제함으로써 시장 과열을 방지한다. 특히 투기과열지구나 조정대상지역에서는 주택담보대출 규제를 차등적으로 강화하여 특정 지역의 부동산 가격 상승을 집중적으로 억제한다.

부동산 시장론 | 해커스 감정평가사 김우진 감정평가이론 2차 기본서 각론

(2) 세제 정책을 통한 개입

세제 정책은 부동산 시장에 간접적으로 개입하는 중요한 수단이다. 다주택자에 대한 양도소득세율을 인상하여 투기 목적의 주택 보유를 억제하고, 보유세(재산세·종합부동산세)를 인상하여 고가 주택이나 다주택 보유자의 세금 부담을 높여 매물 공급을 유도한다. 취득세율을 주택 수와 가격에 따라 차등 적용함으로써 투자 수요를 억제하는 효과도 있다. 이러한 세제 정책은 시장 상황에 따라 탄력적으로 운용된다.

(3) 거래 규제를 통한 개입

정부는 부동산 거래 과정에 직접적으로 개입하기도 한다. 신규 분양 아파트에 분양가 상한제를 적용하여 가격 상승을 억제하고, 청약 당첨자의 전매 기간을 제한하여 단기 차익을 목적으로 한 투기 수요를 차단한다. 실거래가 신고제를 강화하여 거래 투명성을 높이는 것도 중요한 정책 수단이다.

(4) 공급 정책을 통한 개입

부동산 시장의 가격 안정화를 위해 정부는 공급 측면에서도 적극적으로 개입한다. 신혼부부, 청년층 등을 대상으로 공공임대주택 및 공공분양주택을 공급하여 주거 안정을 도모하고, 수도권 및 지방 주요 도시에 대규모 택지개발을 추진하여 주택 공급을 확대한다. 또한 시장 상황에 따라 재건축·재개발 규제를 완화하거나 강화함으로써 주택 공급량을 조절한다.

(5) 수요 억제 정책을 통한 개입

부동산 수요를 직접적으로 억제하는 정책도 시행된다. 가격 급등 지역에 대해 투기과열지구와 조정대상지역을 지정하여 각종 대출 및 세제 규제를 강화하고, 청약제도를 개편하여 무주택자와 실수요자에게 우선권을 부여한다. 외국인의 부동산 취득에 대한 규제를 강화하여 외부 투기 수요도 억제한다.

(6) 임대차 시장 개입

임대차 시장의 안정화를 위한 정책도 중요하다. 임차인의 계약갱신청구권과 전·월세 상한제를 도입하여 임대료 급등을 방지하고, 전월세 신고제를 시행하여 임대차 시장의 투명성을 높인다. 중·저소득층을 위한 공공임대주택 비율을 확대하여 주거 안정성을 강화하는 정책도 지속적으로 추진된다.

(7) 정보 공개 및 시장 투명성 제고

부동산 시장의 투명성 제고는 정보 비대칭 해소를 통한 시장 효율성 증진에 기여한다. 주택뿐만 아니라 토지와 상업용 부동산까지 실거래가 공개 범위를 확대하고, 부동산 공시가격을 시세에 맞게 현실화하여 과세 형평성을 강화한다. 부동산 전자계약 시스템 도입을 통해 거래 과정의 투명성을 높이고 허위 계약을 방지하는 효과도 있다.

Ⅳ. 부동산의 수요와 공급

1. 개설

부동산은 경제재로서 가격이 수요와 공급의 상호작용에 의해 결정된다. 이러한 수요와 공급 요인을 종합하여 부동산가격결정요인이라 한다. 부동산은 고정성, 개별성, 영속성 등의 고유 특성으로 인해 가격형성과정이 일반재화와 다른 양상을 보인다. 특히 부동산 가격에 영향을 미치는 요인들은 더욱 복잡하고 다양하게 작용하므로 체계적인 이해가 필요하다.

2. 부동산 수요

1) 부동산 수요의 개념

부동산 수요란 일정 기간 동안 부동산을 매입하거나 임차하고자 하는 욕구를 의미한다. 부동산은 고가성을 지니므로 단순한 욕구가 아닌 실제 구매력을 갖춘 유효수요가 시장에서 중요하게 작용한다. 유효수요는 구매 의사와 함께 실질적인 지불 능력을 갖춘 수요를 의미하기 때문에 부동산 시장 분석에서 핵심적인 지표가 된다.

2) 부동산 수요의 특징

(1) 파생수요

부동산 수요는 직접적인 수요와 파생수요로 구분된다. 주거용 부동산에 대한 수요는 직접적인 수요에 해당하지만, 부동산이 생산요소로 활용되는 상업용 또는 산업용 부동산의 경우 해당 산업의 제품이나 서비스에 대한 수요에서 파생된다. 이러한 파생수요 특성은 부동산 수요가 관련 산업의 경기변동에 영향을 받게 만드는 요인이 된다.

(2) 차별화된 수요

부동산은 위치, 형태, 품질 등에서 개별성을 가지며, 이에 대한 인간의 욕구 역시 다양하게 나타난다. 따라서 부동산 수요는 비동질적이고 개별적인 특성을 보인다. 동일한 유형의 부동산이라도 입지에 따라 전혀 다른 수요 패턴이 형성되며, 이는 부동산 시장을 하위시장으로 세분화하는 근본적 원인이 된다.

(3) 일회성이 아닌 지속적인 수요

부동산은 영속성을 가진 내구재로서 그 수요는 장기간에 걸쳐 지속된다. 수요자들은 일반적으로 할부구매를 통해 부동산을 구입하며, 내구재인 부동산을 사용해 얻는 효용에 대한 대가를 분할 지불함으로써 효용과 대가가 동시에 교환된다. 이러한 특성은 부동산 시장이 금융시장과 밀접한 관련을 갖게 만드는 요인이 된다.

(4) 국지적 수요

부동산의 고정성과 지역성으로 인해 부동산 시장은 국지적으로 형성된다. 일반 경제재와 달리 수요의 이동이 자유롭지 않기 때문에 부동산 수요 역시 지역적 차원에서 국지적으로 나타난다. 이는 같은 유형의 부동산이라도 위치에 따라 수요 특성과 가격이 크게 달라지는 원인이 된다.

(5) 비탄력적인 수요

부동산은 고가의 재화이면서 주택과 같이 인간 생활에 필수적인 경우가 많아 수요의 가격탄력성이 낮은 경향이 있다. 즉, 가격 변화에 따른 수요량 변화가 상대적으로 작게 나타난다. 다만 탄력성의 정도는 부동산의 종류와 분석 기간에 따라 다르게 나타날 수 있다. 주거용 부동산은 상업용 부동산보다 비탄력적이며, 단기에는 더욱 비탄력적인 특성을 보인다.

3) 부동산 수요곡선과 수요법칙[12)

(1) 수요곡선 의의

수요곡선은 다른 조건이 일정할 경우 단위당 임대료(가격)와 수요량 간의 관계를 그래프로 나타낸 것이다. 수요곡선은 부동산 시장에서 가격 변화에 따른 수요량 변화를 예측하고 분석하는 기본적인 도구로 활용된다.

(2) 수요법칙

부동산 시장에서도 수요법칙이 적용된다. 단위당 임대료가 상승하면 수요량은 감소하고, 임대료가 하락하면 수요량은 증가한다. 이로 인해 수요곡선은 우하향하는 형태를 보인다. 이러한 현상은 대체효과와 소득효과로 설명할 수 있다. 부동산 가격이 상승하면 유사한 효용을 제공하는 저렴한 대체재를 찾게 되고(대체효과), 실질적인 구매력이 감소하면서 수요량이 줄어든다(소득효과).

4) 수요결정요인

(1) 수요결정요인

부동산 수요는 소득, 인구 규모와 구조, 가구 형성률, 선호도, 이자율, 신용 접근성, 미래 가격에 대한 기대 등 다양한 요인에 의해 결정된다. 이러한 요인들의 변화는 부동산 수요 자체의 변화를 가져온다. 소득 증가, 인구 증가, 가구 분화, 낮은 이자율, 용이한 대출 조건 등은 부동산 수요를 증가시키는 요인으로 작용한다.

(2) 수요의 변화와 수요량의 변화

부동산 분석에서는 수요의 변화와 수요량의 변화를 명확히 구분해야 한다. 수요의 변화는 임대료(가격) 이외의 요인 변화로 인해 수요 곡선 자체가 이동하는 현상을 말한다. 반면, 수요량의 변화는 임대료 변화에 따라 동일한 수요곡선 상에서 수요량이 변화하는 것을 의미한다. 두 개념의 구분은 부동산 시장 변화를 정확히 분석하고 예측하는 데 중요한 기초가 된다.

---

12) 부동산시장을 가격의 종류에 따라 분류하면 매매시장과 임대차시장으로 분류할 수 있다. 매매시장은 실수요자와 실공급자 외에도 투기적 요인, 투자수요 등 다양한 변수들이 작용하는 반면, 임대차시장은 매매시장에 비해 실수요자와 실공급자에 의해 가격이 결정되고 형성된다고 볼 수 있다. 이에 따라 수요와 공급을 분석하는 분야에서는 주로 임대차시장을 전제하여 분석을 하게 된다.
가치란 장래기대 되는 편익을 현재가치로 환원한 값으로 부동산으로부터 기대되는 임대료(편익)을 현재가치로 환원한 값이므로 결국 임대료에 대한 수요와 공급 분석은 부동산 가치(매매시장)에도 적용될 수 있다.
이하 부동산의 수요와 공급에 대한 서술은 임대차시장을 중심으로 서술한다.

3. 부동산 공급

1) 부동산 공급의 개념

부동산 공급이란 일정 기간 동안 부동산을 매도하거나 임대하고자 하는 의사를 의미한다. 부동산 공급자에는 개발업자나 건설업자와 같은 신규 부동산 생산자뿐만 아니라 기존 건물이나 주택의 소유자도 포함된다. 부동산 시장에서는 신규 공급과 기존 재고의 재판매가 동시에 이루어지며, 이 두 공급원이 시장의 총공급을 구성한다.

2) 부동산 공급의 특징

(1) 물리적 공급과 경제적 공급

토지는 부증성으로 인해 그 절대량을 늘릴 수 없는 특성을 가진다. 매립, 간척 등의 방법으로 이용 가능한 토지를 일부 증가시킬 수 있으나 이는 매우 제한적이다. 부동산 공급 부족 문제의 해결은 주로 물리적 공급의 증가보다는 경제적 공급, 즉 용도전환이나 이용 효율성 증대를 통해 이루어진다. 이는 한정된 자원인 토지의 효율적 활용이 부동산 공급 정책의 핵심임을 의미한다.

(2) 비탄력적·독점적 공급

부동산은 부증성과 공급의 지행성으로 인해 단기적으로 공급이 비탄력적인 특성을 보인다. 특히 특정 위치의 부동산은 대체재가 존재하지 않아 독점적 공급의 성격을 갖는다. 가격 상승에도 단기적으로 공급량이 크게 증가하지 않는 이러한 특성은 부동산 가격 변동성을 높이는 요인이 된다. 다만 장기적으로는 개발과 건설을 통해 공급이 증가할 수 있어 상대적으로 탄력성이 높아질 수 있다.

(3) 공급의 전환

부동산의 영속성과 용도의 다양성으로 인해 기존 공급이 다른 형태의 공급으로 전환될 수 있다. 예를 들어, 주거용 건물이 상업용으로 용도 변경되거나, 수요자가 자가 소유로 전환하면서 공급자가 되는 경우도 있다. 이러한 공급의 전환은 시장 상황과 수익성에 따라 지속적으로 발생하며, 부동산 시장의 역동성을 만들어내는 요소가 된다.

(4) 공간 및 위치의 공급

부동산 공급은 단순한 물리적 구조물의 공급을 넘어 공간과 위치의 공급이라는 의미를 갖는다. 동일한 물리적 특성을 가진 부동산이라도 위치에 따라 공급의 의미와 가치가 달라진다. 이러한 특성은 부동산 시장에서 입지의 중요성을 강조하며, 위치적 가치가 공급 의사결정에 핵심 요소로 작용하게 만든다.

(5) 공급의 지행성

부동산의 신규 공급(개발)은 대규모 투자자본이 필요하고, 각종 인허가를 취득해야 하는 등 제도적 제약을 받는다. 또한 개발 완료까지 상당한 물리적 공사기간이 소요된다. 이로 인해 수요 변화에 대한 공급의 반응이 지연되며, 시장 불균형이 발생하더라도 공급 조정을 통한 균형 회복에 장시간이 소요된다.

3) 부동산 공급곡선과 공급법칙

(1) 공급곡선 의의

공급곡선은 다른 조건이 일정하다고 가정할 때 임대료(가격)와 공급량 간의 관계를 그래프로 나타낸 것이다. 이는 각 임대료 수준에서 공급자가 제공하고자 하는 부동산의 양을 보여주는 곡선으로, 부동산 시장 분석의 기본 도구로 활용된다.

(2) 공급법칙

단위당 임대료가 상승하면 공급량은 증가하고, 임대료가 하락하면 공급량은 감소한다. 이로 인해 공급곡선은 우상향하는 형태를 보인다. 공급곡선이 우상향하는 주된 이유는 생산비와 관련이 있다. 사용 가능한 자원이 제한되어 있어 공급량이 증가할수록 한계생산비가 상승하기 때문이다. 부동산 공급량은 임대료(가격)에 비례하는 관계를 가진다.

(3) 단기와 장기의 공급곡선

부동산 공급곡선은 시간적 관점에 따라 다른 특성을 보인다. 단기 공급곡선은 경사가 급하게 나타나는데, 이는 단기적으로 가격이 상승하더라도 공급량이 크게 늘어날 수 없기 때문이다. 단기에는 사용 가능한 생산요소가 제한적이며, 개발과 건설에 필요한 시간적 제약이 존재한다. 반면, 장기 공급곡선은 상대적으로 완만한 형태를 보인다. 장기적으로는 생산요소에 대한 제한이 완화되고 가격 조정이 이루어져 공급 반응이 더 탄력적으로 나타난다. 즉, 부동산의 공급 탄력성은 단기보다 장기에서 더 높게 나타난다.

4) 공급결정요인

(1) 공급결정요인

부동산의 공급결정요인은 부동산 생산비에 영향을 주는 여러 변수들을 의미한다. 가장 중요한 요인은 기술수준과 자원가격이다. 자원가격은 생산요소 비용으로서 토지비용, 노동비용, 자본비용을 포함한다. 이외에도 다른 재화의 가격, 이자비용, 인플레이션, 미래에 대한 전망, 정부의 정책 등이 중요한 공급결정요인으로 작용한다. 이러한 요인들의 변화는 부동산 공급의 변화를 가져오며, 결과적으로 시장 균형에 영향을 미친다.

(2) 공급의 변화와 공급량의 변화

부동산 분석에서는 공급의 변화와 공급량의 변화를 명확히 구분해야 한다. 공급의 변화는 임대료(가격) 이외의 요인 변화로 인해 공급 곡선 자체가 이동하는 현상을 말한다. 예를 들어, 건설기술의 발전이나 규제 완화는 공급 곡선을 우측으로 이동시킨다. 반면, 공급량의 변화는 임대료 변화에 따라 동일한 공급곡선 상에서 공급량이 변화하는 것을 의미한다. 두 개념의 구분은 부동산 시장 변화를 정확히 분석하고 예측하는 데 중요한 기초가 된다.

4. 부동산시장의 균형

1) 균형가격과 균형량

(1) 균형가격

부동산시장의 균형가격은 수요량과 공급량이 일치하여 초과수요나 초과공급이 발생하지 않는 상태의 가격을 의미한다. 그러나 부동산은 자연적 특성으로 인해 시장이 불완전하고 시장실패가 일어날 가능성이 높아 이론적인 균형가격의 성립이 어렵다. 부동산의 고정성, 개별성, 공급의 지행성 등은 시장 균형에 도달하는 과정을 복잡하게 만드는 요인이다.

(2) 균형량

부동산시장에서도 수요법칙과 공급법칙이 작용한다. 초과수요는 가격 상승을 유발하고 이는 공급 증가로 이어진다. 반대로 초과공급은 가격 하락을 가져오고 이는 수요 증가로 이어진다. 이러한 조정 과정을 통해 가격은 수요량과 공급량이 일치하는 수준에 도달하는데, 이때의 가격을 균형가격이라 하고 이때의 수요량과 공급량을 균형량이라 한다. 부동산시장에서는 이러한 조정 과정이 장시간에 걸쳐 점진적으로 이루어진다.

2) 균형의 구분

부동산시장의 균형은 시간적 관점에 따라 단기균형과 장기균형으로 구분할 수 있다. 단기란 기존 생산시설의 확장이나 신규 공급자의 시장 진입이 어려운 짧은 시간을 의미한다. 이 기간에는 공급의 비탄력성이 두드러지게 나타난다. 반면, 장기란 새로운 생산시설 추가나 신규 공급자의 시장 진입이 가능한 충분한 시간을 의미한다. 장기에는 공급이 상대적으로 탄력적으로 변화할 수 있다.

3) 단기균형

(1) 수요곡선의 변화

단기에서는 공급 증가가 현재의 생산능력 범위 내에서 제한적으로 이루어진다. 수요곡선이 상향 이동하면 초과수요가 발생하고, 이는 임대료 상승으로 이어진다. 임대료 상승은 기존 부동산의 용도전환을 촉진하여 공급 증가를 가져온다. 그러나 단기에는 공급의 비탄력성으로 인해 수요 증가에 따른 가격 상승 효과가 더 크게 나타난다.

(2) 공급곡선의 변화

공급곡선이 하향 이동하는 것은 요소비용 하락 등으로 동일 임대료 수준에서 더 많은 부동산을 공급할 수 있음을 의미한다. 공급 증가는 초과공급을 발생시키고, 이는 임대료 하락으로 이어진다. 임대료 하락에 따라 수요량은 증가한다. 수요곡선이 변하지 않은 상태에서 공급 증가는 균형임대료를 하락시키고 균형량을 증가시킨다.

4) 장기균형

장기에는 신규 공급자의 시장 진입이 가능하므로 단기와는 다른 형태의 균형이 형성된다. 수요가 증가하면 수요곡선이 상향 이동하고, 기존 임대료 수준에서 초과수요가 발생한다. 이는 임대료 상승으로 이어지며, 기존 공급자는 용도전환이나 신축 등을 통해 공급을 확대한다. 또한 신규 공급자가 시장에 진입하면서 추가적인 공급 증가가 이루어진다.

장기공급곡선의 형태에 따라 균형의 양상이 달라진다. 장기공급곡선이 수평이라면 생산요소의 가격이 불변임을 의미하며, 이 경우 장기 균형임대료는 원래의 단기 균형임대료 수준으로 회귀한다. 그러나 일반적으로 공급 증가에 따라 생산요소의 가격이 상승하므로, 장기공급곡선은 우상향하는 형태를 보인다. 이 경우 공급량이 증가하더라도 임대료는 완전히 하락하지 않고 새로운 균형점에서 안정된다.

V. 부동산 시장분석의 목적 및 부동산 경기변동

1. 학습목적

부동산의 가치를 판정하는 작업인 감정평가는 평가사의 주관적인 판단과 의견에 의해서만 가치가 판단될 위험성이 존재한다. 이를 극복하기 위해 부동산의 가치(가격)가 결정되고 형성되는 시장을 관찰하고 분석하여 객관적으로 이를 반영하여야 한다. 이를 통해 평가활동의 주관성에 의한 위험을 회피하고 객관적인 평가활동을 통해 감정평가의 목적 달성에 이바지할 수 있다.

2. 부동산경기변동

1) 경기변동의 개념

경기변동이란 각 경제변수들이 일정한 주기를 가지고 변화하는 경제학적 현상이다. 이는 크게 순환적 · 계절적 · 무작위적 · 장기적 변동으로 구분할 수 있다. 경제 활동의 규모와 방향이 시간에 따라 주기적으로 변화하는 현상으로, 전체 경제 시스템의 역동성을 나타낸다.

순환적 변동이란 경제가 파형(파도)의 형태로 상승운동과 하강운동을 반복하는 것을 말한다. 경기순환은 확장기, 후퇴기, 수축기, 회복기 등 4개 국면으로 구분할 수 있으며, 확장국면과 수축국면의 2개 국면으로 구분할 수도 있다.

2) 부동산 경기변동

(1) 개념

부동산 경기는 일반적으로 건축경기를 지칭한다. 협의의 부동산 경기변동은 주거용 부동산의 경기변동을 의미하며, 광의의 부동산 경기는 산업용 · 업무용 · 소매용 부동산 경기를 포함한다. 부동산 경기변동은 부동산 고유의 특성으로 인해 일반 경기변동과 차별화된 특성을 보이지만, 부동산시장과 일반경제시장은 상호 연관된 하나의 경제체계 내에서 작동한다.

(2) 부동산경기변동 분석의 필요성

부동산 경기변동을 예측하고 분석함으로써 미래시장의 추이를 예측하고 그에 대한 사전적 대책을 수립할 수 있다. 감정평가 측면에서는 가격결정의 정확도를 높일 수 있으며, 거시적으로는 부동산정책 수립의 중요한 기준이 된다. 경기변동에 대한 이해는 시장 참여자들의 합리적 의사결정을 지원하고 시장 안정화에 기여한다.

(3) 부동산경기변동의 특징

① 일반경기보다 경기순환의 진폭이 크다.

부동산경기변동은 일반경기변동에 비해 저점이 더 깊고 정점이 더 높은 특징을 가진다. 즉, 부동산경기변동의 진폭이 일반경기의 진폭보다 크게 나타난다. 이러한 현상은 거미집모형(Cobweb Model)을 통해 설명할 수 있다. 부동산의 공급 지행성과 비탄력성으로 인해 수요 변화에 대한 가격 반응이 더 크게 나타나며, 이는 경기변동 과정에서 더 큰 진폭을 만들어내는 원인이 된다.

> **참고 거미집 모형**
>
> 1. 의의
>
>   거미집모형이란 부동의 가격변동과 관련하여 수요와 공급의 시차를 고려한, 균형의 변화과정을 통
>   태적으로 분석한 모형을 말한다. 에치켈(M.J Eziekel)에 의해 고안되었다. 수요와 공급, 균형의 변동
>   궤적이 마치 거미집 모양을 연상하게 한다고 하여 거미집모형으로 명명되었다.
>
> 2. 기본가정
>
>   ① 기간의 구분이 가능하며, 수요의 탄력성이 공급의 탄력성보다 크다.
>   ② 즉, 수요자는 현재의 가격에 민감하게 반응할 수 있지만, 공급자는 현재의 가격에 즉각적인 반응
>   이 불가능하여 다음 기의 공급에 반영된다.
>   ③ 가격의 변동에 따라 수요는 즉각적으로 영향을 받지만, 공급은 시차가 존재하게 된다.
>   ④ 현재 생산된 공급량은 모두 현재의 시장에서 판매된다.

② 일반경기보다 후순환적이다.

부동산경기는 일반적으로 후순환적 특성을 보인다. 이러한 특성은 부동산의 개발 및 생산 과정
에서 착공부터 완공까지 상당한 시간이 소요되기 때문에 발생한다. 부동산 유형에 따라 순환
패턴에 차이가 있다. 상업용·공업용 부동산은 일반경제활동과 밀접한 관련이 있어 동시순환적
특징을 가진다. 반면, 주거용 부동산은 일반경기에 후순환적 경향을 보인다. 이는 경기 호황기에
기업 투자수요 증가로 이자율이 상승할 때, 주택자금은 정책적으로 저금리가 유지되어 자금이
기업 투자로 이동하기 때문이다. 반대로 불황기에는 변동성이 큰 기업대출보다 안정적인 주택
담보대출 시장으로 자금이 이동하는 현상이 나타난다. 이러한 자금 이동 현상을 신용의 유용성
이라 한다.

③ 일반경기보다 주기가 길다.

부동산 경기의 변동 주기는 일반경기의 변동 주기보다 약 2배 정도 길게 나타난다. 이는 부동산
의 내구성, 공급의 지행성, 시장 조정 메커니즘의 지연 등에 기인한다. 부동산 경기는 저점이 더
깊고 정점이 더 높은 특성과 함께 변동 주기의 장기화로 인해 시장 참여자들에게 장기적 관점의
접근이 요구된다.

④ 일반경기와 대칭구조가 다르다.

일반경기변동은 확장국면이 서서히 진행되고 수축국면이 빠르게 진행되는 좌경사 비대칭구조를
가진다. 반면, 부동산경기는 확장국면이 짧은 시간에 빠르게 진행되는 반면 수축국면은 상대적으
로 서서히 진행되는 우경사 비대칭형 구조를 보이는 경향이 있다. 이는 부동산 가격의 하방 경직
성과 관련이 있으며, 가격 상승은 급격히 이루어지나 하락은 완만하게 진행되는 특성을 반영한다.
다만, 부동산경기변동의 양상은 시대나 지역에 따라 다르게 나타날 수 있어 일률적으로 단정하기는
어렵다.

3) 부동산경기의 순환국면에 따른 부동산시장의 특성

(1) 하향시장

하향시장은 부동산 경기가 지속적으로 하락하는 국면이다. 이 시장에서는 후퇴시장 단계의 기간이 짧고 과열경기를 경험했던 지역일수록 더 깊은 불황에 빠지는 경향이 있다. 과거 사례가격은 새로운 거래가격의 상한선이 되므로, 거래사례비교법 적용 시 사정의 개입 여부에 특히 주의해야 한다. 하향시장에서는 건축허가 신청건수가 급감하고, 금리수준이 높으며, 상업용 건물의 공실률이 증가하는 특징을 보인다.

(2) 회복시장

회복시장은 가격 하락이 중단되고 반전하여 상승이 시작되는 국면이다. 부동산 거래활동이 점차 활발해지고, 금리는 낮은 수준을 유지하며, 여유자금 증가로 투자 또는 투기심리가 작용하기 시작한다. 이 시장에서는 과거의 사례가격이 새로운 거래의 기준가격이 되거나 하한선 역할을 한다.

(3) 상향시장

상향시장에서는 가격이 지속적으로 상승하고 거래가 활발하게 이루어진다. 그러나 이는 후퇴시장으로의 전환 가능성을 내포하고 있는 국면이다. 과거 사례가격은 새로운 거래의 하한선 역할을 하며, 매도자는 거래성립을 미루려는 경향을 보이는 반면 매수자는 거래성립을 앞당기려는 경향이 나타난다.

(4) 후퇴시장

후퇴시장은 경기의 정점을 지나 하락세로 접어드는 국면이다. 부동산 거래가 점차 한산해지고, 금리수준이 높아지며, 여유자금이 부족해진다. 일반경기의 후퇴국면과 병행되거나 장기화될 경우 공실률이 증가하고 거래량이 감소한다. 과거 사례가격은 새로운 거래의 기준가격이나 상한선이 되므로 가격 평가 시 유의해야 한다.

(5) 안정시장

안정시장은 부동산 가격이 안정적으로 유지되는 국면으로, 과거 사례가격이 새로운 거래의 신뢰할 수 있는 기준이 된다. 이 시장에서는 불황에 강한 부동산과 약한 부동산의 특성이 명확히 드러난다. 유동인구가 많고 공실률이 낮은 중심상업지역의 상업용 건물이나 입지가 좋은 적정규모의 주택은 불황에 강한 반면, 공급과잉 상태인 신도시지역의 상업용 건물 등은 불황에 취약한 특성을 보인다.

4) 부동산경기의 측정 및 분석예측

(1) 부동산경기 측정지표 의의

부동산경기 측정지표란 부동산경기의 상태를 구체적으로 판단할 수 있는 지표나 지수를 의미한다. 이러한 지표들은 부동산 시장의 현재 상황을 객관적으로 파악하고 미래 방향성을 예측하는 데 중요한 도구가 된다.

(2) 부동산경기 측정지표

① 부동산 가격변동

부동산 가격변동은 경기상황을 가장 직접적으로 보여주는 지표이다. 일반적으로 가격이 상승하면 상승국면에, 하락하면 하락국면에 있다고 판단할 수 있다. 그러나 인플레이션이나 건축비 상승에 따른 가격상승, 또는 투기적 요인에 의한 일시적 상승의 경우에는 실질적인 경기 상승으로 보기 어려우므로 해석에 유의해야 한다.

② 거래량

거래량은 부동산경기 상황을 가장 잘 나타내는 지표로, 거래가 활발하면 호황, 저조하면 불황으로 판단할 수 있다. 거래량은 다른 지표에 비해 추적이 용이하고 객관적이며, 부동산경기의 선행지표 역할을 한다. 그러나 행정적 절차에 따른 통계 발표의 시차가 있을 수 있어 실시간 상황 판단에는 한계가 있다.

③ 건축허가량

건축허가량은 부동산경기 상황을 나타내는 유용한 지표이다. 건축허가량이 증가하면 호황, 감소하면 불황으로 볼 수 있다. 다만 시장 수요 변화에 건축이 신속하게 반응하지 못하는 시차가 존재하므로, 분석 시 이를 고려해야 한다.

④ 택지의 분양실적

조성된 택지의 분양실적을 통해 부동산 경기 흐름을 사전에 파악할 수 있다. 택지분양이 활발하면 후속 건축 활동이 증가하여 경기가 호황에 진입하고, 분양실적이 저조하면 건축 활동이 감소하여 경기가 불황에 진입하는 경향이 있다.

⑤ 미분양 재고량

미분양 재고량은 수요측정과 경기변동 파악에 유효한 지표이다. 미분양 재고량이 증가하면 공급과잉 상태로 가격하락과 공급감소로 이어져 불경기 신호가 되며, 감소하면 회복국면으로 판단할 수 있다.

⑥ 공실률과 임료수준

공실률과 임대료수준의 동향은 부동산경기 측정에 중요한 지표이다. 공실률이 높아지면 임대료가 하락하고 신규건설이 둔화되어 시장상태가 악화된다. 반대로 공실률이 낮아지면 임대료가 상승하며 부동산경기가 회복국면으로 전환된다.

⑦ 부동산금융의 상태

부동산은 고가 재화로서 금융과 밀접한 관련이 있어 부동산금융 상태가 경기측정의 중요한 지표가 된다. 금융조건이 악화되면 부동산경기가 불황으로 전환되는 경향이 있으며, 금융조건이 개선되면 경기가 호전되는 것이 일반적이다.

⑧ 대체투자시장의 상태

대체투자시장 상태는 예금, 증권 등 대체투자상품과의 관계를 통해 부동산경기를 간접적으로 파악할 수 있는 지표이다. 예금, 증권(주식·채권), 부동산은 투자3분법상 대체관계에 있어, 예금금리와 주가지수, 채권수익률 등이 부동산경기와 역행하는 특성을 보인다. 이러한 관계를 활용하여 부동산경기변동을 측정하고 예측할 수 있다.

(3) 부동산경기 분석방법예측론[13]

① 과거 추세치를 연장하여 예측하는 방법

회귀분석과 같은 통계적 기법을 활용하여 과거 자료의 추세를 파악하고 경기를 예측하는 방법이다. 적용이 용이하다는 장점이 있으나, 미래가 반드시 과거 추세의 연장선상에서 움직이지 않는다는 근본적 한계가 있다. 부동산 시장의 구조적 변화나 정책 변화 등이 발생하면 추세가 급격히 변할 수 있어, 이 방법만으로 경기를 정확히 예측하기는 어렵다.

② 지역경제분석 등에 의한 경제분석에 의하는 방법

특정 지역이나 도시의 모든 부동산에 대한 수요요인과 시장 영향요인을 종합적으로 분석하여 경기를 측정하는 방법이다. 이 접근법은 경기 측정에 있어 일정 수준의 정확성을 확보할 수 있으나, 방대한 자료 수집과 분석에 많은 비용과 시간이 소요되어 일반적으로 활용하기 어렵다는 단점이 있다.

③ 지수를 이용하는 방법

아파트 실거래가격지수, 거래량과 같은 대표적인 지표를 통해 경기 흐름을 측정하는 방법이다. 사용이 편리하여 경기분석 및 예측에 널리 활용된다. 그러나 제한된 지수만으로 복잡한 부동산 경기의 흐름을 일반화하는 데는 한계가 있으며, 지수 선정과 해석에 따라 결과가 달라질 수 있다.

④ 대체 수요를 이용하는 방법

예금과 증권, 부동산은 투자3분법에 따라 대체관계가 존재한다. 이러한 관계를 활용하여 예금금리, 주가지수, 채권수익률 등 부동산경기와 역행하는 지표들을 통해 부동산경기를 간접적으로 측정하는 방법이다. 접근이 용이한 장점이 있으나, 이러한 지표들에만 의존할 경우 정확성이 저하될 수 있으며, 시대적 여건이나 정부 정책 등에 따라 대체재 간 상관관계가 변화할 수 있으므로 해석에 주의가 필요하다.

5) 부동산경기변동과 감정평가시 유의사항

(1) 가격제원칙 관련

부동산은 가치형성요인이 지속적으로 변화하는 특성을 가진다. 부동산시장의 경기변동을 정확히 판단하기 위해서는 변동의 원칙과 예측의 원칙을 고려해야 한다. 최유효이용의 원칙에 입각하여 투기적·일시적·비합리적 요소를 배제해야 하며, 가까운 장래에 확실히 실현될 범위 내에서 객관적·합리적·논리적으로 판단해야 한다.

(2) 지역·개별분석 관련

부동산경기변동과 지역적 차원의 가격수준 및 개별 부동산의 가치는 일반적으로 같은 방향으로 움직인다. 이러한 점을 지역분석과 개별분석에 반영해야 한다. 그러나 부동산시장의 지역성과 개별성으로 인해 전반적 부동산경기와 지역시장, 개별부동산의 상황이 상이할 수 있음에 유의해야 한다. 따라서 지역분석 시 전반적 부동산경기를 고려하되, 인근지역의 생애주기(Life-cycle) 등 지역적 특성을 반영해야 하며, 개별분석에서는 경기변동이 대상 부동산의 개별성에 따라 미치는 영향을 면밀히 분석해야 한다.

---

13) 서광채, 감정평가학원론, 부연사, p.343

(3) 감정평가 3방식 적용 시

① 거래사례비교법 적용 시

㉠ 사례선택 시

사례자료는 경기순환 국면에 따라 의미가 달라지므로 기준시점에 가장 가까운 최신 거래사례를 다수 수집해야 한다. 회복시장이나 상향시장에서는 사례를 풍부하게 수집할 수 있으나, 하향시장과 후퇴시장에서는 거래 감소로 사례수집이 어려울 수 있다.

㉡ 사정보정 시

현실 거래사례에는 특수한 사정이나 개별적 동기가 개입되는 경우가 많다. 경기순환의 각 국면마다 어떤 사정과 동기가 개입될 수 있는지 파악해야 한다. 충분한 자료조사를 통한 가치형성 메커니즘 규명과 지역의 현재 상황, 장래 동향 분석을 통해 사정보정이 가능하다. 특히 회복시장에서는 투기적 성향이 있으므로 투기가격 배제에 유의해야 한다.

㉢ 시점수정 시

시점수정에 사용되는 변동요인은 일반요인, 지역요인, 개별요인으로 구분하여 분석해야 하며, 과거부터 현재까지의 변동률과 가까운 장래에 대한 전망을 고려해야 한다. 지가동향이 상승에서 하강으로 전환되는 경우, 정점을 파악하여 정점 이전 기간은 상승 변동률을, 이후 기간은 하강 변동률을 적용하는 등 세분화된 접근이 필요하다. 시점수정을 위한 변동률 산정 시 부동산공시가격, 평가선례, 시장참가자들의 의견도 종합적으로 참작해야 한다.

㉣ 요인비교 시

가치형성요인비교시 경기순환의 각 국면에서 작용하는 방식을 파악하여 표준적 이용과 최유효이용을 판정하고, 가격수준과 개별부동산 가치에 미치는 영향을 정량적으로 파악해 비교하여야 한다. 특히 상향시장과 하향시장에서는 정점과 저점의 예상 시기가 중요하며, 이에 따라 표준적 이용과 최유효이용이 영향을 받게 된다.

② 원가법 적용 시

㉠ 재조달원가 산정시

재조달원가는 경기상황에 크게 영향을 받으므로, 기준시점 현재 최신 건축원가를 기준으로 해야 한다. 원가변동이 심할 경우 건축비지수, 생산자물가지수의 변동 등을 참고할 수 있다.

㉡ 감가수정 시

각 국면에 따라 기능적·경제적 가치의 감가분을 적절히 파악해야 한다. 일률적 내용연수 적용 방법 외에도 관찰감가법을 병용하여 평가할 수 있다.

③ 수익환원법 적용 시

㉠ 순수익 산정시

현재의 경기국면과 장래 변동 예측을 순수익 산정에 반영해야 한다. 특히 상향시장에서는 정점 도달 여부, 하향시장에서는 저점 도래 시기를 예측하여 순수익 변동 여부에 유의해야 한다.

㉡ 자본환원율 산정 시

환원율은 지가 상승과 반비례관계(역상관관계)에 있다. 경기국면에 따라 적절히 조정해야 하며, 하향·후퇴시장에서는 환원율이 상향조정되고, 회복·상향시장에서는 하향조정된다. 또한 금리와 환원율은 밀접한 관련이 있으므로 각 국면에 따른 금리동향을 관찰하여 환원율 결정에 반영해야 한다.

(4) 시산가액 조정 시

각 시산가액마다 경기변동국면에 맞는 사례 선정 및 가치형성요인분석이 적절히 이루어졌는지 단계적 검토가 필요하다. 각 방식별 사례 자료의 신뢰성과 객관성, 경기변동 국면에 맞는 요인 비교의 적절성을 고려하여 합리적·객관적 시장자료가 뒷받침되는 시산가액에 높은 비중을 두어야 한다. 안정국면에서는 비준가액의 신뢰도가 높아지므로 상대적으로 높은 비중을 두어야 하며, 극단적 호황·불황 시에는 사례가 불안정하므로 비준가액보다 적산가액과 수익가액에 비중을 두고 합리성을 검토해야 한다.

VI. 부동산 시장분석과 시장성 분석

1. 학습목적

시장분석의 핵심 목적은 해당 부동산의 최적 용도를 발견하고 시장에서의 적정 분양가격과 임대료를 산출하여 수익을 극대화하는 것이다. 이는 감정평가를 통해 도출하고자 하는 최유효이용 및 가치의 개념과 본질적으로 유사하다.

감정평가에서 지역분석과 개별분석 수행 시 대상부동산의 가치형성요인을 단순 나열하고 형식적으로 기술할 뿐, 시장의 수요와 공급을 구체적으로 분석하는 실증적 접근이 부족하다는 비판이 있다. 시장분석은 이러한 한계를 극복하기 위해 시장의 실증적 자료를 활용함으로써 평가의 객관성과 신뢰성을 향상시키는 방안이다.

2. 감정평가와 시장분석

1) 시장분석의 개념

(1) 시장분석의 개념

시장분석이란 수요와 공급의 상호관계가 대상물건의 가치에 미치는 영향을 조사·분석하는 활동이다. 이는 시장 내 경제적 요인들이 부동산 가치를 어떻게 형성하고 변화시키는지를 체계적으로 파악하는 과정이다.

(2) 감정평가에서의 시장분석개념

감정평가에서의 시장분석은 대상부동산에 대한 시장지역의 범위를 결정하고, 해당 부동산의 용도 및 가치에 영향을 줄 수 있는 다양한 시장상황을 연구·분석하여 최유효이용을 판정하고 구체적 가치 형성 메커니즘을 파악하는 활동이다. 이는 지역분석과 개별분석을 포함하는 보다 포괄적인 개념으로, 부동산의 가치를 시장 메커니즘 내에서 종합적으로 이해하기 위한 접근법이다.

2) 시장분석의 목적

감정평가에서 시장분석을 수행하는 주요 목적은 대상부동산의 최유효이용을 판정하고 구체적 가치가 어떻게 형성되는지를 분석하는 것이다. 가치추계활동에서는 대상 부동산의 최유효이용을 확인하여 시장가치를 정확히 판정하는 데 초점을 둔다. 비가치추계활동(컨설팅)에서는 의뢰인의 의사결정을 지원하기 위한 시장자료를 수집하여 필요한 정보를 제공하는 데 목적이 있다. 시장분석은 감정평가의 객관성과 신뢰성을 높이는 핵심 요소로서, 실증적 자료에 기반한 합리적 가치 판단을 가능하게 한다.

3) 감정평가에서의 시장분석 단계

(1) 생산성분석

① 개념

생산성분석은 대상부동산의 자연적(물리적)·법률적·입지적 특성을 분석하여 대상 부동산의 효용을 파악하고 경쟁부동산과 차별화할 수 있는 가장 생산성이 높은 용도를 선정하는 과정이다. 이는 개별분석을 더 구체화한 것으로, 제품의 개별적 특성을 통해 다른 제품과 구별하는 제품차별화 개념과 유사하다.

② 내용

㉠ 자연적(물리적) 특성

토지의 경우 획지의 크기, 형태, 지형지세 등을 조사한다. 건물의 경우 디자인, 외형적 상태, 구조, 규모 등 물리적으로 생산이 가능한지에 대해 조사한다.

㉡ 법률적 특성

대상 부동산에 직접 작용하는 공법적 규제와 사법적 규제 내용을 파악하고 가치에 미치는 요인들을 분석한다. 소유권과 사용, 수익, 처분을 제한하는 시장거래 관행·관습을 조사하여 대상 부동산의 생산가능성을 판단한다.

㉢ 입지적 특성

지역 내 부동산의 표준적 이용과 관련된 경제적 특성을 확인하고, 도시성장의 방향과 관련하여 위치적 수요의 변화를 동태적으로 분석한다. 이를 통해 시장성 및 잠재적 용도의 위치결정 요인을 예측할 수 있다.

(2) 시장획정

① 개념

시장획정은 부동산의 유형이나 용도, 지리적 위치에 따라 별도의 세분시장으로 구분하여 연구하는 것이다. 대상부동산의 생산가능한(차별화된 제품) 용도 중 수익성이 최대가 되는 부동산 용도를 다시 차별화하여, 구체적 부동산 용도에 따른 소비자 시장을 보다 동질적인 소집단으로 구분하고 대상부동산과 대체·경쟁관계에 있는 유사부동산의 위치를 고려해 시장을 획정하는 작업이다.

② 시장획정의 순서

㉠ 대상부동산의 지역적·개별적 특성 등을 정밀히 분석한다.

㉡ 시장지역의 물리적 특성을 분석하고 특성을 변화시키는 요인들을 분석한다.

㉢ 부동산의 물리적 특성을 기준으로 일차적 시장구역을 획정하여 시장지역 도면을 작성한다.

㉣ 작성된 시장지역 도면을 이 지역의 인구통계변수 및 소득통계 등 경제적 특성과 연관하여 분석한다.

(3) 수요분석

① 개념

수요분석은 수요에 영향을 주는 여러 요인들을 획정된 시장에 따라 조사, 분석하여 세분시장별 대상부동산의 잠재적 가능 수요자 및 유효수요를 추정하는 것이다. 주거용, 상업용, 공업용 등 부동산의 유형에 따라 분석 관점을 달리해야 한다.

② 유형(용도)별 수요분석 요인

㉠ 주거용부동산의 수요분석 요인

인구에 대한 요인(가구규모, 가구수, 가구형성률, 성별, 연령별 분포 등), 1인당 소득과 가구소득, 고용형태, 실업률, 저축수준, 주택담보대출이자율, 대부비율(LTV), 토지이용패턴, 도시성장과 계획, 행정적 구조(조세, 세율, 부담금 등), 주거지원시설의 효용(문화, 교육, 의료, 공공시설 등) 등.

㉡ 상업용부동산의 수요분석 요인

상권 내 인구에 대한 요인(가구규모, 가구수, 성별, 연령별 분포 등), 1인당 소득과 가구소득, 가처분소득 중 소비비율, 해당 지역에 대한 상권의 장악률, 전유면적당 매출액과 시설을 유지하기 위한 매출액, 상업용 부동산의 공실률, 토지이용패턴, 도시성장과 계획, 교통시설과 접근성, 해당 상업용 부동산의 브랜드가치 등.

㉢ 업무용부동산의 수요분석 요인

업무용부동산을 사용하는 직원 수, 해당 지역의 업종별·직위별 1인당 필요공간, 사무실건물의 등급별 공실률, 등급별 상향수요와 하향수요, 토지이용패턴, 도시성장과 계획, 교통시설과 도로에 대한 접근성, 지원시설의 유무, 건물의 관리수준 등.

㉣ 공업용부동산의 수요분석 요인

원료 공급지와의 거리, 환율과 무역장벽, 고용자 수, 토지이용패턴, 도시성장과 계획, 교통시설 및 고속도로에 대한 접근성, 산업별(업종별) 고용자 수, 지역의 경제성장률, 지역의 고용증가율, 운송수단별 화물 비용 등.

(4) 공급분석

① 개념

공급분석은 대상부동산과 동일한 유형의 부동산의 공급상황을 분석하는 절차이다. 부동산은 내구재로서 신규부동산의 공급상황뿐만 아니라, 재고시장의 공급상황 또한 고려해야 한다. 즉, 건축 중인 부동산, 계획예정인 부동산과 기존부동산까지 포함해서 분석해야 한다.

② 공급분석시 고려해야 할 요인

기존부동산의 양과 질, 건축 중이거나 계획 중인 경쟁부동산과 보완부동산, 현재 분양 중인 부동산, 나지의 가격과 유용성, 건축(개발)비용, 공실률과 그 원인, 멸실량과 전환량, 특수한 경제적 상황과 환경, 금융상황, 건축에 대한 정부의 규제 등이 있다.

(5) 균형분석(수요공급 상호작용 분석)

① 개념

균형분석은 현재와 미래의 수요와 공급량이 균형을 이루고 있는지, 만약 수요와 공급이 균형을 이루지 못한다면 언제 해결될 수 있는지를 분석하는 절차이다. 부동산은 자연적 특성으로 인해 단기적으로 공급이 고정적이며 비탄력적이다. 이로 인해 부동산 균형은 단기적으로 수요에 민감하게 반응한다.

② 내용

이론적으로는 수요와 공급은 장기적으로 균형을 이루어야 한다. 그러나 부동산의 자연적 특성으로 인해 현실적으로는 균형을 이루기 어렵다. 이는 거미집모형으로 설명될 수 있는데, 공급자들은 현재의 수요에 따라 공급을 결정하는 경향이 있어 초과수요나 공급초과로 인한 균형 성립이 어려워진다.

(6) 포착률 분석

① 개념

포착률 분석은 세분시장 내에서 차지하는 대상부동산의 경쟁력을 분석·평가하여 주어진 시장 조건하에서 예상되는 시장 점유율을 분석하는 것이다. 단기의 포착률을 시장흡수율, 장기의 포착률을 시장점유율로 구분할 수 있다. 흡수율이란 공급된 부동산이 시장에서 완전하게 흡수될 때까지 걸리는 시간을 말한다. 흡수율분석은 시계열적 측면에서 흡수시간분석도 수행되어야 하며, 이를 통해 수요의 강도를 측정할 수 있다.

② 흡수율분석[14]

흡수율분석은 지역별·유형별 비교분석을 통해 구체적으로 이루어져야 한다. 흡수율은 이론적으로는 지역성장률 × 수요패러미터 × 점유율로 산정이 가능하다. 다만, 과거의 자료만을 이용하여 추세만을 파악해서는 안 된다는 점에 유의해야 한다. 흡수율분석은 과거와 현재의 상황을 바탕으로 궁극적으로는 미래의 흡수율과 흡수시간을 분석하는 작업이기 때문이다.

(7) 타당성 분석(예정부동산의 경우)

① 개념

타당성 분석은 예정된 부동산(개발사업)의 경제적 성공과 실패 가능성을 분석하는 것이다. 기존 부동산의 시장분석은 포착률분석에서 마무리되지만, 예정부동산은 시장에서 직접적인 비교가 어렵고, 수익과 비용의 추계치가 모두 예상치에 근거하고 있어 불확실성이 높기 때문에 다양한 시나리오 및 상황을 설정한 타당성 분석을 추가하여 분석한다.

② 내용

타당성분석은 물리적·법률적·경제적 측면을 분석한다. 이러한 분석은 대상개발사업이 투자자의 요구수익률을 충족시킬 수 있는지, 즉 경제적 타당성을 검토하기 위한 과정으로서의 성격을 지닌다. 경제적 타당성분석을 할 경우에는 수요와 공급에 바탕을 둔 시장상황에 대한 분석과 함께 대상개발사업의 공실률, 영업경비, 대출조건, 세금 등에 대한 철저한 분석이 이루어져야 한다. 타당성분석을 수행할 때는 반드시 경험적 사실에 기반한 객관적인 시장자료로 뒷받침될 수 있어야 한다.

---

14) 노용호·박정화·백일현, 감정평가론 제4판, 부연사, 2011, p.96

3. 부동산분석의 체계(방법)

1) 부동산분석의 체계

부동산은 목적에 따라 다양한 사용방법이 존재하며, 이에 따라 관련 문제도 다양하게 발생한다. 효과적인 의사결정을 위해서는 부동산에 대한 다양한 분석방법이 필요하다. 부동산분석은 일종의 체계를 이루며 단계적으로 진행된다. 지역성분석, 시장분석, 시장성분석을 묶어 '시장분석'이라 하고, 타당성분석과 투자분석을 묶어 '경제성분석'이라 한다. 시장분석은 특정 사업과 관련된 시장환경에 초점을 맞추며, 경제성분석은 개발업자의 의사결정에 초점을 맞춘다.

2) 지역경제분석

지역경제분석은 특정 지역이나 도시의 모든 부동산에 대한 기본적인 수요요인과 시장에 영향을 미치는 요인을 분석하는 작업이다. 인구, 가구, 고용, 소득, 교통망 등이 주요 분석대상이며, 개발업자는 특정 지리적 구역을 중심으로 이러한 수요요인의 과거 추세를 분석하고 미래 추계치를 예측한다.

3) 시장분석

시장분석은 특정 부동산에 대한 시장의 수요와 공급상황을 분석하는 것으로, 다음 과정을 거친다.
① 시장 지역을 명확히 구별하여 결정한다. 부동산시장은 부동산의 고정성으로 인해 국지적으로 형성되므로, 대부분의 시장지역은 대상부동산과 경쟁부동산이 위치한 인근지역과 유사지역 정도가 된다.
② 제품의 특성별로 제품을 범주화하여 다른 부동산과 차별화한다(공급측면 범주화 분석).
③ 소비자의 특성별로 가능 사용자를 범주화하여 시장세분화를 한다(수요측면 범주화 분석).

4) 시장성분석

(1) 시장성분석 의의

시장성분석은 특정 부동산과 경쟁부동산, 시장 상황 등을 종합하여 특정 부동산이 현재나 미래의 시장상황에서 매매되거나 임대될 수 있는 가능성 또는 능력을 조사하는 것이다. 대상부동산과 경쟁부동산의 임대료 수준, 흡수율, 시장지역의 수요와 공급, 유사부동산의 건축 추세, 공실률 등을 분석한다.

(2) 부지분석과 입지분석

시장성 분석을 위해서는 개발사업의 부지와 입지적 특성에 대한 분석이 선행되어야 한다. 부지분석은 대상 토지의 크기와 형상, 지형, 주변 편익시설, 접근성, 용도지역 등 대상 부지 자체를 분석하는 것이다. 입지(조건)분석은 대상부동산의 위치에 따른 장점과 단점을 분석하는 것이다. 이러한 분석을 통해 시장에서 유효수요자들에게 얼마나 흡수될 수 있는지 평가할 수 있다.

(3) 흡수분석

흡수분석은 흡수율이나 흡수시간 등을 조사하여 부동산의 수요와 공급상황과 정도를 구체적으로 조사하고 분석하는 것이다. 흡수율은 시장에 공급된 부동산이 측정시간 동안 시장에서 흡수된 비율을 말하며, 흡수시간은 공급된 부동산이 시장에서 완전히 소화될 때까지 걸린 시간을 말한다. 흡수율분석과 흡수시간분석은 병행해야 하며, 흡수율이 높더라도 측정기간이 길다면 의미가 없을 수 있다. 흡수분석은 시장수요의 강도를 측정할 수 있게 해주는 유용한 도구이며 부동산시장의 추세를 파악하는 데도 도움이 된다.

5) 타당성분석

(1) 개념

타당성분석은 예정된 부동산(개발사업)의 경제적 성공과 실패 가능성을 분석하는 것이다. 기존부동산의 시장분석은 포착률분석에서 마무리되지만, 예정부동산은 시장에서 직접적인 비교가 어렵고 수익과 비용의 추계치가 모두 예상치에 근거하여 불확실성이 높기 때문에, 다양한 시나리오 및 상황을 설정한 타당성 분석을 추가로 실시한다.

(2) 내용

타당성분석은 물리적·법률적·경제적 측면을 포함한다. 이러한 분석은 결국 대상개발사업이 투자자의 요구수익률을 충족시킬 수 있는지, 즉 경제적 타당성을 검토하기 위한 과정이다. 경제적 타당성분석을 할 때는 수요와 공급에 바탕을 둔 시장상황 분석과 함께 대상개발사업의 공실률, 영업경비, 대출조건, 세금 등에 대한 철저한 분석이 필요하다. 타당성분석은 반드시 경험적 사실에 기반한 객관적인 시장자료로 뒷받침되어야 한다.

6) 투자분석

투자분석은 여러 투자대안을 위험과 수익의 상관관계를 고려하여 개발업자가 감당 가능한 위험수준에서 최고의 수익을 창출하는 대안을 분석하는 것이다. 대상 토지와 건물에 대한 시장차별화와 세분화에 따라 여러 이용대안이 고려될 수 있다. 타당성이 존재한다고 해서 모든 대안이 선택되는 것은 아니며, 투자자의 자금은 일반적으로 유한하기 때문이다. 따라서 여러 대안에 대해 순현재가치법(NPV), 내부수익률법(IRR), 수익성지수법(PI) 등의 기법을 활용하여 구체적이고 객관적으로 분석해야 한다. 이러한 분석기법을 통해 얻은 결과를 활용하여 최고의 수익성을 창출하는 최종 대안을 선택한다.

거시적분석	시장분석	지역분석	입지분석	투자분석
분석대상	전체시장	특정지역 인/유/동	전체지역	전체투자안
분석절차	생시수 공균포	대상지역획정 지역요인분석 표준적이용분석 가격수준파악	입지기준선정 입지내부지선정 기술적·기능적분석 부지타당성분석	시장분석 입지분석 재무분석
분석목적	시장상황분석	표준적이용 가격수준	목적 적합한 토지 찾는 것과, 토지를 어떤 용도와 규모로 이용할지 결정 ∴ 입지의사결정	요구수익률을 달성할 수 있는가 ∴ 투자의사결정

미시적분석	시장성분석	개별분석	부지분석	타당성분석
분석대상	특정시장	특정부동산	특정부지	특정 투자안
분석절차	흡수율분석 점유율분석	개별요인분석 최유효이용분석 가격의 구체화	① 기술적 요소 ② 기능적 요소	회수기간법 NPV PI IRR
분석목적	시장성 여부 분양성 여부	최유효이용 구체적 가격	구체적 입지	시장타당성, 입지(부지)타당성, 경제적타당성 등을 확인하여 의사결정

4. 시장분석과 시장성분석의 관계

1) 부동산분석체계상 선·후 분석 관계

부동산분석의 체계에서 시장분석은 시장성분석에 선행하는 분석이다. 시장분석은 대상 또는 경쟁부동산이 속한 지역의 특정 유형 부동산에 대한 수요와 공급 상황을 분석하는 것이다. 반면, 시장성분석은 시장분석을 통해 얻어진 수요와 공급상황 자료를 바탕으로 특정 유형 부동산의 장점과 단점(부지분석) 및 흡수율에 대한 분석을 수행하는 작업이다.

2) 분석의 관점(범위)

시장분석은 대상 부동산의 특정 유형에 대한 지역시장의 수요와 공급 상황을 분석하는 것이고, 시장성분석은 특정 유형의 시장상황에서 개별 부동산의 장점과 단점, 흡수율을 분석하는 것이다. 따라서 시장분석이 시장성분석에 비해 더 거시적인 관점의 분석에 해당한다.

3) 분석의 목적

시장분석의 목적은 대상부동산이 속한 지역과 경쟁지역의 시장에 대한 수요와 공급상황을 분석하고, 경쟁상황분석, 균형분석 등을 통해 지역시장의 수급상황을 파악하는 것이다. 시장성분석은 이러한 시장분석을 기반으로 특정부동산에 대한 부지분석, 입지분석, 흡수율 분석을 통해 해당 부동산의 시장 경쟁력과 성공 가능성에 대한 더 세밀하고 객관적인 분석을 수행한다.

구분	시장분석	시장성분석
분석 대상	대상이 속한 시장지역	특정 용도의 부동산
분석 관점	거시적 관점	미시적 관점
분석 목적	시장 확정 후 수요요인과 공급요인 분석	매매가능성, 임대가능성
분석 순서	선행분석	후행분석

5. 감정평가 3방식에서의 시장분석

1) 원가방식

시장분석을 통해 얻은 시장의 공급상황에 대한 정보는 원가정보와 시장 전반에 관한 중요한 자료를 제공한다. 이는 원가방식 적용 시 재조달원가 산정에 직접적인 도움을 준다. 현재 시장에서의 건축비 수준, 자재 가격 동향, 노무비 변화 등에 관한 정보를 통해 보다 정확한 재조달원가를 산정할 수 있다. 또한 감가상각 시에도 시장의 물리적·기능적·경제적 진부화 정도에 관한 유용한 정보를 제공하여 적절한 감가율 결정에 기여한다.

2) 비교방식

시장분석을 통해 획정한 시장은 비교방식 적용 시 적절한 사례의 범위를 결정하는 데 도움을 준다. 대상 부동산과 유사한 특성을 가진 부동산들이 거래되는 지역적 범위와 시간적 범위를 설정함으로써 보다 적합한 비교사례를 선정할 수 있다. 또한 대상 부동산의 유형에 대한 가격수준 정보는 사례를 적정 가격으로 보정하는 데 도움을 주며, 시장분석을 통해 파악된 가치형성요인들은 요인비교 시 객관적인 기준을 제공한다.

3) 수익방식

시장분석을 통해 얻어진 공실률과 흡수율, 임대료와 수익률에 대한 정보는 수익방식 적용 시 핵심적인 역할을 한다. 특히 유사 부동산의 실제 임대료 수준과 공실률 자료는 대상 부동산의 예상임대료와 공실률을 추정하는 데 직접적인 기초가 된다. 또한 시장 위험도와 투자자들의 요구수익률에 관한 분석은 적정 환원율(할인율)을 결정하는 데 필수적인 정보를 제공하여 수익가치의 신뢰성을 높인다.

VII. 지역분석

1. 지역분석과 개별분석에 대한 학습목적

지역분석과 개별분석은 감정평가의 핵심 과정이다. 부동산시장은 지리적 위치의 고정성으로 인해 국지적으로 형성된다. 이러한 지역시장에서는 지역사회의 영향 아래 용도별 지역적 가격수준이 형성된다. 개별부동산의 구체적인 가치는 이러한 지역적 제약 속에서 부동산의 개별성이라는 특성에 따라 결정된다. 따라서 감정평가에서는 지역시장에 영향을 미치는 요인을 분석하는 지역분석과 개별부동산 가치에 영향을 미치는 요인을 분석하는 개별분석이 필수적이다. 이 두 분석과정을 통해 부동산가치 형성의 메커니즘을 체계적으로 이해하고 정확한 가치판단의 근거를 마련할 수 있다.

2. 일반분석

1) 의의

일반분석은 대상 부동산이 속한 전체 사회에서 부동산의 이용, 상태, 가격수준 형성에 전반적인 영향을 미치는 일반적 요인을 분석하는 과정이다. 이는 부동산이 입지하는 국가 전체에 걸쳐 작용하는 요인을 분석하는 것으로 자연적 요인, 사회적 요인, 경제적 요인, 행정적 요인 등의 분석을 포함한다.

2) 일반분석의 필요성(중요성)

일반분석은 부동산 전반에 영향을 미치므로 감정평가과정에서 근본적인 중요성을 가진다. 국제 금리변동, 외국인 투자정책, 글로벌 경제위기 등이 국내 부동산 가격형성에 즉각 반영된다. 특히 대한민국과 같이 대외의존도가 높은 경제구조에서는 국제적 요인의 영향력이 강화되어 과거에 비해 부동산 시장에 미치는 영향이 커져가고 있다.

일반요인은 지역요인의 토대가 되며, 지역요인은 개별요인의 기반이 된다. 이러한 계층구조에서 일반요인에 대한 정확한 분석 없이는 지역요인과 개별요인 분석도 왜곡될 수 있다. 일반요인의 변화 추세를 파악함으로써 중장기적 관점에서 부동산 가치의 변동 방향을 예측하고, 더 신뢰성 높은 감정평가 결과를 도출할 수 있다.

3. 지역분석의 개념

지역분석이란 대상 부동산이 속하는 지역의 범위를 확정하고 지역 내 부동산의 이용(상태) 및 가격수준형성에 영향을 미치는 지역요인을 분석하는 과정이다. 이를 통해 지역의 특성과 장래동향, 대상부동산이 속한 인근지역 내 상대적 위치를 파악함으로써 대상 부동산의 표준적 이용과 가격수준을 파악하는 작업이다.

4. 지역분석의 필요성

1) 지역성

지역성이란 부동산이 다른 부동산과 함께 특정 지역을 구성하며, 지역의 구성분자로서 주변 부동산과 상호의존·보완·협동 또는 대체·경쟁 관계에 있음을 의미한다. 부동산은 이러한 상호관계를 통해 사회적·경제적·행정적 위치가 결정된다. 부동산의 지역성으로 인해 가치 판정을 위해서는 지역분석이 필수적이다.

2) 지역적 특성

부동산시장은 지리적 위치의 고정성으로 인해 국지적으로 형성되며, 각 지역은 서로 다른 가치형성요인을 지닌다. 지역마다 존재하는 고유한 특성이 부동산 가치에 영향을 미치므로, 이러한 지역특성을 정확히 파악하기 위해 지역분석이 필요하다.

3) 지역의 변화

부동산은 사회적·경제적·행정적 위치의 가변성이 존재한다. 따라서 부동산이 속한 지역의 가치형성요인은 고정된 것이 아니라 사회적·경제적·행정적 위치의 변화에 따라 지속적으로 변화한다. 동일한 지역의 부동산을 평가하더라도 기준시점이 다르다면 지역분석을 새롭게 수행할 필요가 있다.

5. 지역분석의 목적

1) 가격수준의 파악

부동산 가치는 독립적으로 형성되지 않고 지역 내 다른 부동산과의 상관관계 속에서 일정한 가격수준을 형성한다. 이러한 지역 내 가격수준을 정확히 파악함으로써 개별부동산의 구체적 가치판단 작업을 효율적으로 수행할 수 있다. 예를 들어, 특정 주거지역 내에서 형성된 단위면적당 평균 거래가격은 해당 지역 내 개별 주택의 가치를 판단하는 기준점이 된다.

2) 표준적 이용을 파악하여 최유효이용 판정방향의 제시

지역특성은 해당 지역의 표준적 이용을 통해 구체화된다. 최유효이용은 일반적으로 인근지역의 표준적 이용 범위 내에서 형성되므로, 지역의 표준적 이용을 파악하는 것은 최유효이용 판정의 주요 기준이 된다. 상업지역에서 1층은 소매점포로, 2층 이상은 사무실로 이용되는 것이 표준적 이용이라면, 이는 해당 지역 내 개별 건물의 최유효이용 판정에 중요한 방향성을 제시한다.

3) 상대적 위치의 파악

부동산 가치는 대체 · 경쟁관계에 있는 유사 부동산의 영향을 받아 형성된다. 대상부동산이 속한 인근지역과 대체 · 경쟁관계에 있는 유사지역, 그리고 동일수급권까지 분석함으로써 대상지역의 상대적 위치를 정확히 파악할 수 있다. 이는 구체적 가치판단 작업의 정확성과 효율성을 높인다. 예컨대, A 상권과 B 상권의 비교분석을 통해 A 상권의 경쟁력과 발전 가능성을 전제로 가격수준 및 표준적 이용을 판단할 수 있다.

4) 사례자료 수집범위의 결정

지역특성이 동일하거나 유사한 지역의 범위를 확정함으로써 감정평가 시 사례자료 수집범위와 한계를 명확히 설정할 수 있다. 이는 적절한 비교사례 선정의 기준을 제공하여 평가의 신뢰성을 높인다. 주거지역 내 아파트를 평가할 때, 동일한 학군과 생활권을 공유하는 지역으로 사례수집 범위를 한정함으로써 보다 적합한 비교사례를 확보할 수 있다.

6. 지역분석의 절차

1) (인근)지역의 획정

인근지역 획정은 지역분석의 첫 단계로, 부동산의 종별과 유형에 따라 인근지역의 범위가 달라진다. 분석 대상지역을 합리적으로 획정해야 효과적인 지역분석이 가능하다. 인근지역 범위를 지나치게 좁게 설정하면 사례자료 수집과 선정이 제한되고, 반대로 너무 넓게 설정하면 가격수준 파악의 정확성이 저하된다. 따라서 대상부동산의 특성을 고려하여 적절한 범위를 설정해야 한다. 또한 인근지역의 상대적 위치를 정확히 파악하기 위해서는 유사지역 및 동일수급권 획정 작업도 함께 수행해야 한다. 예를 들어, 상업용 빌딩의 경우 동일 상권 내 유사 규모와 용도의 건물이 밀집한 구역을 인근지역으로 획정할 수 있다.

2) 지역요인 분석

지역요인 분석은 지역특성에 따라 다양하게 나타나는 요인들을 체계적으로 검토하는 과정이다. 일반요인도 지역지향성으로 인해 지역별로 그 영향력에 차이가 있어 지역적 관점에서 해석이 필요하다. 지역요인은 자연적 · 사회적 · 경제적 · 행정적 측면에서 종합적으로 분석해야 하며, 각 요인이 해당 지역에 미치는 영향을 구체적으로 파악해야 한다. 특히 지역의 시장상황과 거래관행 등에 유의하여 분석함으로써 실제 부동산 가치형성 메커니즘을 정확히 이해할 수 있다.

3) 표준적 이용의 파악

표준적 이용은 대상부동산이 위치한 인근지역 내 개별부동산들의 일반적 · 평균적 이용상황을 의미한다. 대상지역의 지역적 특성이 반영되어 지역 내 부동산의 표준적 이용이 형성되므로, 이를 정확히 파악하는 것이 중요하다. 표준적 이용에 대한 분석은 대상부동산의 최유효이용 판정에 직접적인 기준을 제공하므로, 감정평가 과정에서 핵심적인 역할을 한다.

4) 가격수준의 판정

가격수준 판정은 지역 내 부동산의 평균적인 가격을 확인하는 과정으로, 실질적인 지역 간 격차를 객관적으로 나타낸다. 가격수준은 지역 내 표준적 이용상태와 장래동향 분석을 통해 파악할 수 있으며, 이는 개별부동산 가치판단의 기준점이 된다. 개별부동산의 가치는 인근지역의 가격수준에 직접적인 영향을 받아 결정되기 때문에, 정확한 가격수준 판정은 감정평가의 신뢰성과 정확성을 높이는 핵심 요소이다.

7. 지역분석의 대상지역

1) 지역분석의 대상지역 개념

지역분석의 대상지역은 인근지역, 유사지역 및 동일수급권으로 구분된다. 지역분석은 주로 대상부동산이 속한 인근지역을 중심으로 이루어지나, 인근지역의 상대적 위치를 명확히 파악하기 위해서는 유사지역과 동일수급권에 대한 비교분석도 필수적이다.

2) 인근지역

(1) 인근지역 개념

인근지역이란 대상 부동산이 속하는 지역으로 부동산 이용이 동질적이며 가치형성요인 중 지역요인을 공유하는 지역을 말한다(「감정평가에 관한 규칙」 제2조 제13호). 인근지역은 특정 용도를 중심으로 집중되어 지역적 특성을 공유하며, 대상부동산의 가격형성에 직접적인 영향을 미친다.

(2) 인근지역 특성

① 인근지역 내 부동산은 대상부동산과 용도적·기능적으로 동질성을 가진다. 이는 유사한 이용목적과 기능을 공유하는 부동산들이 집적되어 있음을 의미한다.
② 인근지역의 지역특성은 대상부동산의 가치형성에 직접적인 영향을 미친다. 지역 내 도로, 교통, 편의시설 등의 변화는 모든 부동산 가치에 유사한 영향을 준다.
③ 인근지역 내 부동산은 대상부동산과 상호 대체·경쟁 관계에 있고 동일한 가격수준을 형성한다. 이로 인해 지역 내 가격 균형이 유지된다.
④ 인근지역은 가치형성요인의 추이와 동향에 따라 성장기, 성숙기, 쇠퇴기, 천이기, 악화기라는 생애주기 패턴을 거치며 변화한다. 이 생애주기는 지역의 장기적 가치변동을 예측하는 중요한 지표가 된다.

(3) 인근지역 조건

① 대상부동산이 실제로 속해 있는 지역이어야 한다. 이는 지리적 연속성과 공간적 일체성을 전제로 한다.
② 도시나 농촌과 같은 종합형태의 지역사회보다 작은 규모의 지역이어야 한다. 너무 광범위한 지역은 동질성 확보가 어렵다.
③ 주거활동, 상업활동, 공업활동 등의 특정 용도를 중심으로 집중된 형태여야 한다. 이는 기능적 동질성을 확보하기 위한 조건이다.
④ 인근지역의 지역특성이 대상부동산의 가치형성에 직접적인 영향을 미쳐야 한다. 이는 인근지역과 대상부동산 간의 가치연동성을 의미한다.

(4) 인근지역 경계(범위)의 설정(인근지역 판정)

① 인근지역 경계설정의 의의

인근지역의 경계설정이란 용도적 동질성이 인정되는 지역을 인근지역으로 규정하고 그 공간적 범위를 명확히 확정하는 과정이다. 부동산은 용도의 다양성으로 인해 용도적·기능적 측면에서 대체가능성과 동질성이 형성되므로, 정확한 감정평가를 위해서는 인근지역의 경계설정이 필수적이다.

② 경계설정의 필요성

인근지역은 지역분석의 핵심 대상지역으로서 대상부동산의 가치형성과 최유효이용 판정에 직접적 영향을 미친다. 이 지역은 표준적 이용이 형성되는 공간적 범위이기 때문에 그 경계를 정확히 설정하는 것이 감정평가의 정확도 제고에 필수적이다. 또한 인근지역은 사례수집의 주요 대상지역으로, 그 범위가 과도하게 넓으면 가격수준 파악이 어려워지고, 지나치게 좁으면 충분한 사례확보가 어려워 평가의 신뢰성이 떨어진다. 따라서 감정평가의 정확성과 신뢰성 확보를 위해서는 부동산의 특성을 고려한 적정 범위의 인근지역 설정이 중요하다.

③ 경계설정의 기준

㉠ 일반적 기준

부동산의 종별과 용도적 동질성을 기준으로 인근지역 경계를 설정한다. 토지의 이용형태, 연속성의 차단 여부, 토지이용의 편리성 정도, 교통체계 등을 종합적으로 고려하여 경계를 설정한다. 이러한 기준은 부동산의 기능적 연계성과 이용 패턴을 반영한다.

㉡ 구체적 기준

인근지역 경계설정은 자연적 경계와 인위적 경계를 기준으로 할 수 있다.

자연적 경계는 부동산 이용형태에 차이를 주는 지반, 지세, 지질 등과 공간적 연속성을 차단하는 하천, 구릉, 산악 등을 기준으로 설정한다. 이러한 자연적 요소는 부동산 이용의 물리적 한계를 형성한다.

인위적 경계는 유형적 측면과 무형적 측면으로 구분된다. 유형적 측면에서는 도로, 철도, 공원 등 물리적 시설을 기준으로 하고, 무형적 측면에서는 언어, 종교 같은 사회적 요소, 소득수준과 수입원 같은 경제적 요소, 행정구역, 용도지역지구제 같은 행정적 요소 등을 종합적으로 고려한다. 이러한 인위적 경계는 부동산 이용의 사회경제적 패턴을 반영한다.

④ 경계설정의 방법

㉠ 지역의 물리적 특성 검토

지역의 물리적 특성을 체계적으로 분석하는 것으로 토지이용의 유사성, 건물의 구조형태, 건축양식, 관리상태 등을 현장조사를 통해 직접 파악한다. 지도를 활용하여 이러한 물리적 특성이 변화하는 지점들을 식별하고, 하천, 도로, 철도와 같은 물리적 장애물과의 일치 여부를 조사한다.

㉡ 지도상에 예비적 경계 설정

수집된 물리적 특성 자료를 바탕으로 지도상에 예비경계를 설정한다. 토지이용 패턴이 변화하거나 건축물의 특성이 뚜렷하게 달라지는 지점들을 연결하여 인근지역의 잠정적 경계선을 그린다. 이 예비경계는 물리적 동질성을 기준으로 한 1차적 구분선으로, 추가 검증이 필요하다.

ⓒ 예비적 경계의 검토

물리적 특성에 기초한 예비경계선이 실제 지역 특성을 정확히 반영하는지 검증한다. 인구통계자료, 소득수준, 교육환경 등 사회적 요인, 상권분석, 지가수준 등 경제적 요인, 행정구역, 용도지역 등 행정적 요인과 대비하여 경계설정의 적절성을 종합적으로 평가한다. 이 과정에서 물리적 경계와 사회경제적 경계 간의 불일치가 발견되면 조정이 필요하다.

ⓓ 지역주민 조사

경계설정의 최종 검증 단계로 지역주민과 부동산 관계자들의 의견을 수렴한다. 이들은 공식자료에 나타나지 않는 지역의 미세한 특성과 변화 동향에 대한 정보를 제공함으로써, 보다 현실적이고 정확한 인근지역 경계설정에 기여한다.

(5) 인근지역 설정시 유의사항

① 부동산 종류와 특성에 맞는 적정범위를 설정해야 한다. 경계설정에 있어 단순히 공법상 용도지역만으로 판단해서는 안 된다. 자연적·사회적·경제적·행정적 측면을 종합적으로 고려하여 실질적인 범위를 설정해야 한다.

② 인근지역 경계는 지역요인의 영향을 받아 형성되며, 이러한 지역요인은 시간에 따라 지속적으로 변화한다. 단순히 현재 상태만이 아닌 변화 추세와 장래 동향을 포함한 동태적 분석을 통해 경계설정 기준을 정립해야 한다.

③ 인근지역 범위설정의 주관성을 최소화하기 위해 컴퓨터 분석, 통계기법, GIS(지리정보시스템) 등을 활용한 과학적 방법론이 필요하다. 객관적 데이터에 기반한 경계설정은 평가의 일관성과 신뢰성을 높이며, 평가자 간 판단 차이를 줄여 감정평가의 객관성을 강화한다.

④ 인근지역 범위가 반드시 부동산관련법상 용도지역과 일치하지 않는다는 점에 유의해야 한다. 용도지역은 경계설정의 여러 기준 중 하나일 뿐이므로, 실질적 이용특성을 우선적으로 고려해야 한다.

3) 유사지역

(1) 유사지역의 의의

유사지역이란 대상 부동산이 속하지 아니하는 지역으로서 인근지역과 유사한 특성을 갖는 지역을 말한다(「감정평가에 관한 규칙」 제2조 제14호). 이는 인근지역과 지리적으로 분리되어 있으나 용도적·기능적 특성이 유사하여 상호 비교분석이 가능한 지역을 의미한다. 예를 들어, 서울 강남구의 아파트단지를 평가할 때 송파구의 유사한 특성을 가진 아파트단지 지역이 유사지역이 될 수 있다.

(2) 유사지역 분석의 필요성 및 목적

① 인근지역과 유사지역 간에는 부동산 시장에서 상호 대체·경쟁관계가 형성된다. 이러한 관계를 분석함으로써 인근지역의 상대적 위치와 지역특성을 객관적으로 파악할 수 있고, 이를 통해 인근지역의 표준적 이용과 가격수준을 더 정확하게 판단할 수 있다.

② 유사지역 분석은 사례수집 범위를 확장하여 감정평가의 신뢰성을 높인다. 인근지역 내 사례가 제한적일 경우, 유사지역의 사례를 활용함으로써 더 풍부한 비교자료를 확보할 수 있다. 또한 유사지역 사례와의 비교를 통해 인근지역 사례의 적정성을 검증할 수 있어 평가의 정확성이 향상된다.

③ 지역특성은 시간에 따라 변화하므로, 유사지역에 대한 시계열적 분석을 통해 인근지역의 장래동향을 예측할 수 있다. 발전단계가 다른 유사지역들을 비교함으로써 대상지역의 미래 변화 방향을 추론할 수 있다.

(3) 유사지역의 특징

① 유사지역은 대상부동산이 속한 인근지역과 지리적 위치는 다르지만 용도적·기능적으로 유사하여 지역구성요소가 동질적인 지역이다. 이러한 동질성은 부동산의 이용형태, 건축물의 특성, 개발밀도, 주변 환경 등 다양한 측면에서 나타난다.

② 유사지역은 단순한 거리의 원근개념이 아니라 용도적 관점과 지가형성의 일반적 요인이 인근지역과 유사하여 상호 대체성과 경쟁관계가 있는 지역을 의미한다. 이는 물리적 거리보다 기능적 유사성이 유사지역 판단의 핵심 기준임을 나타낸다. 예를 들어, 지리적으로 멀리 떨어져 있더라도 상권의 규모, 고객층, 업종구성 등이 유사한 상업지역들은 서로 유사지역으로 볼 수 있다.

4) 동일수급권

(1) 동일수급권의 의의

동일수급권이란 대상부동산과 대체·경쟁관계가 성립하고 가치 형성에 서로 영향을 미치는 관계에 있는 다른 부동산이 존재하는 권역을 말하며, 인근지역과 유사지역을 포함한다(「감정평가에 관한 규칙」 제2조 제15호). 이는 인근지역과 유사지역을 포함하는 더 넓은 개념으로, 부동산 시장에서 수요와 공급이 상호작용하는 공간적 범위를 의미한다. 예를 들어, 서울 강남의 오피스빌딩을 평가할 때 서울 전체 또는 수도권 주요 업무지구가 동일수급권이 될 수 있다.

(2) 동급수급권 분석의 필요성 및 목적

① 동일수급권 내에서는 부동산 간 상호 대체·경쟁관계가 형성된다. 이러한 광역적 관점의 분석을 통해 인근지역과 유사지역의 상대적 위치와 특성을 더 명확히 파악할 수 있으며, 이는 인근지역의 표준적 이용과 가격수준을 객관적으로 판단하는 데 기여한다.

② 동일수급권 분석은 사례수집 범위를 확장하여 감정평가의 신뢰성을 높인다. 인근지역과 유사지역에 적절한 사례가 부족할 경우, 동일수급권 내 다른 지역의 사례를 활용할 수 있다. 또한 동일수급권 내 다양한 사례들과의 비교를 통해 인근지역 사례의 적정성을 검증할 수 있어 평가의 정확성이 향상된다.

③ 지역특성은 끊임없이 변화하므로, 동일수급권에 대한 시계열적 분석을 통해 인근지역의 장래동향을 예측할 수 있다. 동일수급권 내 다양한 발전단계에 있는 지역들의 변화 패턴을 분석함으로써 대상지역의 미래 변화 방향을 더 정확히 예측할 수 있다.

(3) 동일수급권의 특징

① 동일수급권의 범위는 부동산의 종류, 성격 및 규모에 따라 지역범위가 달라진다.

㉠ 주거지의 경우

도심으로부터 통근이 가능한 지역의 범위와 일치하는 경향이 있다. 이는 직장인들이 주거지 선택 시 고려하는 통근 가능 거리가 주택시장의 수급권을 형성하기 때문이다.

   © 상업지의 경우

    상업지의 배후지를 기초로 상업수익의 대체성이 인정되는 범위와 일치하는 경향이 있다. 고
    도상업지는 광역적인 배후지를 가지지만, 근린상업지는 상대적으로 좁은 배후지를 가진다.

   © 공업지의 경우

    생산활동의 능률성 측면에서 대체성을 갖는 범위와 일치하는 경향이 있다. 물류, 원자재 조달,
    인력 수급 등의 조건이 유사한 지역들이 동일수급권을 형성하며, 대규모 공업지의 경우 전국
    단위까지 확대될 수 있다.

  ② 동일수급권은 유사지역과 인근지역을 포함한 광역적인 범위를 갖는다. 행정구역이나 지리적 경
   계보다 경제적 연계성에 기반한다.

  ③ 동일수급권 내 지역들은 상호 영향을 미치는 관계에 있으며, 대체 · 경쟁관계가 성립하여 가치
   형성에 영향을 미친다.

8. 인근지역의 생애주기

1) 인근지역의 생애주기의 개념

 인근지역의 생애주기는 지역의 형성에서부터 성장, 성숙, 쇠퇴에 이르는 일련의 발전과정을 의미한다.
이는 생태학적 관점에서 부동산이 시간 경과에 따라 노후화되고, 그에 따라 지역 전체가 변화한다는 개
념에 기초한다. 지역은 일정한 패턴에 따라 성장하고 쇠퇴하는 주기적 특성을 보이며, 이러한 생애주기
분석은 장래 지역변화를 예측하는 중요한 도구가 된다.

2) 성장기

 (1) 의의

  성장기는 지역이 처음 형성되어 변화 · 발전하는 시기이다. 신도시와 같이 새롭게 개발되는 경우와
  기존 구도심을 재개발하는 경우 모두 성장기의 특성을 보인다. 이 시기에는 개발 활동이 활발하게
  이루어지며 지역의 인프라가 구축된다.

 (2) 특징

  ① 지가가 지속적으로 상승하며, 입주민들은 대체로 교육수준이 높고 젊은 세대의 비율이 높다. 이
   는 새로운 지역에 대한 기대감과 미래가치에 대한 투자심리가 반영된 결과이다.

  ② 토지에 대한 투기현상이 발생하기 쉽다. 개발 초기 낮은 가격에서 빠른 시간 내 높은 수익을 기대
   할 수 있기 때문에 투자 목적의 토지 매입이 활발하다.

  ③ 개발사업의 단계(계획, 착수, 완성)에 따라 지가가 단계적으로 변동하는 경향이 있다. 특히 개발
   계획 발표 시점, 착공 시점, 준공 시점에서 뚜렷한 가격 상승이 나타난다.

3) 성숙기

 (1) 의의

  성숙기는 개발이 완료되고 지역이 안정화되어 지역의 기능이 자리잡은 시기다. 가용 토지가 더 이상
  없어지면서 지역 성장은 둔화되고 안정단계로 진입한다. 이 시기에는 개발보다 유지 · 관리가 중심
  이 된다.

(2) 특징

① 성숙기간은 지역의 특성(크기, 경제적 수준)에 따라 다양하지만, 일반적으로 20 ~ 25년 정도 유지된다. 이 기간 동안 지역의 특성과 기능이 안정적으로 유지된다.

② 지가가 상대적으로 안정되고 중고부동산 시장이 활성화된다. 신규 개발이 제한적이므로 기존 부동산의 거래가 주를 이룬다.

③ 건축물과 공공시설의 유지상태가 양호하며, 필요시 신속한 수리와 보수가 이루어진다. 지역 관리가 체계적으로 진행되어 전반적인 환경의 질이 유지된다.

④ 주민들의 전출입이 상대적으로 적어 지역 커뮤니티의 안정성이 높다. 이는 지역에 대한 만족도가 높고 정주 의지가 강함을 의미한다.

4) 쇠퇴기

(1) 의의

쇠퇴기는 건물의 경제적 수명이 다하면서 원거주자의 필요를 충족시키지 못하기 시작하는 시기이다. 물리적 노후화와 기능적 진부화가 진행되어 지역 매력도가 감소하기 시작한다.

(2) 특징

① 지역 내 건물들이 점차 노후화되기 시작하며, 경제적 측면에서 새로운 건축의 타당성이 부족해진다. 유지보수 비용은 증가하나 수익성은 저하되는 현상이 나타난다.

② 지가가 하락하기 시작하며 주택시장의 여과과정(필터링 현상)이 발생한다. 경제적 여유가 있는 원주민들은 더 나은 지역으로 이주하고, 상대적으로 소득이 낮은 계층이 유입된다.

③ 부동산 가격은 전반적으로 하락 추세를 보이며, 거래량도 과거에 비해 감소한다. 투자 매력도가 떨어지면서 시장 활력이 저하된다.

5) 천이기

(1) 의의

천이기는 지역이 명백하게 하락세로 전환된 시기이다. 거주자들이 주택을 매각하고 교외로 이주하는 경향이 뚜렷해지며, 주택시장의 여과과정이 본격화된다. 지역은 노후화가 가속화되며 과도기적 특성을 보인다.

(2) 특징

① 지가는 주택시장의 여과과정으로 인한 거래량 증가로 일시적으로 상승할 수 있으나, 과거 성숙기 수준까지는 회복되지 않는다. 이는 실수요보다 대체수요에 의한 일시적 현상이다.

② 지역의 부정적 상태가 시장참여자들에게 널리 인식되며, 금융이용이 제한된다. 대출 승인이 어려워지고 담보가치가 하락하는 현상이 나타난다.

③ 소유자(임대인)가 아닌 임차인에 의한 사용이 증가한다. 자가 소유율이 감소하고 임대차 비율이 증가하면서 지역 커뮤니티의 안정성이 약화된다.

④ 도시재생을 통한 적극적 개입이 없으면 지역은 점차 악화되어 슬럼화로 진행된다. 이 시기가 공공의 개입이 가장 효과적인 시점이다.

6) 악화기

(1) 의의

악화기는 천이기 이후 도시재생이 이루어지지 않아 슬럼화 직전에 이른 단계이다. 가장 노후하고 낙후된 지역 상태로, 물리적 · 사회적 · 경제적 쇠퇴가 심각한 수준에 도달한다.

(2) 특징

① 경제적 여건상 해당 지역에 거주할 수밖에 없는 임차자들만 남게 되며, 입지 조건이 양호한 인근 지역의 인구도 감소하는 현상이 발생한다. 지역 전체의 부정적 이미지가 주변으로 확산된다.

② 토지의 비최유효이용이 증가하며, 공실과 빈집 등이 급증한다. 이는 부동산의 경제적 가치가 현저히 저하되었음을 의미한다.

③ 유지보수 활동이 거의 없어지고 부동산의 가치는 급격하게 하락한다. 이 단계에서는 대규모 공공 개입이나 전면적 재개발 외에는 지역 회생이 어려운 상황에 이른다.

7) 감정평가시 유의사항

(1) 성장기의 경우

성장기에는 지가가 지속적으로 상승하는 특성으로 인해 과거의 거래사례는 새로운 거래의 하한선이 되므로, 거래사례 선정 시 각별히 유의해야 한다. 이 시기에는 대부분의 건물이 신축되어 있어 재조달원가 적용의 신뢰성이 높다는 장점이 있다. 그러나 투기적 성향이 존재할 수 있으므로 사정보정 작업이 중요하며, 향후 수익 상승 정도에 대한 합리적 예측이 감정평가의 정확성을 높이는 핵심 요소가 된다.

(2) 성숙기의 경우

성숙기는 감정평가에 있어 가장 안정적인 시기로, 부동산 거래가 활발하여 사례자료 수집이 용이하다. 가치결정에 필요한 자료(순수익, 재조달원가 등)가 충분히 존재하고 신뢰성도 높아 정확한 평가가 가능하다. 그러나 성숙기는 언제든 쇠퇴기로 전환될 수 있으므로, 쇠퇴기 도래 시기에 대한 예측과 판단이 중요하다. 지역의 노후화 정도, 인프라 상태, 인구 변화 등을 면밀히 관찰하여 지역의 장래 동향을 정확히 예측해야 한다.

(3) 쇠퇴기 · 천이기의 경우

쇠퇴기와 천이기에는 지가가 지속적으로 하락하므로, 과거의 거래는 새로운 거래의 상한선이 된다. 건물의 경제적 수명이 종료 단계에 접어들어 재조달원가 적용의 신뢰성이 떨어지며, 물리적 감가보다 기능적 · 경제적 감가의 영향이 더 크게 작용하므로 관찰감가 적용이 필요할 수 있다. 또한 수익의 급격한 하락에 유의해야 하며, 재건축이나 재개발 가능성을 예측하여 이를 평가에 반영해야 한다. 특히 사업성 검토가 감정평가의 중요한 요소로 부각된다.

9. 지역분석시 유의사항

1) 인근지역의 명확한 경계설정

인근지역 경계설정은 감정평가의 정확성을 결정하는 핵심 과정이다. 인근지역은 대상부동산의 가치형성에 직접적인 영향을 미치는 지역으로, 그 범위는 부동산의 종류와 특성에 따라 달라진다. 따라서 체계적인 자료수집과 정밀한 현장조사를 통해 인근지역의 경계를 명확히 설정해야 한다. 부적절한 경계설정은 사례선정과 가격수준 파악에 오류를 가져와 평가 결과의 신뢰성을 저하시키는 주요 원인이 된다.

2) 일반요인의 지역지향성

일반요인은 부동산의 지역성으로 인해 지역적 제약을 받으며, 지역의 자연적·사회적·경제적·행정적 조건과 결합하여 지역지향성을 갖는다. 같은 일반요인도 지역특성에 따라 그 영향력과 작용방식이 달라지므로, 인근지역 분석 시 일반요인이 해당 지역에서 어떻게 구체화되는지 면밀히 검토해야 한다. 예를 들어, 금리인상 정책이 도심 상업지역과 교외 주거지역에 미치는 영향은 상이하게 나타날 수 있으므로, 지역별 특수성을 고려한 분석이 필요하다.

3) 동태적 분석의 필요성

지역요인과 표준적 이용 및 가격수준은 지역의 사회적·경제적·행정적 변화에 따라 지속적으로 변화한다. 따라서 단편적인 현황 파악에 그치지 않고, 인근지역의 생애주기를 고려하여 시계열적 관점에서 지역의 변화 추이와 발전 단계를 파악하는 동태적 분석이 필수적이다. 과거 데이터 분석을 통해 지역의 변화 패턴을 이해하고, 이를 바탕으로 미래 동향을 예측함으로써 장기적 관점의 가치판단이 가능해진다.

4) 유사지역 및 동일수급권 분석의 병행

인근지역의 상대적 위치와 특성을 정확히 파악하기 위해서는 유사지역과 동일수급권 분석을 병행해야 한다. 인근지역만 독립적으로 분석할 경우, 해당 지역의 강점과 약점, 경쟁력을 객관적으로 평가하기 어렵다. 또한 사례자료의 수집범위를 확장하여 평가의 정확도를 높이기 위해서도 유사지역과 동일수급권에 대한 비교분석이 중요하다. 이를 통해 인근지역의 시장 위치와 발전 가능성을 종합적으로 판단할 수 있다.

5) 부동산시장에 기반한 실증적 자료의 수집과 분석

지역분석의 신뢰성은 실증적 자료에 기반한 객관적 분석에서 비롯된다. 인근지역뿐만 아니라 유사지역과 동일수급권에 대한 구체적인 시장자료(거래사례, 임대료 수준, 공실률, 투자수익률 등)를 체계적으로 수집하고 분석해야 한다. 특히 실제 시장참가자들의 행동패턴과 거래관행을 반영한 실증적 자료가 중요하며, 이론적 가정보다 실제 시장상황에 기반한 분석이 감정평가의 현실 적합성을 높인다.

10. 지역분석과 감정평가의 관계

1) 부동산 가격제원칙과의 관계

(1) 외부측면 원칙과의 관련성

지역분석은 부동산가격제원칙 중 외부측면의 원칙과 밀접한 관련이 있다. 개별분석이 내부측면의 원칙과 관련이 깊은 반면, 지역분석은 적합의 원칙, 외부성의 원칙, 이용의 전환성 원칙 등 외부측면의 원칙과 관련성이 높다. 이는 지역분석이 대상부동산이 속한 지역의 특성과 주변 환경과의 관계를 중점적으로 분석하기 때문이다. 적합의 원칙은 부동산과 외부환경과의 적합성을 분석할 때, 외부성의 원칙은 주변환경이 대상부동산에 미치는 영향을 분석할 때 적용된다.

(2) 변동·예측의 원칙과의 관련성

지역의 특성과 가치형성요인은 시간에 따라 지속적으로 변화한다. 따라서 지역분석 시에는 변동의 원칙을 고려하여 지역의 발전단계와 변화추이를 파악해야 한다. 또한 지역의 장래 동향에 대한 예측이 필요하므로 예측의 원칙도 중요하게 적용된다. 특히 인근지역의 생애주기 분석이나 장래 개발계획 검토에서는 변화에 대한 예측이 핵심적 요소가 된다. 이를 통해 지역의 표준적 이용과 가격수준의 변화 방향을 예측할 수 있다.

(3) 적합의 원칙과의 관련성

지역분석은 대상부동산이 속한 지역의 표준적 이용과 가격수준을 파악하는 작업으로, 적합의 원칙이 지역분석 전반에 걸쳐 중요한 역할을 한다. 적합의 원칙은 부동산이 주변환경과 조화를 이룰 때 최대의 가치를 발휘한다는 원칙으로, 지역의 표준적 이용을 파악하는 과정에서 핵심 기준이 된다. 지역 내 부동산들이 주변환경과 얼마나 적합한 관계를 형성하고 있는지 분석함으로써 지역의 특성과 발전 가능성을 판단할 수 있다.

2) 감정평가 3방식과의 관계

(1) 비교방식

비교방식 적용 시 지역분석 결과는 사례수집 범위 설정의 기준이 된다. 인근지역, 유사지역, 동일수급권에 대한 분석을 통해 적절한 비교사례 선정 범위를 결정할 수 있다. 또한 시점수정 과정에서 지역분석을 통해 파악된 지역의 가격변동 추이가 직접적으로 활용된다. 지역요인 비교 시에는 지역분석에서 도출된 인근지역과 사례부동산이 위치한 지역 간의 특성 차이가 가격조정의 근거가 된다.

(2) 원가방식

원가방식에서 재조달원가는 대상부동산의 최유효이용을 기준으로 산정되는데, 최유효이용은 지역분석에서 파악된 표준적 이용의 영향을 받는다. 또한 경제적 감가 판단 시 지역분석 결과가 중요한 기준이 된다. 지역의 생애주기 단계, 발전 방향, 용도 전환 가능성 등 지역분석에서 파악된 특성들이 경제적 감가의 정도를 결정하는 핵심 요소가 된다. 특히 쇠퇴기나 천이기에 있는 지역의 경우, 경제적 감가의 비중이 커지므로 지역분석의 중요성이 더욱 강조된다.

(3) 수익방식

수익방식 적용 시 지역분석 결과는 수익과 비용 추정의 기초자료가 된다. 지역의 임대료 수준, 공실률, 관리비용 등은 지역분석을 통해 파악되며, 이는 순수익 산정에 직접 활용된다. 또한 환원율 결정 시에도 지역의 안정성, 성장 가능성, 위험도 등 지역분석에서 파악된 특성이 반영된다. 지역의 생애주기 단계에 따라 환원율의 수준이 달라지므로, 정확한 지역분석은 적정 환원율 결정의 핵심 요소가 된다. 이처럼 수익방식의 여러 요소들은 지역분석 결과와 밀접하게 연관되어 있다.

VIII. 개별분석

1. 개별분석의 개념

개별분석은 지역분석에서 판정된 표준적 이용과 가격수준을 기준으로 부동산의 개별성에 근거해 대상부동산의 개별요인을 분석하여 최유효이용과 구체적 가치에 영향을 미치는 정도를 판정하는 작업이다. 지역분석이 거시적 관점에서 지역 전체의 특성을 파악하는 과정이라면, 개별분석은 미시적 관점에서 특정 부동산의 고유한 특성을 분석하는 과정이다. 이를 통해 대상부동산의 최종적인 가치 판단을 위한 구체적인 근거를 마련할 수 있다.

2. 개별분석의 필요성 및 목적

1) 부동산의 개별성

부동산은 개별성을 가지므로, 가치형성이 각 부동산마다 개별적으로 이루어진다. 따라서 정확한 가치 판단을 위해서는 대상부동산만의 고유한 특성을 파악하는 개별분석이 필수적이다. 이러한 개별성은 감정평가의 핵심 전제이며, 개별분석은 이를 실현하는 방법론적 기초가 된다.

2) 가치판단을 위한 최유효이용의 판정

부동산의 가치는 최유효이용을 전제로 형성된다. 최유효이용은 법적 허용성, 물리적 가능성, 재무적 실현 가능성, 최대 수익성 등을 종합적으로 고려하여 판정되는데, 이러한 요소들은 개별부동산마다 다르게 나타난다. 지역분석에서 도출된 표준적 이용은 최유효이용 판정의 방향성을 제시하지만, 최종적인 판정은 대상부동산의 개별적 특성에 대한 분석을 통해 이루어져야 한다. 따라서 최유효이용의 정확한 판정을 위해 개별분석이 필요하다.

3) 구체적 가치에 미치는 영향 분석

부동산의 구체적 가치는 가치형성요인들이 개별부동산에 미치는 영향에 따라 결정된다. 일반요인, 지역요인, 개별요인은 각각의 부동산에 다르게 작용하며, 이러한 영향관계를 정확히 분석하는 것이 감정평가의 핵심이다. 개별분석을 통해 대상부동산에 영향을 미치는 긍정적·부정적 요인들을 식별하고, 그 영향의 정도를 계량화함으로써 구체적인 가치 판단의 근거를 마련할 수 있다. 이는 비교방식, 원가방식, 수익방식 등 모든 감정평가 방법에 적용되는 기본 전제이다.

4) 지역분석과의 Feed-back 관계

지역분석과 개별분석은 상호 보완적인 피드백 관계에 있다. 지역의 표준적 이용은 개별부동산의 최유효이용 결정에 영향을 미치고, 지역의 가격수준은 개별부동산의 구체적 가치 형성에 영향을 준다. 반대로 개별부동산들의 평균적 이용방법과 가격수준이 모여 지역의 표준적 이용과 가격수준을 형성한다. 이러한 상호작용을 통해 두 분석은 서로의 적정성을 검증하고 보완하는 관계에 있으며, 이는 감정평가의 정확성과 신뢰성을 높이는 데 기여한다. 특히 지역 내 이질적 변화가 발생할 때 이 피드백 관계는 더욱 중요해진다.

3. 개별분석의 방법(단계)

1) 대상부동산의 확정

대상부동산을 물리적 범위, 법적 권리관계, 현황, 이용상태 등을 포함하여 명확히 확정한다. 부동산의 어떤 상태를 기준으로 하는지에 따라 최유효이용이 달라지고, 가치형성요인들이 가치에 미치는 영향의 정도가 상이하다. 현황 기준인지 법적 상태 기준인지, 건물이 있는 상태인지 나대지 상태인지, 임대 중인 상태인지 공실 상태인지 등에 따라 분석의 방향과 결과가 달라진다.

2) 개별요인 분석

부동산은 개별성으로 인해 가치형성요인이 각 부동산마다 다르게 영향을 미친다. 대상부동산에 자연적 (지형, 지세, 토질), 사회적(접근성, 편의시설), 경제적(수익성, 비용구조), 행정적(용도지역, 건폐율, 용적률) 요인들이 어떻게 영향을 미치는지 분석한다. 이때 지역시장의 상황과 거래관행에 유의해야 한다. 개별요인 분석을 통해 대상부동산의 특성과 장단점을 파악하여 최유효이용 판정과 가치 결정의 근거를 마련한다.

3) 최유효이용 판정 및 구체적 가치에 미치는 영향의 정도 분석

(1) 최유효이용의 판정

대상부동산의 최유효이용은 지역분석에서 도출된 표준적 이용과 개별분석에서 파악된 특성을 종합하여 판정한다. 법적 허용성, 물리적 가능성, 재무적 실현가능성, 최대 수익성의 네 가지 기준을 순차적으로 적용하여, 이를 모두 충족하면서 최대의 가치를 창출하는 이용방안을 최유효이용으로 판정한다. 이후의 모든 가치판단은 이 최유효이용을 전제로 이루어진다.

(2) 개별부동산의 구체적 가치에 미치는 영향의 정도 분석

가치형성요인들이 개별부동산의 가치에 미치는 영향을 분석한다. 개별요인들이 가치에 긍정적 영향을 미치는지, 부정적 영향을 미치는지, 그리고 그 정도를 판단한다. 이러한 영향 분석은 감정평가 3방식 적용 시 직접 활용된다. 비교방식에서는 사례와의 개별요인 비교에, 원가방식에서는 경제적 감가 판단에, 수익방식에서는 수익 및 비용 추정과 환원율 결정에 각각 반영된다. 개별분석만으로는 구체적인 가치가 도출되지 않으며, 최종 가치 도출은 감정평가방법의 적용을 통해 이루어진다.

4. 개별분석과 지역분석의 관계

1) 개념상 차이

지역분석은 대상부동산이 속하는 지역의 범위를 확정하고 지역요인을 분석하여, 표준적 이용과 가격수준을 파악하는 작업이다. 반면 개별분석은 부동산의 개별성에 근거하여 개별요인을 분석함으로써 최유효이용을 판정하고, 구체적 가치에 영향을 미치는 정도를 분석하는 작업이다. 지역분석이 공간적 범위를 대상으로 한다면, 개별분석은 특정 부동산을 대상으로 하는 점에서 근본적인 개념 차이가 있다.

2) 분석범위의 차이

지역분석은 대상부동산이 속한 지역에 대한 광역적·전체적·거시적 분석으로, 지역 내 부동산의 공통적 특성과 경향을 파악한다. 개별분석은 대상부동산 자체에 대한 개별적·부분적·미시적 분석으로, 특정 부동산만의 고유한 특성을 파악한다. 즉, 지역분석은 전체 지역의 공통적 특성을 대상으로 하는 반면, 개별분석은 특정 부동산의 고유한 특성을 중점적으로 분석하는 차이가 있다.

3) 선후관계

일반적으로 부동산 분석은 지역분석을 먼저 수행한 후, 그 결과를 토대로 개별분석을 진행한다. 지역분석을 통해 파악된 표준적 이용과 가격수준은 개별분석의 방향을 제시하고 기준점을 제공하기 때문이다. 그러나 이는 절대적 순서가 아니며, 상황에 따라 개별분석을 먼저 진행한 후 지역분석으로 확장하는 경우도 있다. 두 분석은 상호보완적 관계로, 분석 과정에서 지속적인 피드백이 이루어진다.

4) 종별과 유형과의 관계

지역분석은 부동산의 종별(용도, 지역)에 따른 지역적 관점에서 표준적 이용과 가격수준을 파악하는 과정이다. 개별분석은 대상부동산의 유형(토지, 복합부동산, 집합건물 등)에 따라 개별부동산의 관점에서 최유효이용을 판정하고 구체적 가치에 미치는 영향을 분석하는 작업이다. 같은 종별이라도 유형에 따라 개별적 특성이 달라지므로, 이 두 분석은 종별과 유형이라는 서로 다른 분류체계와 연관된다.

5) 표준적 이용과 최유효이용의 관계

(1) 일치성 여부

일반적으로 표준적 이용에 적합한 부동산 이용이 최유효이용으로 판정되는 경우가 많다. 그러나 표준적 이용과 최유효이용은 반드시 일치하지 않는다. 최유효이용은 부동산의 개별성에 기초하여 결정되므로, 특수한 상황에서는 지역의 표준적 이용과 다른 이용이 최유효이용이 될 수 있다. 예를 들어, 각지 상업용 토지는 그 입지적 특성으로 인해 주변이 주거지역이더라도 상업적 이용이 최유효이용으로 판정될 수 있다.

(2) 창조적 토지이용

부동산의 개별성 및 용도의 다양성으로 인해 창조적 이용이 지역에 침입하고 계승되는 경우, 새로운 최유효이용 형태가 형성된다. 이러한 변화는 점차 지역 전체로 확산되어 표준적 이용의 변화를 유도한다. 가령, 주거지역에 처음 등장한 소규모 카페가 성공하면서 주변에 유사 업종이 증가하고, 이것이 새로운 상권을 형성하여 지역의 표준적 이용이 변화하는 경우가 이에 해당한다.

(3) Feed-back 관계

지역의 표준적 이용은 최유효이용 결정에 중요한 방향성을 제시하고, 지역의 가격수준은 개별부동산의 구체적 가치형성에 기준점이 된다. 반대로 개별부동산들의 최유효이용과 가격의 평균적 양상이 모여 지역의 표준적 이용과 가격수준을 형성한다. 이처럼 지역분석과 개별분석은 상호 영향을 주고받는 피드백 관계에 있으며, 이러한 상호작용을 통해 부동산 시장의 역동성과 변화 메커니즘을 이해할 수 있다.

5. 개별분석과 감정평가

1) 부동산가격제원칙과의 관계

(1) 내부측면 원칙과의 관련성

개별분석은 부동산가격제원칙 중 내부측면의 원칙과 밀접한 관련이 있다. 지역분석이 적합의 원칙을 비롯한 외부측면의 원칙과 관련이 깊은 반면, 개별분석은 균형의 원칙, 기여의 원칙, 수익체감의 원칙 등 내부측면의 원칙과 관련성이 높다. 이는 개별분석이 대상부동산 자체의 특성과 구성요소 간의 관계를 중점적으로 분석하기 때문이다.

(2) 변동·예측의 원칙과의 관련성

부동산의 가치형성요인은 끊임없이 변동하며, 이에 따라 개별요인도 계속 변화한다. 따라서 개별분석 시에는 변동의 원칙을 고려하여 대상부동산의 개별요인이 시간에 따라 어떻게 변화하는지 파악해야 한다. 또한 과거의 추세와 미래의 동향에 대한 예측이 요구되므로 예측의 원칙도 중요하게 적용된다. 특히 최유효이용 판정과 가치 영향 분석에서는 장래 변화에 대한 예측이 핵심적 요소가 된다.

(3) 최유효이용 원칙과의 관련성

개별분석은 대상부동산의 최유효이용을 판정하여 구체적 가격에 미치는 영향을 분석하는 작업이므로, 최유효이용 원칙은 개별분석 전 과정에 걸쳐 기본 전제로 작용한다. 개별요인 분석 단계에서는 다양한 이용 가능성을 검토하고, 법적 허용성, 물리적 가능성, 재무적 실현가능성, 최대 수익성 기준에 따라 최적의 이용방안을 도출한다. 최유효이용 원칙은 개별분석의 최종 목표인 동시에 감정평가의 기본 전제로서 중심적 역할을 한다.

2) 감정평가 3방식과의 관계

(1) 비교방식

비교방식에서는 대상부동산과 물적 유사성을 갖는 사례를 선정하는 것이 중요하다. 이러한 물적 유사성 판단은 개별분석을 통해 파악된 대상부동산의 특성에 기초한다. 또한 사례부동산과 대상부동산 간의 개별요인 차이를 비교·분석하여 가격조정을 하는 과정에서도 개별분석 결과가 직접적으로 활용된다. 특히 지역요인과 개별요인 비교 시 개별분석에서 도출된 요인별 특성과 영향 정도가 가격조정의 근거가 된다.

(2) 원가방식

원가방식에서 재조달원가는 대상부동산의 최유효이용을 기준으로 산정한다. 따라서 개별분석을 통해 판정된 최유효이용이 재조달원가 산정의 기준이 된다. 또한 감가수정 과정에서 물리적·기능적·경제적 감가 정도를 산정할 때도 개별분석의 결과가 활용된다. 특히 경제적 감가는 부동산과 외부환경과의 관계에서 발생하는 가치 하락으로, 개별분석에서 파악된 대상부동산과 주변 환경과의 적합성 정도가 중요한 판단기준이 된다.

(3) 수익방식

수익방식 적용 시 순수익은 대상부동산의 최유효이용을 기준으로 파악된다. 개별분석을 통해 판정된 최유효이용에 기초하여 예상되는 수익과 비용을 산정하므로, 개별분석 결과는 수익방식의 기초자료가 된다. 또한 환원율 결정 시에도 개별분석에서 파악된 대상부동산의 위험요소와 장래성이 반영된다. 이처럼 수익방식의 모든 요소는 개별분석 결과와 밀접하게 연관되어 있어, 정확한 개별분석이 수익방식의 신뢰성을 높이는 핵심 요소가 된다.

6. 개별분석시 유의사항

1) 대상부동산의 명확한 확정

대상부동산의 물리적 현황뿐만 아니라 법적 권리관계, 이용상태 등을 포함한 정확한 확정이 필요하다. 대상부동산을 어떻게 확정하느냐에 따라 최유효이용의 형태와 개별부동산의 가치에 미치는 영향의 정도가 달라지기 때문이다. 현황과 공부상 내용이 일치하지 않는 경우, 건물이 있는 상태인지 나대지 상태인지, 임대 중인 상태인지 공실 상태인지 등에 따라 분석 결과가 달라질 수 있다. 따라서 관련 자료 검토와 현장조사를 통해 대상부동산에 대한 명확한 확정 작업이 개별분석의 선행조건이다.

2) 동태적 분석의 필요성

부동산의 가치형성요인은 사회적·경제적·행정적 변화에 따라 지속적으로 변동한다. 이에 따라 최유효이용과 구체적 가치에 미치는 영향도 계속 변화한다. 예를 들어, 도시계획의 변경, 교통체계의 개선, 인구구조의 변화 등은 개별부동산의 이용가치와 투자가치에 직접적인 영향을 미친다. 따라서 개별분석은 단순히 현재 상태만을 분석하는 것이 아니라, 시계열적 관점에서 과거의 변화 추이와 미래의 발전 가능성을 포함한 동태적 분석이 필요하다.

3) 최유효이용 판정시 유의사항

개별분석의 중요한 목적 중 하나는 최유효이용의 판정이다. 최유효이용 판정 시 다음 사항에 유의해야 한다.

① 통상의 이용능력을 가진 사람에 의한 이용이어야 한다. 특수한 능력이나 자본력을 가진 사람이 아닌, 일반적인 시장 참여자가 실현 가능한 이용이어야 한다.

② 예측 가능한 이용이어야 한다. 현실적으로 실현 가능성이 높은 이용이어야 하며, 지나치게 투기적이거나 비현실적인 이용은 최유효이용으로 판정해서는 안 된다.

③ 장기적(계속적) 이용이 가능해야 한다. 일시적이거나 단기적 이익만을 추구하는 이용이 아닌, 지속가능한 이용이 최유효이용의 조건이다.

④ 특수상황에서의 최유효이용에 주의해야 한다. 합병이용, 분할이용, 유보이용 등 특수한 상황에서는 일반적인 기준과 다른 최유효이용이 도출될 수 있으므로 신중한 판단이 필요하다.

⑤ 동태적 관점에서 분석해야 한다. 최유효이용은 시간에 따라 변화할 수 있으므로, 현재뿐만 아니라 미래의 변화 가능성까지 고려하여 판정해야 한다.

IX. 화폐·자본시장과 부동산시장의 관계

1. 개설

부동산은 고가성이라는 특성으로 인해 대부분의 거래가 금융을 수반할 수밖에 없는 구조적 특성을 가지고 있다. 이러한 부동산과 금융의 결합은 부동산시장의 효율성과 유동성을 높이는 동시에 금융시장에 새로운 투자처를 제공하는 상호보완적 관계를 형성한다.

2. 금융시장에 대한 이해

1) 금융시장의 개념

금융시장은 자금의 공급자와 수요자 간에 자금 거래(융통)가 이루어지는 시장이다. 금융시장은 거래되는 금융상품의 만기에 따라 크게 화폐시장(단기금융시장)과 자본시장(장기금융시장)으로 구분된다. 이러한 구분은 자금의 용도와 성격, 거래 참여자의 특성에 따른 것이다.

2) 화폐시장과 부동산시장

(1) 화폐시장의 개념

화폐시장은 만기가 1년 미만인 단기 금융상품이 거래되는 시장이다. 주로 기업의 운전자금과 같은 단기자금 조달이 이루어지는 시장으로, 금융기관, 정부, 우량 기업 등 신용도가 높은 거래자들이 일시적인 자금 과부족을 조정하기 위해 이용한다. 이러한 특성으로 인해 화폐시장은 자금 도매시장의 성격을 가진다. 주요 화폐시장 상품으로는 콜론/콜머니, 기업어음(CP), 양도성예금증서(CD), 상업어음, 환매조건부채권(RP) 등이 있다.

(2) 부동산시장과의 관계

① 부동산시장 자금의 공급처

화폐시장은 부동산 시장에 직접적으로 자금을 공급해 주는 역할을 한다. 부동산은 고가성으로 인해 거래 시 많은 수요자들은 화폐시장에서 거래에 필요한 자금을 융통받게 된다. 합리적인 투자자라면 화폐시장의 이자율보다 부동산의 투자로 인한 투자수익률이 높다면 자금을 융통하여 부동산 시장에 투자를 할 것이다.

② 이자율

기준금리의 변동으로 인해 화폐시장의 이자율이 변동하면 부동산 시장에서는 이러한 이자율의 변동에 따라 상대적인 투자수익률이 변화하고 부동산은 다른 대체가능한 투자상품들과 상대적인 위치를 통해 투자가치나 투자수익률이 결정된다. 즉, 금리가 인상이 된다면 화폐시장에서 이자율이 상승할 것이고 이자율의 상승분을 상회하는 투자수익률을 창출하는 부동산을 제외하고는 투자대상으로서 매력을 잃게 된다.

3) 자본시장과 부동산시장

(1) 자본시장의 개념

자본시장은 기업의 창설, 확장 등 장기 투자를 위한 자금 조달이 이루어지는 시장이다. 일반적으로 만기가 1년 이상인 장기금융상품이 거래되므로 장기금융시장이라고도 한다. 자본시장은 기업의 일상적 운영자금을 조달하는 화폐시장과 달리, 설비투자나 부동산 개발과 같은 장기 프로젝트 자금을 조달하는 데 중점을 둔다. 자본시장의 주요 상품으로는 주식, 회사채, 국채, 지방채 등이 있으며, 금융기관의 장기대출과 부동산 담보대출도 넓은 의미에서 자본시장에 포함된다.

(2) 부동산시장과의 관계

① 대체 · 경쟁관계

부동산은 영속성을 가지는 재화로서 자본시장에서 거래되는 주식, 사채, 국공채, 예금 등의 투자상품들과 경쟁관계를 가진다. 이러한 경쟁 속에서 부동산은 다른 대체가능한 투자상품들과 상대적인 위치를 가지게 되며 이를 통해 투자가치나 투자수익률이 결정된다. 부동산의 수익률로서 환원율은 자본시장과 대체 · 경쟁관계를 통해 결정된다.

② 이자율

금리는 자본시장에 있어서의 수익률의 지표 역할을 한다. 따라서 금리의 인상은 다른 대체 · 경쟁자산의 수익률을 상승시키며, 부동산의 상대적인 투자수익률의 하락을 의미한다. 즉, 이자율의 변동은 부동산의 수요(보유)비용과 공급(개발)비용에 영향을 미치며 이에 따라 다른 대체 투자자산에 자금이 이동하도록 유도할 수 있다.

3. 금리와 부동산시장

1) 금리의 개념

금리는 화폐에 대한 수요와 공급을 통해 결정되는 화폐의 가격으로, 자금을 빌려주거나 대출받을 때 발생하는 이자율을 나타내는 지표이다. 이는 자금의 시간가치를 반영하는 척도이며, 금융시장에서 자금의 배분과 흐름을 결정하는 중요한 메커니즘이다. 부동산은 고가성으로 인해 대부분의 거래가 금융을 수반하므로, 부동산 시장의 수요와 공급은 금융시장에서 결정되는 금리 수준에 크게 영향을 받는다.

2) 단기금리와 장기금리

금리는 금융시장의 분류에 따라 구분된다. 화폐시장(단기금융시장)에서 결정되는 금리를 단기금리라 하고, 자본시장(장기금융시장)에서 결정되는 금리를 장기금리라고 한다. 일반적으로 금융상품의 만기가 길수록 불확실성과 위험이 증가하기 때문에, 투자자들은 장기 투자에 대해 더 높은 수익률을 요구한다. 이러한 위험 – 수익 상충관계로 인해 정상적인 경제 상황에서는 장기금리가 단기금리보다 높게 형성되는 우상향 수익률 곡선이 나타난다.

부동산 금융에서는 단기금리와 장기금리가 각각 다른 영향을 미친다. 단기금리는 주로 부동산 개발 단계의 건설자금 대출이나 브릿지론(Bridge Loan)과 같은 단기 자금조달 비용에 영향을 미치며, 장기금리는 주택담보대출이나 상업용 부동산 모기지와 같은 장기 금융상품의 이자율에 영향을 준다.

3) 금리와 부동산시장의 관계

금리는 부동산시장과 금융시장을 직접적으로 연결하는 매개체 역할을 한다. 이 관계는 크게 세 가지 측면에서 설명할 수 있다.

① 금리는 부동산 구매력에 직접적인 영향을 미친다. 부동산 거래는 자본시장에서 얼마만큼 담보대출을 받을 수 있는지, 얼마나 쉽게 이용할 수 있는지, 대출 비용은 얼마나 저렴한지 등에 따라 크게 좌우된다. 금리가 하락하면 동일한 원리금상환액으로 더 많은 금액을 대출받을 수 있어 부동산 구매력이 증가하고, 이는 부동산 수요 증가로 이어져 가격 상승 압력을 가져온다.

② 금리는 부동산 개발 및 공급에 영향을 미친다. 부동산 개발(건축)에 필요한 자금은 주로 화폐시장에서 단기·중기 금융상품을 통해 조달된다. 이러한 금융상품의 비용은 금리에 기초하여 결정되므로, 금리 변동은 개발 비용과 공급 속도에 직접적인 영향을 미친다. 금리 상승은 개발 비용을 증가시켜 신규 공급을 제한하는 요인이 된다.

③ 금리는 투자자산으로서 부동산의 상대적 매력도에 영향을 준다. 투자시장의 일부인 부동산 시장은 예금, 채권, 주식 등 다른 투자자산과 대체·경쟁관계에 있다. 금리 상승으로 금융상품의 상대적 수익률이 높아지면, 부동산 투자의 할인율(환원율)도 높아져 부동산 가격이 하락하는 경향이 있다. 반대로 금리 하락 시에는, 다른 투자자산의 수익률이 낮아져 상대적으로 부동산 투자의 매력이 증가하고, 이는 부동산 가격 상승으로 이어질 수 있다.

4. 부동산자산시장과 자본시장의 통합화

1) 개념

부동산자산시장과 자본시장의 통합화는 부동산이 독립적인 투자 자산군이 아닌 금융시장의 한 부분으로 기능하는 현상을 의미한다. 전통적으로 부동산은 물리적 특성과 낮은 유동성으로 인해 자본시장과 분리된 형태로 운영되었으나, 최근 금융화 과정을 거치면서 두 시장 간의 경계가 점차 희미해지고 있다.

2) 통합화 촉진요인

① 부동산 유동화 증권(ABS, MBS) 및 리츠(REITs)와 같은 금융상품의 도입을 통해 부동산 투자에 대한 접근성이 확대되었다. 이를 통해 부동산이 직접 투자에서 간접 투자 형태로 전환되며, 금융시장에서 거래되는 자산으로 기능하게 되었다.

② 글로벌화와 금융 자유화로 인해 기관투자자 및 해외 자본의 부동산시장 유입이 증가하면서, 부동산의 가치평가 및 수익구조가 전통적인 금융자산과 유사한 방식으로 변화하고 있다.

③ 금리, 환율, 인플레이션과 같은 거시경제 변수와 부동산 시장 간의 연계성이 강화됨에 따라 부동산이 자산배분(portfolio allocation)의 주요 요소로 자리 잡게 되었다.

3) 통합화 현상의 위험성 및 대책방안

부동산과 자본시장의 통합화 현상은 2008년 미국 서브프라임 모기지(Sub-prime Mortgage) 사태를 통해 그 위험성을 극명하게 보여주었다. 당시 연방준비제도이사회(FRB)는 부동산 시장의 과열과 인플레이션을 억제하기 위해 기준금리를 급격히 인상하였고, 이에 따라 신용등급이 낮은 대출자(sub-prime borrowers)를 대상으로 한 주택담보대출의 연체율이 급등하였다. 이로 인해 해당 대출을 기초자산으로 발행된 주택저당증권(MBS) 및 자산유동화증권(ABS)의 가치가 급락하였으며, 이를 보유한 금융기관들이 대규모 부실을 떠안게 되었다. 결국 금융권의 연쇄 부도와 유동성 경색으로 인해 글로벌 금융위기로 확산되었다. 이는 부동산시장의 증권화가 부동산과 자본시장을 긴밀히 연결하며, 금융시장 불안이 부동산시장에 미치는 영향 또한 확대될 수 있음을 보여주는 사례라 할 수 있다.

따라서 부동산 투자자는 자본시장과의 상관관계를 고려한 포트폴리오 전략을 수립해야 하며, 금융당국은 시스템 리스크를 완화하기 위한 규제 및 모니터링을 강화할 필요가 있다. 특히, 부동산 증권화 상품의 위험성을 평가하고, 금융시장과 부동산시장 간의 균형 있는 발전을 유도하는 정책적 노력이 요구된다.

1. 개념

부동산 금융상품은 부동산을 기초자산으로 하여 금융시장에서 거래되는 상품을 의미하며, 투자자의 자금조달 방식 및 투자 목적에 따라 다양한 형태로 구분된다.

2. 부동산 유동화 증권(MBS, ABS)

① **주택저당증권(Mortgage-Backed Securities, MBS)**: 주택담보대출(모기지)을 기초자산으로 하여 발행된 증권이다. 금융기관이 대출 채권을 유동화하여 증권화함으로써, 투자자들은 대출 원리금 상환을 통해 수익을 얻을 수 있다. 대표적으로 미국의 서브프라임 모기지 사태에서 문제된 증권이 MBS였다.

② **자산유동화증권(Asset-Backed Securities, ABS)**: 부동산 외에도 다양한 자산(예 자동차 대출, 신용카드 대출 등)을 담보로 발행되는 유동화 증권이다. 부동산과 관련하여 상업용 부동산을 담보로 한 CMBS(Commercial Mortgage-Backed Securities)도 ABS의 한 유형으로 볼 수 있다.

3. 부동산투자신탁(REITs)

부동산투자신탁(Real Estate Investment Trusts, REITs)은 투자자로부터 자금을 모아 부동산을 매입·운영하거나, 부동산 관련 증권에 투자하여 수익을 배당하는 형태의 금융상품이다.

REITs는 상장되어 주식처럼 거래되는 경우가 많으며, 소액투자로 부동산 간접투자가 가능하다는 장점이 있다. 유형에 따라 지분형(Equity REITs)과 저당형(Mortgage REITs)으로 나뉜다.

① **지분형 REITs**: 부동산을 직접 소유하고 운영하며, 임대수익과 매각차익을 통해 수익을 창출한다.

② **저당형 REITs**: 부동산 담보대출이나 MBS에 투자하여 이자 수익을 얻는다.

4. 부동산펀드(Real Estate Fund)

투자자의 자금을 모아 부동산 또는 부동산 관련 유가증권에 투자하는 펀드이다.

공모형 부동산펀드는 다수의 투자자가 참여할 수 있으며, 사모형 부동산펀드는 소수의 기관투자자 및 고액자산가를 대상으로 운영된다.

펀드의 투자 전략에 따라 개발형, 임대형, 혼합형 등으로 구분될 수 있다.

5. 프로젝트 파이낸싱(PF, Project Financing)

특정 부동산 개발사업을 대상으로 자금을 조달하는 금융 방식이다.

사업의 미래 현금흐름을 담보로 대출이 이루어지며, 부동산 시행사 및 시공사의 신용보다는 프로젝트 자체의 사업성이 중요한 요소가 된다.

PF 대출이 과도하게 이루어질 경우 부동산 경기 침체 시 금융시장 리스크로 작용할 수 있다.

6. 부동산 파생상품(Real Estate Derivatives)

부동산 가격 변동성에 따라 수익이 결정되는 금융상품으로, 선물, 옵션, 스왑 등의 형태로 거래된다.

대표적으로 부동산 가격지수 연계 상품(예 Case-Shiller Home Price Index 선물)이 있으며, 이를 통해 투자자들은 부동산 시장 변동성을 활용한 헤징(hedging) 및 투기 거래가 가능하다.

7. 부동산 담보 대출(Mortgage Loans)

부동산을 담보로 제공하고 금융기관에서 대출을 받는 방식이다.

일반 가계대출(주택담보대출)뿐만 아니라, 기업 및 개발사업을 위한 상업용 부동산 담보대출도 포함된다.

금리 변동에 따라 부동산 시장에 큰 영향을 미칠 수 있으며, 대표적인 예로 서브프라임 모기지 사태에서 신용등급이 낮은 차주를 대상으로 한 고위험 대출이 문제가 된 바 있다.

5. 디파스퀠리 · 위튼(DW) 4사분면모형 분석

1) DW모형의 개념

디파스퀠리 · 위튼(DiPasquale · Wheaton; DW) 4사분면 모형은 부동산의 공간시장과 자산시장 간의 상호작용을 통해 임대료, 자산가격, 신규건설, 공간재고라는 4개 핵심 변수가 장 · 단기간에 걸쳐 내생적으로 결정되는 메커니즘을 기하학적으로 설명하는 모형이다. 이 모형은 부동산시장의 복잡한 작동원리를 단순화하여 직관적으로 이해할 수 있게 해주며, 거시경제 변화가 부동산시장에 미치는 영향을 분석하는데 유용한 도구가 된다.

DW모형에 따르면 임대료와 공간재고는 공간시장의 핵심 요소이면서 동시에 자산시장에서의 가격 형성과 신규 건설량 결정에 유기적인 영향을 미친다. 이러한 상호작용은 부동산시장 전체의 동태적 균형 메커니즘을 형성한다.

2) 공간시장과 자산시장의 개념

부동산시장은 크게 공간시장(Space Market)과 자산시장(Asset Market)으로 구분할 수 있다.

공간시장은 부동산을 사용하려는 목적으로 형성된 시장으로, 부동산의 점유와 임대가 주로 이루어진다. 이 시장에서는 입지, 면적, 시설 등 부동산의 물리적 특성과 사용가치가 중요하게 평가되며, 실수요자와 임차인이 주요 참여자가 된다. 공간시장의 균형은 단기적으로 임대료 수준으로 나타난다.

자산시장은 부동산을 투자자산으로 보유하려는 목적으로 형성된 시장으로, 부동산의 매입, 매각, 교환 등이 이루어진다. 이 시장에서는 부동산이 창출하는 현금흐름의 현재가치와 미래가치가 중요하게 평가되며, 투자자와 개발업자가 주요 참여자가 된다. 자산시장의 균형은 부동산 가격과 신규 건설량으로 나타난다.

두 시장은 상호 연결되어 있어 공간시장에서 형성된 임대료는 자산시장의 가격 형성에 영향을 미치고, 자산시장에서의 개발 결정은 다시 공간시장의 공급량에 영향을 준다.

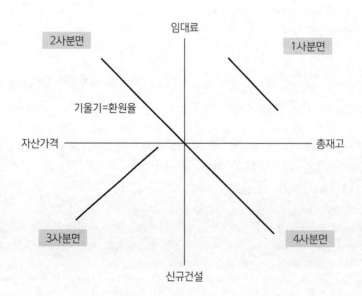

3) 각 분면의 의미

(1) 1사분면(공간시장, 임대료결정)

1사분면은 공간시장에서의 단기적 균형을 나타내며, 임대료가 결정되는 메커니즘을 보여준다. 가로축은 부동산 공간의 물리적 재고량(S)을, 세로축은 공간단위당 연간 임대료(R)를 나타낸다. 이 분면에서 수요곡선(D)은 하향 기울기를 가지며, 임대료가 낮을수록 더 많은 공간이 수요됨을 의미한다. 수요곡선의 위치는 고용, 소득, 인구 등 경제적 기초여건에 따라 결정된다. 공간재고는 단기적으로 고정되어 있으므로 수직선으로 표시된다. 수요곡선과 공간재고선의 교차점에서 균형임대료가 결정된다. 경제 성장, 인구 증가 등으로 수요가 증가하면 수요곡선이 우측으로 이동하여 동일한 공간재고 하에서 임대료가 상승하게 된다.

(2) 2사분면(자산시장, 가격결정)

2사분면은 자산시장에서의 단기적 균형을 나타내며, 부동산 가격이 결정되는 메커니즘을 보여준다. 가로축은 부동산 자산가격(P)을, 세로축은 1사분면에서 결정된 임대료(R)를 나타낸다. 이 분면에서 원점에서 시작하는 직선은 자본환원율(Cap Rate, i)을 나타내며, 이는 $P = R/i$ 관계로 표현된다. 자본환원율은 투자자들이 부동산 자산을 보유하기 위해 요구하는 기대수익률로, 위험 프리미엄, 장기 국채금리 등 외생적 요인에 의해 결정된다. 1사분면에서 결정된 임대료(R)가 자본환원율(i)에 의해 자산가격(P)으로 전환되는 과정을 보여준다. 임대료가 상승하거나 자본환원율이 하락하면 부동산 가격은 상승하게 된다.

(3) 3사분면(자산시장, 건설)

3사분면은 자산시장에서의 장기적 균형을 나타내며, 신규 건설량이 결정되는 메커니즘을 보여준다. 가로축은 연간 신규 건설량(C)을, 세로축은 2사분면에서 결정된 자산가격(P)을 나타낸다. 이 분면에서 건설곡선(또는 재조달원가 곡선)은 우하향 형태를 가지며, 부동산 가격과 신규 건설량 간의 관계를 보여준다. 건설곡선은 가격축의 원점에서 일정 거리 떨어진 지점(f)에서 시작하는데, 이는 부동산 가격이 일정 수준 이하로 떨어지면 신규 건설이 이루어지지 않음을 의미한다.

부동산 가격이 상승하면 개발업자들은 이윤 극대화를 위해 더 많은 신규 건설을 진행한다. 건축비용 상승이나 규제 강화와 같은 공급 측 요인의 변화는 건설곡선을 이동시켜 동일 가격 수준에서 신규 건설량을 변화시킨다.

(4) 4사분면(공간시장, 재고량 조절)

4사분면은 공간시장에서의 장기적 재고량 조정과정을 나타낸다. 가로축은 1사분면의 공간재고량(S)을, 세로축은 3사분면에서 결정된 연간 신규 건설량(C)을 나타낸다. 이 분면에서는 부동산 재고량의 변화를 설명한다. 부동산의 공간재고는 단기적으로는 고정되어 있지만, 장기적으로는 신규건설을 통해 증가하고 감가상각이나 멸실을 통해 감소한다. 재고변화는 다음과 같은 공식으로 표현된다: $\Delta S = C - \delta S$(여기서 δ는 감가상각률). 4사분면은 3사분면에서 결정된 신규 건설량이 어떻게 공간시장의 전체 재고량에 반영되는지 보여주는 중요한 연결고리이다. 만약 신규 건설량이 감가상각량을 초과하면 공간재고는 점차 증가하게 되고, 이는 다시 1사분면으로 연결되어 임대료 하락 압력으로 작용하게 된다. 반대로 신규 건설량이 감가상각량보다 적다면 공간재고는 점차 감소하여 임대료 상승 압력이 발생한다.

4) 디파스퀠리 · 위튼(DW) 4사분면 모형의 분석방법

DW 4사분면 모형은 부동산시장의 균형이 형성되는 과정을 순환적으로 분석한다. 이 모형은 각 분면에서 결정된 변수가 다음 분면으로 이어지는 연쇄적 관계를 통해 전체 시장의 균형 메커니즘을 보여준다. 분석은 보통 1사분면에서 시작된다. 공간시장에서 현재의 공간재고와 수요가 만나는 지점에서 균형임대료가 결정된다. 이렇게 결정된 임대료는 2사분면으로 이동하여, 투자자들의 요구수익률(자본환원율)에 의해 자산가격으로 전환된다. 자산가격은 3사분면으로 이동하여 신규건설량 결정에 영향을 미친다. 부동산 개발에는 상당한 시간이 소요되므로, 이 과정은 장기균형을 의미한다. 마지막으로 4사분면에서는 3사분면에서 결정된 신규건설량과 기존 재고의 감가상각(멸실)량을 비교하여 재고량의 변화를 분석한다. 장기균형에서는 신규건설량과 감가상각량이 일치하여 재고량이 일정하게 유지된다.

5) 4사분면모형의 유용성 및 한계

(1) 유용성

① 공간시장과 자산시장의 유기적 연관성을 명확히 보여준다. 두 시장이 어떻게 상호작용하며 부동산의 임대료, 가격, 신규공급, 재고량이 결정되는지를 종합적으로 이해할 수 있게 한다.

② 비교정태분석을 통해 외부환경 변화의 영향을 체계적으로 분석할 수 있다. 예를 들어, 경제성장에 따른 공간수요 증가, 금리변동에 따른 자본환원율 변화, 규제정책 변화에 따른 공급조건 변화 등이 부동산시장 전체에 미치는 영향을 논리적으로 추적할 수 있다.

③ 자본시장과 부동산시장의 연계성을 분석하는 데 효과적이다. 자본환원율 변화가 부동산 가격과 공급에 미치는 영향을 명확히 보여줌으로써, 금융환경 변화가 부동산시장에 어떻게 파급되는지 이해하는 데 도움이 된다.

④ 모형의 단순성과 직관성이 높다. 복잡한 수학적 모형 없이도 기하학적 접근을 통해 부동산시장의 작동원리를 이해하기 쉽게 설명한다.

(2) 한계

① 장기균형 도출 과정에서 시행착오가 필요하다. 그래프를 통한 장기균형점 찾기는 여러 번의 반복적인 조정과정을 거쳐야 하므로 실용적 측면에서 한계가 있다.

② 비교정태분석의 한계로 인해 조정과정의 역동성을 보여주지 못한다. 시간의 흐름에 따른 변화과정과 중간 단계의 특징들을 파악하기 어려우며, 균형 상태만을 비교하는 데 그친다. 이러한 한계를 극복하기 위해서는 동태적 분석의 보완이 필요하다.

③ 자본환원율을 외생변수로 가정한다는 한계가 있다. 현실에서 자본환원율은 부동산시장 자체의 특성과 변화에 영향을 받아 내생적으로 결정되는 측면이 있으나, 모형에서는 이를 반영하지 못한다.

④ 시장참여자들의 기대와 공실률과 같은 중요 변수를 명시적으로 고려하지 않는다. 부동산 가격 변동에 대한 기대와 실제 공실 상황은 시장에 중요한 영향을 미치지만, 기본 모형에서는 이러한 요소들이 생략되어 있다.

⑤ 모든 부동산이 동질적이라고 가정한다. 실제 부동산시장은 지역, 용도, 품질 등에 따라 세분화되어 있으나, 모형에서는 이러한 이질성을 반영하지 못한다.

제4장

감정평가론

제4장 감정평가론

I. 감정평가의 개념

1. 감정평가 개념의 범위에 대한 논의

1) 개설

감정평가의 개념 범위는 학계와 실무에서 다양하게 해석된다. 이러한 논의는 감정과 평가의 관계성 측면과 컨설팅 등 확장된 업무영역 포함 여부를 중심으로 전개된다. 이는 단순한 이론적 논쟁을 넘어 감정평가 업무의 다변화에 따른 실무적 대응 필요성에서 중요한 의미를 갖는다.

2) 일원설

감정과 평가는 논리적으로는 구분될 수 있으나 실무적 행위로는 하나의 연속된 과정이다. 일원설에 따르면 감정은 평가의 선행과정으로서 두 개념을 분리할 실익이 없다고 본다. 가치판단과 화폐액 표시는 본질적으로 분리될 수 없는 통합된 업무과정이라는 입장이다. 따라서 감정평가라는 용어는 실무에서 하나의 통합된 행위를 지칭하는 것으로 보는 것이 타당하다.

3) 이원설

이원설은 감정과 평가를 상호 구분되는 독립적 개념으로 본다. 이 관점에서 감정은 부동산의 상태, 품질, 사실관계 등 가치판정의 과정이며, 평가는 감정 결과를 토대로 화폐가치로 표시하는 작업이다. 두 과정은 목적과 방법론에서 명확히 구분되므로 분리가 필요하다는 견해이다. 이원설은 감정 과정의 독립성과 전문성을 강조하며, 논리적 명확성을 중시한다.

4) 삼원설

삼원설은 감정과 평가를 구분할 뿐만 아니라 'EVALUATION'이라는 더 포괄적인 개념을 추가한다. 이 관점에서는 부동산의 가격판단을 위한 진위조사와 가치추계 외에도 입지분석과 최유효이용분석까지 감정평가의 본질적 영역으로 간주한다. 특히 미국의 통일감정평가기준(USPAP)에서 제시하는 감정컨설팅 개념은 기존의 감정평가 범위를 크게 확장한다. 감정컨설팅은 부동산의 활용가능성 분석, 개발사업의 경제적 타당성, 시장성 및 투자수익 분석, 토지이용계획 수립, 종합개발계획 자문, 특수목적 가치산정 등을 포함하는 광범위한 전문영역이다. 이처럼 감정평가 개념을 단순한 가격산정에서 종합적 컨설팅으로 확장하는 것은 평가이론의 심화발전과 전문가의 역량강화에 긍정적 영향을 준다.

5) 소결

감정평가의 개념을 단순 가격산정에 국한하지 않고 종합적 컨설팅까지 확장하는 관점은 평가이론의 발전과 전문평가인의 역량 강화에 기여한다. 이는 시장 변화에 따른 감정평가 수요 다변화에 적극적으로 대응하는 실무적 접근이다. 따라서 감정평가 개념의 범위에 대한 논의는 단순한 이론적 구분을 넘어 감정평가사의 업무 영역과 전문성 확대라는 실무적 함의를 갖는다.

2. 감정평가의 기능

1) 정책적 기능

감정평가의 정책적 기능이란 국민 재산권의 경제적 가치를 측정함으로 부동산 및 각종 과세행정의 효율적 수행을 지원하는 것을 말한다. 감정평가의 결과는 효율적인 부동산정책의 수립과 집행을 가능하게 한다. 또한 공익사업 수용 등으로 인한 손실 보상시 정당보상 가치를 측정하고, 국민의 재산권에 따른 적정한 세금을 부과하는 등 과세행정을 지원한다.

(1) 부동산의 효율적 이용과 관리

감정평가는 부동산의 최유효이용 원칙에 따라 가치를 평가하므로 자원의 효율적 배분과 관리를 유도한다. 감정평가 과정에서 수행되는 지역분석, 입지분석, 사업성 분석 등은 해당 부동산의 잠재적 가치와 활용 방안을 제시한다. 이러한 정보는 토지이용계획 수립, 도시개발사업 추진, 부동산 투자결정 등에 중요한 지표로 활용되어 국토의 효율적 이용에 기여한다.

(2) 적정한 가격형성 유도

부동산 시장은 완전경쟁시장이 아니므로 정보의 비대칭성, 거래 빈도의 제한, 부동산의 개별성 등으로 인해 가격 왜곡이 발생할 수 있다. 전문적이고 객관적인 감정평가액은 시장참여자에게 합리적인 가격정보를 제공함으로써 비정상적 가격형성을 억제하고 적정 가격 형성을 유도한다. 이는 부동산 시장의 안정화와 투명성 제고에 기여한다.

(3) 공평과세 및 과세의 합리화

감정평가사가 평가하는 표준지공시지가, 표준주택가격 등은 재산세, 종합부동산세, 양도소득세 등 각종 조세의 과세기준이 된다. 객관적이고 공정한 감정평가를 통해 재산가치에 비례하는 적정한 세금 부과가 가능해져 과세 형평성이 확보된다. 이는 국민의 조세부담 형평성을 높이고 조세행정의 합리화에 기여한다.

(4) 손실보상의 적정화

공익사업을 위한 토지 등의 수용 시 재산권 침해에 대한 정당한 보상은 헌법적 요청이다. 감정평가는 수용 대상 부동산의 객관적 가치를 산정함으로써 정당보상의 실현에 기여한다. 공정하고 전문적인 감정평가를 통해 산정된 보상액은 재산권 보호와 공익사업의 원활한 추진 사이의 균형을 이루는 데 필수적 역할을 한다.

2) 경제적 기능

감정평가의 경제적 기능이란 전문적이고 객관적인 가치평가를 통해 불완전경쟁시장인 부동산시장의 구조적 결함을 보완하여 자원의 효율적 배분과 경제적 유통질서 확립에 기여하는 것이다. 감정평가는 부동산 개발, 매매, 투자, 금융 등 다양한 부동산 활동에서 합리적 의사결정의 기준을 제시하고, 이해관계자 간 발생하는 대립을 공정하고 객관적인 가치판단으로 해소하는 역할을 수행한다.

(1) 부동산 자원의 효율적 배분

부동산시장은 부동산의 특수성으로 인해 일반재화와는 달리 불완전한 시장을 형성한다. 감정평가사는 이러한 불완전시장에서 정보의 비대칭성을 해소하고 적정한 균형가격을 제시함으로써 시장기능에 의한 부동산 자원의 효율적 배분을 촉진한다. 이는 경제 전체의 자원배분 효율성을 높이고 사회적 후생을 증진시키는 데 기여한다.

(2) 부동산 의사결정의 판단기준 제시

감정평가 결과는 부동산 개발계획의 경제적 타당성을 검증하고, 매매·임대·투자·금융 등 다양한 부동산 활동에서 의사결정의 합리적 기준을 제공한다. 부동산 가치에 대한 전문적 분석은 시장참여자의 위험을 감소시키고 합리적 선택을 가능하게 함으로써 거래비용을 절감하고 시장 효율성을 높인다.

(3) 거래질서의 확립과 유지

감정평가사가 제시하는 공정하고 객관적인 가격 정보는 부동산 거래활동을 합리적이고 효율적으로 수행하도록 유도한다. 이는 부동산 시장의 투명성을 제고하고 불공정 거래행위를 억제함으로써 건전한 거래질서 확립과 유지에 기여한다. 특히 부동산 거래 과정에서 발생할 수 있는 정보 왜곡과 가격 불확실성을 감소시켜 시장 안정화에 기여한다.

(4) 이해관계의 조정

감정평가는 부동산 거래·개발·이용 과정에서 발생하는 상반된 이해관계를 제3자의 객관적 입장에서 합리적으로 조정하는 기능을 수행한다. 매도인과 매수인, 임대인과 임차인, 채권자와 채무자, 개발자와 지역사회 등 다양한 이해관계자 간의 갈등을 중립적이고 전문적인 가치판단으로 해소함으로써 거래 성립을 원활히 하고 사회적 비용을 감소시킨다.

3. 감정평가의 필요성(목적)

1) 부동산 특성으로 인한 시장의 불완전성으로 인한 문제의 해결

부동산은 비이동성으로 인해 시장이 국지적으로 형성되고, 부증성으로 인해 공급의 탄력성이 낮으며, 개별성으로 인해 대체재 선택이 제한된다. 이러한 고유 특성은 일물일가의 법칙이 성립하기 어렵게 만들고 수요공급에 따른 적정 균형가격 형성을 방해하여 가격 왜곡과 자원배분의 비효율을 초래한다. 감정평가는 이러한 불완전시장의 한계를 극복하기 위해 가치의 3면성을 종합적으로 고려한 균형가격을 제시함으로써 시장 참여자의 합리적 의사결정을 가능하게 한다.

2) 부동산 가치형성의 복잡성 및 변동성으로 인한 의사결정의 기준 제시

부동산 가치는 자연적·사회적·경제적·행정적 요인의 상호작용으로 형성되며 지속적으로 변동한다. 이러한 복합적 가치형성과정은 일반 시장참여자가 파악하기 어려워 정보 비대칭과 의사결정 오류가 발생한다. 감정평가사는 전문지식으로 가치형성과정을 체계적으로 분석하여 공정하고 중립적인 가액을 산정함으로써 합리적 의사결정의 기준을 제시한다.

3) 시장의 거래질서 및 효율성 개선

부동산은 시장의 불완전성과 거래의 비공개성이라는 특징을 갖는다. 이로 인해 거래당사자 간 특수한 사정이 개입되기 쉽고, 비정상적 거래가 발생하여 가격정보 왜곡과 시장 불신이 생긴다. 결과적으로 건전한 거래질서 형성이 어렵고 시장의 효율성이 저하된다. 감정평가는 객관적인 가치 결론을 제시함으로써 가격정보의 신뢰성을 높이고, 투명한 거래환경 조성에 기여한다.

4) 실거래가 제도의 한계 보완

실거래가 신고제도 상 거래당사자의 특별한 사정이나 비정상적 거래조건을 반영하지 않을 수 있어 시장가치와 괴리된 정보가 생성된다. 감정평가는 실거래 사례를 분석할 때 특수한 사정, 비정상적 거래조건,

시간경과에 따른 가격변동을 보정하거나 배제함으로써 실거래가 제도의 한계를 보완한다. 이를 통해 더 정확한 가치판단이 가능해지고 부동산 정책의 효과성이 향상된다.

4. 감정평가의 사회성 및 공공성

1) 부동산의 사회성과 공공성

부동산은 인간생활의 필수재로서 소유자뿐 아니라 사회 전체에 직·간접적 영향을 미친다. 일반재화와 달리 부동산은 높은 사회성과 공공성을 지니며, 이를 평가대상으로 하는 감정평가 역시 필연적으로 사회성과 공공성을 갖는다.

구체적으로 부동산은 ① 국가의 구성요소(국토)로서 사회성과 공공성을 가진다. ② 자연의 한 부분으로서 생활에 지대한 영향을 미치게 되는바 높은 사회성과 공공성을 가진다. ③ 부동산은 생산을 위한 요소이나, 부증성에 의해 공급에 한계가 존재한다. 따라서 한정된 자원을 최유효이용에 할당할 필요성이 존재하며, 이를 강제해야 하는 사회성과 공공성이 큰 자산이다. ④ 부동산은 국가재산의 대부분을 차지하고 있으며 생산과 소비의 역할 등을 수행하는바 국가 경제에 큰 역할을 차지하고 있는 자산이다. 특히 우리나라는 부동산의 중심으로 한 경제구조를 가지는바 사회성과 공공성이 강조된다.

2) 사회적(공공적)인 감정평가의 필요성

부동산은 가치형성과정의 복잡성과 변동성, 불완전한 시장구조로 인해 적정 균형가격의 형성이 어렵다. 또한 국가와 사회구성원의 핵심 자산으로서 합리적 거래와 이용을 위한 객관적 가치기준이 필요하다. 감정평가는 시장가치를 기준으로 한 적정가치를 제시함으로써 이러한 사회적 요구에 부응한다.

3) 사회적(공공적)인 감정평가의 기능

감정평가는 불완전한 부동산시장을 보완하고 이해관계자 간 갈등과 대립을 객관적 가치판단으로 해소함으로써 사회통합에 기여한다. 감정평가는 효율적인 부동산 정책 수립과 집행을 위한 정확하고 신뢰성 있는 부동산정보를 제공한다. 감정평가는 부동산 자원의 최적배분을 유도하여 국가경제의 효율성 향상에 기여한다. 감정평가는 공정한 과세기준과 보상기준을 제시함으로써 사회정의 실현에 기여한다.

5. 감정평가의 의뢰인(「감정평가 및 감정평가사에 관한 법률」 제5조)

제5조(감정평가의 의뢰) ① 국가, 지방자치단체, 「공공기관의 운영에 관한 법률」에 따른 공공기관 또는 그 밖에 대통령령으로 정하는 공공단체(이하 "국가등"이라 한다.)가 토지등의 관리·매입·매각·경매·재평가 등을 위하여 토지등을 감정평가하려는 경우에는 감정평가법인등에 의뢰하여야 한다.
② 금융기관·보험회사·신탁회사 또는 그 밖에 대통령령으로 정하는 기관이 대출, 자산의 매입·매각·관리 또는 「주식회사 등의 외부감사에 관한 법률」에 따른 재무제표 작성을 포함한 기업의 재무제표 작성 등과 관련하여 토지등의 감정평가를 하려는 경우에는 감정평가법인등에 의뢰하여야 한다.
③ 제1항 또는 제2항에 따라 감정평가를 의뢰하려는 자는 제33조에 따른 한국감정평가사협회에 요청하여 추천받은 감정평가법인등에 감정평가를 의뢰할 수 있다.
④ 제1항 및 제2항에 따른 의뢰의 절차와 방법 및 제3항에 따른 추천의 기준 등에 필요한 사항은 대통령령으로 정한다.

6. 감정평가 분류

1) 감정평가 분류의 개념

감정평가사의 업무영역은 가치추계업무와 비가치추계(컨설팅)업무로 구분할 수 있다. 일반적으로 감정 평가라 하면 가치평가업무를 말하는데, 이하의 감정평가분류는 가치평가업무를 분류한 것이다.

2) 감정평가 분류의 목적

감정평가의 체계적 분류는 평가이론 구성에 논리적 지침을 제공함으로써 감정평가학의 학문적 체계화에 기여한다. 또한 분류를 통해 각 유형별 특성과 현행 제도의 한계점을 식별할 수 있어, 개선이 필요한 영역에 대한 제도적 발전방향을 구체화할 수 있다. 감정평가 유형별 세부지침과 표준화된 절차를 확립함 으로써 평가활동의 효율성과 일관성을 높이고 결과의 신뢰성을 향상시킨다. 더불어 분류체계는 대상부 동산의 범위와 특성을 명확히 규정하여 평가범위를 정확히 설정하는 데 도움을 주며, 이는 평가결과에 대한 책임소재를 명확히 하는 법적·제도적 기반이 된다.

3) 제도상 분류

(1) 감정평가의 강제성 여부에 따른 분류

① 필수적 평가

필수적 평가란 일정한 사유가 발생하면 의무적으로 평가가 수행되어야 하는 제도를 말한다. 부동 산가격공시업무, 보상평가업무, 경매(소송)평가업무 등이 대표적이다. 필수적 평가제도는 관련 법률규정에 따라 이루어지는 것이 일반적이다.

② 임의적 평가

임의적 평가란 강제성이 없이 이해관계인이 자유의사에 따라 임의로 평가의뢰 여부를 결정하고 수행되는 평가제도를 말한다. 사적 거래와 관련된 필요에 따라 의뢰하는 일반거래 목적의 평가가 대표적이다.

(2) 감정평가 활용목적에 따른 분류

① 공익평가

공익평가란 평가결과를 공익목적으로 활용되는 평가제도를 말한다. 부동산가격공시업무, 보상평 가업무 등이 있다.

② 사익평가

사익평가란 평가결과를 사익목적으로 활용되는 평가제도를 말한다. 담보평가업무, 일반거래목적 의 평가 등이 있다. 공익과 사익평가의 구분실익은 공익우선의 원칙에 있다. 공익평가는 공익목 적을 하기 때문에 평가활동을 함에 있어 일정권한이 주어진다. 공익평가와 사익평가의 구분은 평가의 주체가 공적기관인지 사적기관인지는 관련이 없다.

(3) 감정평가 근거에 따른 분류

① 법정평가

법정평가란 감정평가 관계법규에 감정평가에 관한 기준과 방법이 규정되어 있어 법령에 따라 수 행되는 평가를 말한다. 법령은 일반법과 특별법으로 구분할 수 있다. 법정평가의 근거 법령은 특 별법을 말한다.

② 일반평가

일반평가란 감정평가의 일반적인 원칙과 기준, 방법에 따라 수행되는 평가를 말한다. 우리나라는 「감정평가 및 감정평가사에 관한 법률」에서 감정평가에 관한 일반적인 원칙과 기준, 방법을 규정하고 있으므로 당해 법률에 따른 감정평가를 일반평가라 한다. 다만, 「감정평가 및 감정평가사에 관한 법률」에서 모든 내용을 규정할 수 없으므로, 감정평가이론에 따른 내용을 보충적으로 적용할 수 있다.

4) 목적상 분류

감정평가의 목적상 분류란 감정평가 의뢰인이 감정평가를 받는 내용(목적)에 따른 구분을 말한다. 우리나라의 감정평가 실무상 주로 부동산가격공시업무, 보상평가업무, 담보평가업무, 경매(소송)평가업무 등이 있다. 이외에도 국공유재산 매수 · 매각 · 교환 · 관리를 위한 평가, 일반거래(시가참조)평가 등이 존재한다.

5) 평가주체의 인원수에 따른 분류

① 단독평가

단독평가란 평가에 참여하는 평가사가 한명인 평가를 말한다. 단독평가는 신속하다는 경제적인 장점이 있지만, 전문지식과 경험이 부족한 경우 객관성을 유지하기 어렵다는 단점이 존재한다.

② 공동평가

공동평가란 하나의 평가에 참여하는 평가사가 다수인 평가를 말한다. 규모가 크고 복잡하여 여러 가지 분야의 전문지식과 경험이 필요한 평가에 요구된다. 객관성이 높은 장점이 있으나, 의사결정에 시간이 상대적으로 길기 때문에 경제적이지 못하다는 단점이 존재한다.

③ 단수평가

단수평가란 하나의 평가주체에 의해 수행되는 평가를 말한다. 단수평가는 사적평가에서 원칙적으로 적용되고 있다. 공적평가에서는 상대적으로 공공성이 떨어지는 임대료산정 등 일부에서 이루어지고 있다.

④ 복수평가

복수평가란 두 개의 평가주체에 의해 수행되는 평가를 말한다. 둘 이상의 감정평가법인 등이 각각 대등한 지위에서 평가를 진행하기 때문에 단수평가와는 달리 독립된 감정평가서와 결과가 존재하게 된다. 따라서 최종적인 가액은 독립적인 평가결과를 산술평균하여 적용하는 것이 일반적이다. 복수평가는 공익성이 크며, 사회경제적으로 큰 영향을 미치며 이해관계가 대립되는 분야 같은 공적평가(부동산공시업무, 보상평가업무 등)에서 주로 활용되고 있으며, 사적평가에서도 공정성을 담보하기 위해 실시하기도 한다.

⑤ 단수평가제로의 전환에 대한 논쟁[15]

복수평가와 관련하여 부동산가격공시업무를 중심으로 단수평가제로의 전환에 대해 요구가 제기된 적이 있다.

---

15) 서광채, 감정평가학원론, 부연사, p.55 이하 참고

1. 단수평가 전환을 요구하는 측의 견해

① 가격의 안정화 및 자료의 축적으로 인한 기반 마련

부동산가격의 안정화와 공시자료 및 실거래가격 등의 축적으로 제도의 효율적 운영을 위한 기반이 마련되어 있다. 이는 단수평가로도 충분한 정확성과 객관성을 확보할 수 있는 여건이 조성되었음을 의미한다.

② 예산의 절감

복수평가제를 단수평가제로 변경함으로써 매년 투입되는 평가 예산의 상당 부분을 절감할 수 있다. 한정된 국가 예산을 보다 효율적으로 활용할 수 있는 기회가 된다.

2. 복수평가를 주장하는 측의 견해

① 부동산시장의 불완전성 및 제도적 기반의 미비

부동산시장은 부동산의 제반 특성으로 인해 불완전성을 가지고 있다. 사회경제적 변화와 정책적 요인 등으로 부동산시장의 변동과 불안은 언제든지 발생할 수 있다. 공시자료 및 실거래가 등의 축적이 양적으로는 이루어졌으나, 자료의 신뢰성과 질적 수준은 아직 미흡하다. 따라서 단수평가를 위한 충분한 기반이 마련되었다고 보기는 시기상조이다.

② 복수평가의 대상이 되는 업무의 중요성

복수평가는 공적평가 중 일부 중요 분야에 한정하여 적용된다. 대표적으로 표준지공시지가 업무가 이에 해당한다. 표준지공시지가는 지가정보를 제공하고 토지거래의 지표가 되며, 정부 등의 기관이 업무와 관련하여 지가를 산정하거나 감정평가를 하는 경우 그 기준이 된다. 표준지공시지가는 직간접적으로 국민의 재산과 경제활동에 중대한 영향을 미치므로, 이러한 중요 분야에 적용되는 복수평가 제도는 유지할 필요가 있다.

③ 객관성과 정확성 제고

감정평가는 근본적으로 평가사의 주관과 판단에 의한 활동이다. 복수평가제는 평가사 간 협의과정을 통해 평가의 과정과 결과를 상호 검증할 수 있어 실수나 착오를 줄이고, 평가의 객관성과 정확성을 높이는 효과적인 수단이다. 이는 공적평가의 신뢰성 확보에 기여한다.

Ⅱ. 감정평가의 기준가치

1. 기준가치의 정의

1) 기준가치과 가치기준

기준가치는 감정평가의 기준이 되는 가치다. 감칙 제5조의 규정이 '해당' 감정평가서상의 기준가치 개념을 넘어 '모든' 감정평가의 기준이 되는 가치로 확장적으로 해석되었다. 따라서 기준가치를 가치기준(Basis of Value)으로 이해하여 "가치를 측정하기 위한 전제들의 집합"으로 정의하는 것이 타당하다.

2) 가치기준의 구성요소

가치기준을 결정하는 전제들은 기본가정과 부수적가정들의 합으로 볼 수 있다. ① 기본가정이란 사회통념상 사실로 받아들여지는 것이 해당한다. ② 부수적가정에는 대상자산의 물리적·법적·경제적 특성, 시장상황, 시장 추세 등에 관한 불확실한 정보에 대한 가정이 포함된다. 부수적가정은 감정평가 조건과 유사하나, 감정평가 조건이 의뢰인이 감정평가의 사용 목적에 따라 제공하는 가상의 조건이라는 점에서 차이가 있다.

구분	가치기준		평가조건
	기본가정(일반가정)	부수적가정(평가전제)	
차이점	확실성에 대한 가정	불확실성에 대한 가정	알려진 사실과 다른 가정
내용	시장, 거래당사자, 거래조건, 성립가능성	기본 가정에 대한 추가적인 가정	이용상황, 공법상 제한
예시	시장가치, 공정가치, 적정가격	이자율, 성장률, 계속기업	나지상정, 개발이익 배제

2. 가치다원론

1) 가치다원론의 개념

부동산의 가치는 평가목적 및 형성된 원인에 따라 다양하며, 부동산 활동을 함에 있어 일원적 가치로는 불충분하기에 동일한 부동산에 다양한 가치가 존재할 수 있다는 견해를 말한다.

2) 가치다원론의 근거(필요성)

(1) 법적 근거

「감정평가에 관한 규칙」
제5조(시장가치기준 원칙) ① 대상물건에 대한 감정평가액은 시장가치를 기준으로 결정한다.
② 감정평가법인등은 제1항에도 불구하고 다음 각 호의 어느 하나에 해당하는 경우에는 대상물건의 감정평가액을 시장가치 외의 가치를 기준으로 결정할 수 있다.
1. 법령에 다른 규정이 있는 경우
2. 감정평가 의뢰인(이하 "의뢰인"이라 한다)이 요청하는 경우
3. 감정평가의 목적이나 대상물건의 특성에 비추어 사회통념상 필요하다고 인정되는 경우
③ 감정평가법인등은 제2항에 따라 시장가치 외의 가치를 기준으로 감정평가할 때에는 다음 각 호의 사항을 검토해야 한다. 다만, 제2항제1호의 경우에는 그렇지 않다.
1. 해당 시장가치 외의 가치의 성격과 특징
2. 시장가치 외의 가치를 기준으로 하는 감정평가의 합리성 및 적법성
④ 감정평가법인등은 시장가치 외의 가치를 기준으로 하는 감정평가의 합리성 및 적법성이 결여되었다고 판단할 때에는 의뢰를 거부하거나 수임을 철회할 수 있다.

(2) 이론적 근거

① 가격형성요인의 다양성

부동산 가격은 물리적·경제적·사회적·행정적 요인 등 다양한 요소가 복합적으로 작용하여 형성된다. 이러한 다양한 요인들이 서로 다른 비중으로 작용하기 때문에 동일 부동산에 대해서도 복수의 가치가 존재할 수밖에 없다. 예를 들어, 개발이 예상되는 토지는 미래 수익성을 반영한 투기가격이 형성되지만, 담보평가 시에는 실현된 개발이익만을 반영하며, 보상평가 시에는 개발이익을 배제한 가격이 적용된다. 이처럼 가격형성요인의 다양성과 복잡성은 단일 가치로 모든 상황을 설명할 수 없게 만들어 가치다원론의 핵심적 근거가 된다.

② 감정평가의 정확성 및 안정성

가치다원론은 평가목적에 따라 적합한 가치기준을 선택할 수 있게 함으로써 감정평가의 정확성을 높인다. 단일 가치 개념으로는 다양한 평가목적을 모두 충족시킬 수 없으나, 목적별로 특화된 가치기준을 적용하면 평가결과의 신뢰성이 향상된다. 또한 가치개념을 명확히 유형화함으로써 평가기준의 일관성을 확보하여 감정평가의 안정성을 제고한다. 이는 궁극적으로 감정평가 결과에 대한 사회적 수용성을 높이는 데 기여한다.

③ 의뢰자의 의뢰목적에 부응

감정평가는 의뢰인의 다양한 의사결정을 지원하는 역할을 한다. 매매, 담보설정, 보상, 과세 등 의뢰목적에 따라 필요한 가치정보가 다르므로, 가치다원론을 통해 각 목적에 최적화된 정보를 제공할 수 있다. 예를 들어, 담보평가에서는 환가처분 가능성을, 과세평가에서는 과세형평성을 중시한다. 가치다원론은 이러한 다양한 수요에 맞춤형 가치정보를 제공함으로써 의뢰인의 합리적 의사결정과 사회적 자원배분의 효율성 증진에 기여한다.

④ 감정평가의 기능 확대

현대사회는 부동산 관련 제도와 시장환경이 빠르게 변화하고 있다. 도시재생, 부동산금융, 환경가치평가 등 새로운 영역에서 감정평가의 역할이 확대됨에 따라, 각 분야에 적합한 가치개념과 평가방법이 요구된다. 가치다원론은 이러한 사회변화와 새로운 평가수요에 유연하게 대응할 수 있는 이론적 토대를 제공한다. 따라서 감정평가의 사회적 역할 확대와 전문성 강화를 위해 가치다원론을 인정하는 것이 필수적이다.

3. 시장가치

1) 시장가치의 정의

시장가치란 감정평가의 대상이 되는 토지등이 통상적인 시장에서 충분한 기간 동안 거래를 위하여 공개된 후 그 대상물건의 내용에 정통한 당사자 사이에 신중하고 자발적인 거래가 있을 경우 성립될 가능성이 가장 높다고 인정되는 대상물건의 가액을 말한다(「감정평가에 관한 규칙」 제2조 제1호).

2) 시장가치의 요건

(1) 통상적인 시장에서(시장의 통상성)

통상 일반인 누구라도 이용할 수 있는 공개된 자유로운 시장으로 이는 현실에 존재하며 통상적인 거래가 가능한 시장을 상정하고 있다. 그러나 부동산시장은 정보비용의 차이가 존재하고 모든 정보가 즉시 가격에 반영되지 않아 현실적으로 불완전경쟁시장의 특성을 지닌다. 따라서 시장가치 평가에서 전제되는 통상적 부동산 시장은 일반재화 시장과 구별되며, 시장가치의 제반 조건을 충족하는 감정인이 상정한 추상적 시장을 의미한다.

(2) 충분한 기간 동안 거래를 위하여 공개된 후(출품기간의 합리성)

대상 물건이 합리적인 가치로 거래될 수 있도록 충분한 기간 동안 방매될 것을 요건으로 하고 있다. 이 기간은 부동산 유형에 따라 다르며, 일반 시장참여자가 대상물건을 충분히 인지할 수 있는 시간을 의미한다. 지나치게 장기간이거나 극단적으로 단기간인 경우 특별한 거래동기가 개입될 가능성이 높으므로 유의해야 한다. 또한 이 요건은 적정한 부동산 마케팅(4P Mix, STP 등)이 수반된 개념이다.

(3) 대상물건의 내용에 정통한 당사자 사이에(당사자의 정통성)

거래 당사자는 합리적 판단능력이 있는 시장참여자로서 해당 부동산의 내용, 수급동향, 부동산 시장의 추이 등 정보에 정통할 것을 요구하고 있다. 거래에 참가하는 시장참여자에 대한 조건으로 미국 AI기준은 '다수의 매도자와 매수자가 존재하며, 시장통제나 강제수단 없이 수요와 공급이 자유롭게 작동하는 공개시장에서, 시장 사정에 충분히 정통하고 자신의 이익을 위해 사려 깊게 행동하는 당사자'로 정의한다. 이러한 정통성 요건은 정보의 비대칭성이 큰 부동산시장에서 정보 격차로 인한 가격왜곡을 방지하기 위함이다.

(4) 신중하고 자발적인 거래가 있을 경우(거래의 자연성)

특별한 제약이나 거래동기를 갖지 않고, 당사자의 의사에 반하여 거래가 강요되는 등의 사정이 개입되지 않은 자유로운 거래를 의미한다. 국제가치평가기준(IVSC)과 영국왕립평가사협회(RICS)는 '특별한 제약이나 거래동기가 없는 상태'에서 '거래사례에 정통하고 신중하며 거래의지를 가진 당사자 간의 거래'를 시장가치의 조건으로 명시한다. 이는 징발이나 강제수용과 같은 비자발적 거래에서 형성되는 가격을 시장가치에서 배제하기 위함이다. 거래의 자연성은 시장가치가 시장 메커니즘에 의해 자연스럽게 형성된 가치임을 보장하는 핵심 요건이다.

(5) 성립될 가능성이 가장 높다고 인정되는 대상물건의 가액

부동산의 가치란 장래 기대되는 편익을 현재가치로 환원한 값이다. 미래는 본질적으로 불확실하므로, 평가치는 통계학적 확률 개념에 기초한 추정치의 성격을 갖는다. 감정평가사는 원가방식, 비교방식, 수익방식의 세 가지 접근법을 종합적으로 활용하여 대상 부동산에 대해 시장에서 성립될 가능성이 가장 높은 가액을 도출해야 한다. 이 과정에서 각 방식의 장단점과 대상부동산의 특성을 고려한 적절한 가중치 부여가 중요하며, 가능성이 가장 높은 단일 가액을 도출하는 것이 시장가치 평가의 목표이다.

3) 시장가치의 성격

(1) 구축적 가치

시장가치는 자유경쟁이 이루어지는 이상적 시장환경에서의 가치를 의미한다. 이는 현실의 불완전한 부동산 시장에서 단순히 관찰되는 시장가격과는 구별된다. 감정평가사는 전문가로서 이상적 시장상황을 가정적으로 구축하고, 그 속에서 성립될 수 있는 가설적 가치를 도출한다. 이러한 측면에서 시장가치는 구축적 가치의 성격을 지닌다. 이는 현실 시장의 불완전성과 왜곡을 보정하여 보다 합리적인 가치판단의 기준을 제공하기 위함이다.

(2) 존재가치(Sein wert)와 당위가치(Sollen wert)의 문제

① 당위가치라고 주장하는 견해

시장가치를 당위가치로 보는 견해는 감정평가가 '있어야 할' 가치를 추구한다고 본다. 이상적 시장상황을 전제로 하는 시장가치는 현실적으로 관찰되는 가격이 아닌, 합리적 시장조건에서 성립되어야 하는 가치라는 것이다. 당위가치 관점은 가치형성의 인과관계에 집중하므로 시장의 불완전성과 비합리성을 배제한 당위적 현상을 파악할 수 있는 장점이 있다. 이 관점은 특히 공적 목적의 감정평가에서 중요하게 작용한다.

② 존재가치라고 주장하는 견해

시장가치를 존재가치로 보는 견해는 감정평가가 이상적 상황이 아닌 현실적 시장상황에서 성립될 수 있는 가치를 산정하는 것이라고 주장한다. 이 관점에서 시장가치는 객관적 시장자료를 바탕으로 한 기준시점의 실제적 가치를 의미한다. 존재가치 관점은 현실 시장에서의 관찰 가능한 거래사례와 시장행태를 중시함으로써 실증적 가치판단에 근접한다. 그러나 우리나라의 경우 정책적·행정적 목적에 따라 가치개념이 존재가치보다 당위가치에 가깝게 규정되어 있는 제약이 있다.

③ 이론적 통합의 필요성

시장가치의 성격을 둘러싼 논쟁은 감정평가의 본질에 관한 철학적 질문으로 귀결된다. 실무적 관점에서는 두 가치 개념의 절충적 접근이 유용하다. 즉, 객관적 시장자료에 기초하여(존재가치적 측면) 이상적 시장조건을 고려한 합리적 가치(당위가치적 측면)를 도출하는 것이 감정평가의 현실적 과제이다. 이를 통해 시장의 실제성과 가치판단의 합리성을 동시에 추구할 수 있다.

4) 시장가치가 기준가치인 이유(필요성)

(1) 부동산의 특성상

부동산은 시장에서 거래되는 시장재이자 경제재다. 자원배분 기능을 담당하는 시장에서 가장 합리적인 가치판단 기준은 시장참여자들의 자발적 의사결정으로 형성되는 시장가치다. 부동산의 투자재 성격과 경제활동 기반으로서의 역할을 고려할 때, 시장원리에 기초한 가치평가가 가장 합리적이다.

(2) 부동산의 가치발생요인 측면

부동산 가치는 효용, 상대적 희소성, 유효수요의 상호작용을 통해 발생한다. 효용은 시장참여자들의 주관적 평가에 따라 달라지며, 희소성과 유효수요는 시장에서의 수요·공급 관계를 통해 구체화된다. 즉, 통상적 시장참가자들의 거래를 반영하는 시장가치를 기준으로 하는 것이 가치발생 메커니즘과 일치한다.

(3) 부동산 감정평가 측면

부동산 시장은 정보의 비대칭성, 거래의 비빈번성, 개별성 등으로 본질적으로 불완전하다. 감정평가사는 불완전한 현실 시장에서 이상적 시장 조건을 상정하고, 그 속에서 가장 성립 가능성이 높은 가치를 도출하며 불완전한 시장을 보완하는 기능을 수행한다. 시장가치는 시장의 요구와 현실을 반영하면서도 시장 불완전성을 보정할 수 있는 개념적 틀을 제공한다.

(4) 소결

부동산은 수요와 공급 원칙에 따른 가격을 기반으로 경제활동이 이루어지지만, 그 특성으로 인해 완전경쟁시장을 형성하기 어렵다. 전문가인 감정평가사는 시장기구를 보완하며, 부동산 시장을 합리적으로 가정하고 시장의 수요와 공급 하 성립 가능성이 가장 높은 가액을 제시한다. 시장가치는 부동산의 특성, 가치발생 메커니즘, 감정평가 기능을 모두 충족하는 가장 적합한 기준가치다.

5) 시장가치의 변천과정[16)]

(1) 측정기준의 문제

① 논쟁의 내용

측정기준의 문제는 시장가치를 무엇을 기준으로 측정할 것인가에 관한 것이다. 거래사례비교법에서 거래금액의 지불방식이 전액 현금인 경우와 일부는 현금, 나머지는 담보대출 등 다른 방법으로 지불한 경우 어떤 기준으로 시장가치를 측정할 것인지가 논쟁의 핵심이었다.

② 결론

측정기준과 관련하여 현금등가분석으로 처리해야 한다는 것이 현재의 정설이다. 현금등가분석은 거래조건이나 금융조건의 차이를 거래시점 기준 현금가치로 환산하는 것으로, 화폐의 시간가치를 고려한 개념이다. 시장가치 평가 시 거래사례를 현금등가로 조정해야 하며, 경우에 따라 가장 전형적인 금융조건이 결부된 상태에서의 시장가치를 평가할 수도 있다.

(2) 평가대상의 문제

① 논쟁의 내용

대상부동산의 무엇을 평가대상으로 하는가의 문제로, 부동산의 물리적 실체 자체를 평가대상으로 삼을 것인지, 아니면 부동산에 결부된 권익을 대상으로 할 것인지에 관한 문제이다. 이 논쟁은 부동산의 복합적 성격에서 비롯되었다. 부동산은 토지와 건물 등 물리적 요소와 소유권, 임대권 등 법적 권리가 결합된 복합재이기 때문에, 평가의 본질적 대상에 대한 의문이 제기되었다.

② 결론

시장가치는 부동산의 물리적 실체만을 대상으로 하는 것도 아니고, 결부된 특정 권익만을 대상으로 하는 것도 아니다. 부동산의 물리적 실체에 기반한 권익의 양면을 모두 고려하여 시장가치를 산정해야 한다. 부동산은 각종 공적·사적 규제가 많아 물리적 실체보다 권리적 측면이 가치에 더 많은 영향을 미치지만, 물리적 실체를 배제하고 평가하는 것은 아니다.

(3) 당위가치와 존재가치의 문제

현재 시장에서 형성되는 가격이 대상 부동산의 진정한 가치를 반영하는지에 관한 문제이다. 부동산시장은 일반재화시장보다 상대적으로 불완전한 요소가 많으므로, 현재 형성되는 가격(존재가치)이 시장이 균형을 이룬 경우의 가치인 균형가치와 일치할 것인지에 대한 논쟁이다. 이 논쟁은 부동산시장의 특성과 감정평가의 본질적 목적에서 기인한다. 투기, 정보의 비대칭성, 거래의 비정형성 등 부동산 시장의 불완전성으로 인해 현실의 가격이 '진정한 가치'를 반영하지 못할 수 있다는 우려와, 감정평가가 현실을 그대로 반영할 것인지 아니면 이상적 시장상태를 추구할 것인지에 대한 철학적 논쟁이 이어졌다.

---

16) 서광채, 감정평가학원론, 부연사, p.217 이하

(4) 시장가치 정의 자체에 관한 문제

① 논쟁의 내용

시장가치의 개념은 ⊙ ~ 기꺼이 주고받는 가격, ⓒ ~ 화폐액으로 표시한 최고가격, ⓒ ~ 가능성이 가장 많은 가격 순으로 변해왔다. 이 변화는 감정평가 이론의 발전과 시장 환경의 변화를 반영한다. 초기에는 거래당사자의 자발성을 강조했다면, 점차 확률적 개념을 도입하여 객관성을 강화하는 방향으로 발전했다.

② 결론

일반적으로 확률의 개념상 최빈가격으로 보는 견해와, 부동산의 개별성으로 개개 부동산은 최고 지불액에 거래가 성립되는바 최고가치로 보는 견해가 있다. 부동산의 가치란 장래 기대되는 편익을 현재가치로 환원한 값이다. 미래란 불확실한 것이고 평가가치란 것도 결국 불확실한 미래 사건에 대한 추계치이므로, 통계학적 확률 개념을 시장가치에 반영하여 실증적이고 확률적인 '최빈매매가격'이 성립될 가능성이 가장 높은 가액으로 보고 있다.

시장가치 정의와 관련하여 Ratcliff는 시장가치를 '성립될 가능성이 가장 많은 가격'이라고 정의했는데, 이러한 정의는 컴퓨터를 이용한 계량적 기법으로 시장가치를 결정하는 데 부합하며, 시장가치를 객관화시킬 수 있는 장점이 있다.

최근 견해는 시장참여자가 대상 부동산을 가장 효율적이고 효과적으로 가치를 극대화하는 방향으로 이용할 경우 성립될 가능성이 가장 높다. 이는 대상 부동산의 최적이용가치이므로 합리적, 합법적, 최고수익을 발생하는 최적이용가치를 판단하는 것을 기준으로 한다.

> **참고**
>
> 성립될 가능성이 가장 많은 가격이 무엇인지가 문제된다. 이와 관련하여 통계학에서 사용하고 있는 중심경향을 통해 그 의미를 구체적으로 파악할 수 있을 것이다.
>
> 중심경향이란 확률분포에 있어 사상들이 분포의 중앙에 모이게 되는 현상을 말하는데, 이러한 중심경향을 나타내는 지표에는 산술평균(Mean), 중위치(Median), 최빈치(Mode)가 있다.
>
> 여기서 산술평균은 모든 관측치의 값을 합한 후 그 값을 표본의 수로 나누어 계산한 값을 의미하는데, 가장 일반적으로 사용되는 지표이다. 산술평균은 계산하기 쉽고 간단하게 이용할 수 있다는 장점이 있지만, 극단적인 값에 의해 영향을 받아서 중심경향에 대한 측정치가 왜곡될 수 있다는 단점이 있다.
>
> 중위치는 데이터를 가장 낮은 수에서 가장 높은 수로 배열하거나 가장 높은 수에서 가장 낮은 수로 배열했을 때 그 중간에 위치한 값을 말하는데, 한 집단에 속하는 사람들의 전형적인 소득을 기술할 때 주로 사용된다. 중위치는 데이터의 극단적인 값에 영향을 받지 않는다는 장점이 있지만, 데이터의 순서 정보만 활용되고 구체적인 값은 무시됨으로 인해서 정보의 손실이 발생할 수 있다는 단점이 있다.
>
> 최빈치는 모든 데이터 중에서 가장 빈번하게 발생하는 관측치를 말한다. 최빈치는 중위치와 마찬가지로 극단적인 값에 영향을 받지 않고, 분포의 경향을 쉽게 파악할 수 있다는 장점을 가지고 있지만, 어떻게 자료를 묶느냐에 따라 값의 변화가 커서 중심경향치 중에서 가장 안정성이 낮다는 단점을 가지고 있다.
>
> 위의 세 가지 중심경향치 중에서 감정평가분야에서 성립될 가능성이 가장 많은 가격의 개념으로 일반적으로 사용되는 것은 최빈치이다.

(5) 우리나라의 시장가치 변천과정[17]

① 개설

학계에서는 감정평가사가 도출하는 가치의 성격과 공시가격의 성격이 무엇인지에 대하여 논쟁해 왔다. 정상가격은 과거 「감정평가에 관한 규칙」에서 규정하고 있었고, 적정가격은 「부동산가격 공시 및 감정평가에 관한 법률」에서 규정하고 있었다. 시장가치는 「감정평가에 관한 규칙」(국토 해양부령 제508호, 2012.08.02.)의 전부개정으로 도입되었다. 과거 정상가격을 사용하였으나, 국 제적으로 널리 쓰이는 시장가치와 개념적으로 큰 차이가 없음에도 동일성 여부에 대해 불필요한 논쟁이 발생하고 있어, 국제표준 용어인 시장가치로 대체하였다.

② 정상가격의 정의

정상가격이란 통상적인 시장에서 충분한 기간 거래된 후 대상물건의 내용에 정통한 거래당사자 간에 통상 성립된다고 인정하는 적정가격을 말한다.

③ 적정가격의 정의

적정가격이란 토지, 주택 및 비주거용 부동산에 대하여 통상적인 시장에서 정상적인 거래가 이 루어지는 경우 성립될 가능성이 가장 높다고 인정되는 가격을 말한다(「부동산 가격공시에 관한 법률」 제2조 제5호).

④ 시장가치의 정의

시장가치란 감정평가의 대상이 되는 토지등이 통상적인 시장에서 충분한 기간 동안 거래를 위하 여 공개된 후 그 대상물건의 내용에 정통한 당사자 사이에 신중하고 자발적인 거래가 있을 경우 성립될 가능성이 가장 높다고 인정되는 대상물건의 가액을 말한다(「감정평가에 관한 규칙」 제2 조 제1호).

⑤ 적정가격과 시장가치의 동일성 논쟁[18]

㉠ 개설

부동산 공시가격의 기준가치인 적정가격이 시장가치와 동일한 것인지 여부가 지가공시제도 도입 초기부터 지금까지 논란이 계속되고 있다. 2016.09.01. 「부동산가격공시법」과 「감정평가 및 감정평가사에 관한 법률」이 분리되어 시행되기 전에는 부동산가격공시제도와 감정평가제 도가 (구)「부동산 가격공시 및 감정평가에 관한 법률」에 함께 규정되어 운영되었기 때문에 시장가치와 적정가격의 관계에 대한 논란이 더욱 많이 제기되었다.

㉡ 같다고 보는 견해

정상가격과 적정가격은 동일하며, 시장가치와 적정가격도 동일하다는 주장이다. 두 개념 모두 통상적인 시장이라는 공통 요소를 가지며, 동일한 가치전제와 평가방법을 규정하고 있어 시 장가치를 기초로 하는 개념으로 본질적으로 동일하다고 본다.

---

17) 정수연(제주대학교 경상대학 경제학과 부교수), 부동산공시제도의 가치와 가격개념 재정립에 관한 연구, KAPAFOCUS 2012 기고 문 참고
18) 서광채, 감정평가학원론, 부연사, p.224 이하 참고

ⓒ 다르다고 보는 견해

적정가격의 정의에서 통상적인 시장에서 정상적인 거래가 이루어지는 경우를 출품기간의 합리성, 거래의 자연성, 당사자의 정통성이라는 개념 해석이 가능한지에 대해 문제를 제기한다. 적정가격은 통상적인 시장과 정상적인 거래를 강조하여 시장성을 반영하여 양자의 괴리를 극복하고자 하는 의도를 담고 있고, 시장가치는 거래사례를 중심으로 시장에서 행동하는 주체의 행태에 초점이 있다. 적정가격은 거래가 없더라도 거래 상황을 상정하는 정책가격 성격이 강하다는 점에서 구별된다.

ⓔ 결론

적정가격은 공시지가 적용 평가 시 부동산시장의 불완전성으로 인한 시장가치와의 괴리를 보정하기 위한 당위가치 성격이 강하지만, 통상적 시장에서 거래될 가능성이 높은 가격이라는 점에서 시장가치와 본질적으로 동일하다. 용어 차이에서 오는 혼란과 민원제기에 따른 사회경제적 비용을 고려할 때 시장가치로 통일하여 사용하는 것이 타당하다.

4. 시장가치 외의 가치

1) 시장가치 외의 가치 개념

시장가치 외의 가치란 시장가치에서 요구하는 ① 시장의 통상성 ② 충분한 방매기간 ③ 거래당사자의 정통성 ④ 거래의 자연성 ⑤ 거래의 성립가능성 등의 요건 중 하나 이상을 만족하지 않는 가치로 볼 수 있다. 그럼에도 평가 대상의 특성과 평가 목적, 관련 법령등을 고려 시 의뢰인이 추구하는 '경제적 가치'를 보다 잘 반영한 가치로서 감정평가에 활용된다.

2) 시장가치 외의 가치의 필요성

감정평가 업무가 다양화·전문화됨에 따라 시장가치 외 가치개념의 중요성이 커지고 있다. 감정평가사가 다양한 시장가치 외 가치개념을 인식함으로써 의뢰인의 요구를 보다 정확한 기준에서 충족시킬 수 있어 평가의 정밀도가 높아진다. 또한 감정평가 업무의 다양성이 증가할수록 새로운 업무영역으로의 확대효과도 기대할 수 있다. 그러나 우리나라 감칙에는 시장가치 외 가치에 대한 개념 정의나 구분이 없어, 외국의 선진 감정평가기준의 다양한 개념을 활용하고 감정평가서에 그 가치의 의미를 명확히 기재해야 한다.

3) 시장가치 외의 가치가 될 수 있는 경우

(1) 법령에 다른 규정이 있는 경우

감정평가의 기준을 법령에서 정하고 있는 경우 해당 법령에서 정한 절차와 방법을 준수하여 평가해야 한다. 도시정비법에 따른 조합원 소유분의 '분양예정자산 평가' 등이 해당한다. 이는 정책적 가격으로 '거래의 자발성' 및 '시장의 통상성'이 충족되지 않은 시장가치 외의 가치로, 보다 법령상 취지에 부합한 가치를 반영한다.

(2) 의뢰인이 요청하는 경우

의뢰인이 시장가치 외의 가치기준으로 평가를 요구하는 경우 의뢰인의 평가 목적에 부합한 가치기준으로 평가해야 한다. 인근토지 합병등으로 기여도를 반영한 '한정가치'가 해당한다. 이는 '시장의 통상성'이 충족되지 않은 시장가치 외의 가치이다. 부동산 관련 투자 조언 및 상담에서 활용되므로 시장가치 외 가치를 적용함으로 감정평가의 영역을 확장할 수 있다.

(3) 감정평가의 목적이나 대상물건의 특성에 비추어 사회통념상 필요하다고 인정되는 경우

① 감정평가 목적에 비추어 사회통념상 필요하다고 인정되는 경우는 특정 투자자에 대한 특정 투자목적 및 투자조건이 결부된 '투자가치' 등이 해당한다. 이는 '시장의 통상성'과 '충분한 방매기간'의 요건을 만족하지 않은 시장가치 외 가치이다. 투자자의 투자 운용 계획과 주관적 투자수익률을 반영하여 의뢰인의 목적에 보다 부합한 가치를 반영할 수 있다.

② 대상물건의 특성에 비추어 사회 통념상 필요하다고 인정되는 경우는 공공시설이나 환경가치평가 등 '비시장재화'가 해당한다. 이는 '거래'가 전제되지 않으므로 시장가치로 평가하는 것이 불합리하거나 불가능하기 때문에 시장가치 외 가치로 평가함이 적정하다.

4) 다양한 가치(가격)개념

(1) 시가

의의	시가는 불특정 다수인 사이에 자유롭게 거래가 이루어지는 경우에 통상적으로 성립된다고 인정되는 가액으로 하고 수용가격·공매가격 및 감정가격 등 대통령령으로 정하는 바에 따라 시가로 인정되는 것을 포함한다.
종류	매매사례 감정평가액 보상평가액 유사매매가
근거법령	「상속세 및 증여세법」 제60조 제2항
성격	존재가치적 성격을 가짐
비고	부동산을 과세의 대상으로 봄

(2) 시장가격

의의	가격이란 시장에서 매수자가 지불하기로 동의하고 매도자가 동의한 금액을 말한다.
근거법령	별도의 근거법령이 없음
성격	존재가치 및 교환가치적 성격을 가짐
비고	부동산을 거래의 대상으로 봄

(3) 「부동산 가격공시에 관한 법률」상 적정가격

의의	토지, 건물, 비주거용부동산에 대하여 통상적인 시장에서 정상적인 거래가 이루어지는 경우 성립될 가능성이 가장 높다고 인정되는 가액을 말한다.
근거법령	「부동산 가격공시에 관한 법률」 제2조 제5호
성격	당위가치 및 행정적·정책적 성격을 가짐
비고	부동산을 사회성, 공공성, 과세의 대상으로 봄

(4) 「공익사업을 위한 토지 등의 취득 및 보상에 관한 법률」상 적정가격

의의	「공익사업을 위한 토지 등의 취득 및 보상에 관한 법률」 제70조는 취득하는 토지의 보상은 「부동산 가격공시에 관한 법률」에 따른 공시지가를 기준으로 하여 보상하되, 그 공시기준일부터 가격시점까지의 관계 법령에 따른 그 토지의 이용계획, 해당 공익사업으로 인한 지가의 영향을 받지 아니하는 지역의 대통령령으로 정하는 지가변동률, 생산자물가상승률과 그 밖에 그 토지의 위치·형상·환경·이용상황 등을 고려하여 평가한 가격을 말한다고 규정한다.
가치전제	개발이익배제, 강제적인 수용을 전제
근거법령	「공익사업을 위한 토지 등의 취득 및 보상에 관한 법률」 제70조
성격	당위가격 및 행정적·정책적 성격, 객관적 가치
비고	부동산을 수용의 대상으로 봄

(5) 공정가치

의의	측정일에 합리적인 판단력과 거래의사가 있는 독립된 당사자 사이의 거래에서 자산이 교환되거나 부채가 결제될 수 있는 금액
근거법령	「K-IFRS(한국채택국제회계기준)」 제1113호
성격	시장성과 교환거래를 전제로 하나, 특수한 이해관계인 간의 거래 및 한정된 시장에서의 거래를 배제하지 않는다.

(6) 한정가치

특정부동산과 합병 또는 취득 후 분할 등으로 인하여 시장이 상대적으로 한정되어 형성될 가능성이 높은 가격이며, 국제기준 시너지가치와 유사하다. 시너지가치는 결합으로 창출되는 부가적인 가치요소로 정의하고 있다. 이와 유사한 특별가치는 특정구매자들에게만 가치가 있는 자산의 특별한 속성을 반영한 가액이다.

(7) 투자가치

부동산 투자 및 운용 목적을 위해 부동산의 소유자 또는 예정 소유자가 의뢰시 적용하는 것으로 특정 투자자가 기대하는 미래 편익의 현재가치이다. 투자안의 편익과 비용을 분석하여 추계한다.

(8) 특수가치

특수가치는 문화재, 종교시설, 역사적 건축물 등 일반적으로 시장성이 제한적이거나 없는 부동산의 현재 이용상황을 전제로 산정하는 가치다. 이는 시장거래에 기반한 가치평가가 아니라 대상 부동산이 지니는 특수한 역사적·문화적·환경적 가치를 경제적으로 표현하는 개념이다.

(9) 처분가치

청산을 목적으로 일정한 처분계획에 따라 대상물건이 시장에서 매각되었을 때 그 물건의 매매로부터 합리적으로 획득할 수 있을 것으로 인정되는 가치이다. 해체처분가액 등이 해당한다.

1. 해외에서 인정하고 있는 가치개념

구분	시장가치	시장가치 외			
한국·미국	시장가치	공정가치	–		
일본	정상가격	특정가격		한정가격	특수가격
영국	시장가치	공정가치	투자가치	–	
국제기준	시장가치	공정가치	투자가치	특별가치	시너지가치	–

2. 그 외 가치기준에 대한 의의(참고용, 필수암기 ×)

① **과세가치**: 국가나 지방자치단체에서 취득세나 재산세 등의 각종 세금을 부과하는 데 기준으로 활용되는 가치

② **보상가치**: 공공의 필요에 따른 적법한 행정상의 공권력 행사로 인하여 재산에 가하여진 특별한 희생에 대하여 공평부담의 견지에서 행정주체가 행하는 보상의 기준이 되는 가치

③ **담보가치**: 금융기관이 실행하는 대출금에 대한 담보가액을 산정하기 위해 담보물건을 평가하는 가치로 담보물건의 환가성과 안정성 등을 고려한 특수한 조건을 수반되는 경우 시장가치 외의 가치

④ **경매가치**: 법원에서 경매절차를 진행하기 위한 최저입찰가격의 기준으로 사용되는 가치

⑤ **해체처분가치**: 토지 이외의 평가대상물건을 해체한 후 구성요소 상태로 처분하는 경우 통상적인 거래에서 성립될 것으로 인정되는 가치

⑥ **계속기업가치**: 기업이 가까운 미래에 청산되지 않는 것이 확실하고 미래 수명이 무기한적인 회사의 기업 운영에 필요한 유무형자산의 가치

⑦ **회계상 가치**: '측정'은 재무상태표와 포괄손익계산서에서 인식되고 평가되어야 할 재무제표의 요소의 화폐금액을 결정하는 과정이며, 측정기준에는 역사적원가, 현행원가, 실현가능가치, 현재가치 등이 있다.

⑧ **역사적원가**: 취득 당시 지급한, 부채는 부담하는 의무의 대가로 수취한 현금 또는 현금성 자산

⑨ **현행원가**: 현재시점 취득(의무이행)시 지불해야 할 현금 또는 현금성 자산

⑩ **실현가능가치**: 정상적으로 처분하는 경우 수취할 것으로 예상하는 현금이나 현금성자산의 금액

Ⅲ. 감정평가사의 업무와 의무

1. 감정평가업의 의의

감정평가업이란 타인의 의뢰에 따라 일정한 보수를 받고 토지 등의 감정평가를 업으로 행하는 것을 말한다(「감정평가 및 감정평가사에 관한 법률」 제2조 제4호).

2. 감정평가의 업무

1) 「감정평가 및 감정평가사에 관한 법률」 제10조에 의한 업무

> 제10조(감정평가법인등의 업무) 감정평가법인등은 다음 각 호의 업무를 행한다.
> 1. 「부동산 가격공시에 관한 법률」에 따라 감정평가법인등이 수행하는 업무
> 2. 「부동산 가격공시에 관한 법률」 제8조 제2호에 따른 목적을 위한 토지등의 감정평가
> 3. 「자산재평가법」에 따른 토지등의 감정평가
> 4. 법원에 계속 중인 소송 또는 경매를 위한 토지등의 감정평가
> 5. 금융기관·보험회사·신탁회사 등 타인의 의뢰에 따른 토지등의 감정평가
> 6. 감정평가와 관련된 상담 및 자문
> 7. 토지등의 이용 및 개발 등에 대한 조언이나 정보 등의 제공
> 8. 다른 법령에 따라 감정평가법인등이 할 수 있는 토지등의 감정평가
> 9. 제1호부터 제8호까지의 업무에 부수되는 업무

(1) 「부동산 가격공시에 관한 법률」에 따라 감정평가법인등이 수행하는 업무

① 표준지공시지가의 조사·평가 업무

국토교통부장관이 제1항에 따라 표준지공시지가를 조사·평가할 때에는 업무실적, 신인도 등을 고려하여 둘 이상의 「감정평가 및 감정평가사에 관한 법률」에 따른 감정평가법인등에게 이를 의뢰하여야 한다. 다만, 지가 변동이 작은 경우 등 대통령령으로 정하는 기준에 해당하는 표준지에 대해서는 하나의 감정평가법인등에 의뢰할 수 있다(「부동산 가격공시에 관한 법률」 제3조 제5항).

② 개별공시지가의 검증 업무

시장·군수 또는 구청장은 개별공시지가를 결정·공시하기 위하여 개별토지의 가격을 산정할 때에는 그 타당성에 대하여 감정평가법인등의 검증을 받고 토지소유자, 그 밖의 이해관계인의 의견을 들어야 한다(「부동산 가격공시에 관한 법률」 제10조 제5항).

③ 비주거용 표준부동산가격의 조사·산정 업무

국토교통부장관은 제1항에 따라 비주거용 표준부동산가격을 조사·산정하려는 경우 감정평가법인등 또는 대통령령으로 정하는 부동산 가격의 조사·산정에 관한 전문성이 있는 자에게 의뢰한다(「부동산 가격공시에 관한 법률」 제20조 제4항).

(2) 「부동산 가격공시에 관한 법률」 제8조 제2호에 따른 목적을 위한 토지등의 감정평가

국가, 지방자치단체, 공공기관(단체) 등이 제2호 각 목의 목적을 위하여 지가를 산정할 때에는 그토지와 이용가치가 비슷하다고 인정되는 하나 또는 둘 이상의 표준지의 공시지가를 기준으로 토지가격비준표를 사용하여 지가를 직접 산정하거나 감정평가법인등에 감정평가를 의뢰하여 산정할 수 있다. 다만, 필요하다고 인정할 때에는 산정된 지가를 제2호 각 목의 목적에 따라 가감조정하여 적용할 수 있다.

가. 공공용지의 매수 및 토지의 수용·사용에 대한 보상

나. 국유지·공유지의 취득 또는 처분

다. 그 밖에 대통령령으로 정하는 지가의 산정

2) 가치평가업무

가치평가업무는 토지등의 경제적 가치를 판정하여 그 결과를 가액으로 표시하는 것을 말한다. 감정평가의 목적에 따라 가치기준에 따라 경제적 가치를 판정한다. 감정평가사의 가장 기본적인 업무영역이다.

3) 컨설팅업무

(1) 컨설팅업무의 개념

컨설팅업무란 부동산과 관련한 제반 문제를 해결하기 위해 자료를 분석하고 합리적인 대안이나 결론을 제시하는 행위 또는 과정을 말한다. 컨설팅업무는 감정평가 컨설팅업무와 일반 컨설팅업무로 구분할 수 있다. 이는 가치 판단이 컨설팅의 결론을 이끌어내는 데 중요한 요소가 되는지 여부에 따라 구분된다.

(2) 컨설팅업무의 법령상 근거

① 「감정평가 및 감정평가사에 관한 법률」 제10조

감정평가법인 등의 업무영역을 정하고 있는 「감정평가 및 감정평가사에 관한 법률」 제10조 제6호 및 제7호에 의하면 감정평가와 관련된 상담 및 자문, 토지등의 이용 및 개발에 대한 조언이나 정보 등의 제공이 컨설팅업무의 영역에 해당된다고 볼 수 있다.

② 「감정평가에 관한 규칙」 제27조

감정평가법인등이 법 제10조 제7호에 따른 토지등의 이용 및 개발 등에 대한 조언이나 정보 등의 제공에 관한 업무를 수행할 때에 이와 관련한 모든 분석은 합리적이어야 하며 객관적인 자료에 근거해야 한다고 규정하고 있다.

③ 「감정평가 실무기준」(700. 목적별 감정평가, 750. 감정평가와 관련된 상담 및 자문 등)

실무기준은 의뢰인과 협의하여야 할 사항과 보고서 작성 내용 등에 관한 내용을 기본적인 지침을 규정함으로써 컨설팅업무 수행의 기본적인 가이드라인을 제공하고 있다. 그러나 감정평가와 관련된 상담 및 자문, 토지등의 이용 및 개발 등에 대한 조언이나 정보 등의 제공의 개념이나 업무범위에 대해서는 명확한 규정이 없어 한계가 존재한다.

(3) 컨설팅업무의 분석방법들

① 경제기반분석의 개념

경제기반분석은 지역의 경제기반이 현재의 고용, 인구, 부동산가치에 미치는 영향을 파악하고 미래 변화를 예측하는 것이다. 경제기반이란 지역 주민의 생계를 유지시키는 경제활동으로, 경제적 요인은 부동산 가치 형성에 결정적 영향을 미치는바 지역경제분석이 중요하다.

② 토지이용분석의 개념

토지이용분석은 토지의 대안적 이용을 비교·검토하여 최유효이용을 판단하는 과정이다. 이 분석은 물리적·법률적·경제적 측면에서 이용 가능성을 검토하고, 각 대안별 수익과 비용을 비교함으로써 이루어진다. 최종적으로 가장 높은 수익성을 제공하는 대안이 최유효이용으로 결정된다.

③ 비용편익분석의 개념

비용편익분석은 여러 투자대안 중 목표달성에 가장 효과적인 대안을 찾기 위해 각 대안의 투입비용과 산출편익을 비교·분석하는 방법이다. 이 분석은 부동산개발 분야에서 주로 활용되지만, 사회간접자본(SOC) 등 대규모 정부 투자사업에도 광범위하게 적용된다.

④ 타당성분석의 개념

타당성분석은 계획 중인 개발사업이 투자자의 요구수익률을 충족할 수 있는지 평가하는 과정이다. 타당성분석은 물리적·법률적·경제적 측면에서 종합적으로 이루어진다. 이 분석은 반드시 객관적인 시장자료에 근거해야 하며, 평가사의 주관적 판단에 의존해서는 안 된다.

⑤ 현금흐름(수지)분석의 개념

현금흐름분석은 현금유입과 유출을 비교·분석하는 방법으로, 주로 세후현금흐름(ATCF) 분석을 통한 수익률 산정에 활용된다. 동일한 사업이라도 투자자에 따라 대출조건, 감가상각방법, 한계세율 등이 다르므로 세후현금흐름에 차이가 발생할 수 있다.

⑥ 컨설팅 업무의 분석방법들 간의 상호관계

컨설팅 업무의 각 분석방법들은 상호 밀접한 관련성을 가진다. 비용편익분석, 타당성분석, 현금흐름분석은 용어는 다르나 근본적으로 동일한 논리구조를 바탕으로 한다. 비용편익분석에서 편익을 화폐가치로 한정하면 현금흐름분석이 되고, 이러한 현금흐름을 기반으로 사업의 타당성을 평가하면 경제적 타당성분석이 된다. 따라서 이들 분석방법 간의 구분은 실질적 의미가 크지 않다.

4) 감정평가(가치평가업무)와 컨설팅업무의 구분[19]

(1) 협회에서 제시한 구분 기준

감정평가사협회는 실질적인 감정평가 행위를 수행한 후 이를 컨설팅 보고서로 발급하는 편법(위법) 행위를 방지하기 위해 감정평가서와 컨설팅보고서의 명확한 구분 기준을 마련했다. 이는 감정평가 업무의 투명성과 신뢰성을 확보하기 위한 제도적 장치로서 의미가 있다.

① 업무의 개념에 따른 구분

감정평가는 토지등의 경제적 가치를 판정하여 그 결과를 가액으로 표시하는 것이다. 이는 특정 시점을 기준으로 토지 등 특정 권익의 가치·가격을 구체적으로 산정하는 업무로, 결과물의 핵심은

---

19) 감정평가사협회(2020), 정책전략실 2020-01236, "「감정평가서」와 「컨설팅보고서」 구분 기준" 참고

가치의 산정과 표시에 있다. 반면, 컨설팅은 토지 등에 대한 문제 해결을 위해 자료를 분석하고 대안이나 의견을 제시하는 행위나 과정이다. 가치·가격 산정이 주목적이 아니라 업무의 구성요소로 활용되며, 토지 등의 거래·개발·이용 등에 대한 전문적 지식이나 기술을 제공하는 데 초점이 맞춰진다.

② 보고서 내용에 따른 구분

　㉠ 감정평가서

감정평가서는 가치(가격) 산정을 주된 내용으로 하며, 경제적 가치를 결론으로 제시한다. 조건 제시 없이 현재 시점의 가치를 결론으로 제시한 경우, 범위로 가치를 제시하더라도 감정평가서에 해당한다. 표준지를 활용하거나 요인 보정치를 적용한 특정일자 기준의 가치평가와 그 과정이 구체적으로 명기된 보고서이며, 특정일자를 기준시점으로 제시하거나 시점수정치를 산정한 보고서도 감정평가서로 분류된다.

　㉡ 컨설팅보고서

컨설팅보고서는 특별한 조건이 수반된 부동산 등에 대한 장래의 활용방법이나 문제해결을 위한 종합의견을 결론으로 제시한다. 가치평가는 종합의견 도출을 위한 하나의 과정으로 활용되며, 사업성분석 등을 추계한 보고서는 컨설팅보고서에 해당한다. 기준시점 및 시점수정이 필요한 경우에는 년·월 수준으로 제시하거나 조사기간으로 명시하는 것이 일반적이다. 또한 범위로 가치를 제시하는 경우에도 최저액과 최고액의 차이가 110%(±5%)를 초과해야 컨설팅보고서로 인정된다.

③ 보고서 양식에 따른 구분

　㉠ 감정평가서

감정평가서는 '감정평가서'라는 명칭을 사용하여 발급한 보고서로, 「감정평가에 관한 규칙」에서 정한 감정평가표, 감정평가액의 산출근거 및 결정의견, 감정평가명세표의 서식이 포함되어 있다. 감정평가사의 서명·날인이 있으며, 특정 기준시점이 제시된 보고서라는 특징을 갖는다.

　㉡ 컨설팅보고서

컨설팅보고서는 정해진 양식이 별도로 없어 의뢰 목적에 따른 분석 내용 및 의견을 자유 서식으로 작성할 수 있다는 점에서 감정평가서와 차이가 있다. 다만 감정평가서와의 명확한 구별을 위해 협회에서 규정한 별도의 서식 사용이 권장되고 있으며, 이는 보고서의 성격과 목적을 명확히 하여 수요자의 혼란을 방지하기 위함이다.

(2) 감정평가와 컨설팅의 구분

① 구분의 필요성

감정평가와 컨설팅은 모두 감정평가사의 업무영역에 해당되어 양자의 개념을 명확하게 구분하지 않고 자의적으로 해석하고 적용하는 경우가 있다. 이로 인해 실질적으로는 감정평가 업무를 수행하면서도 컨설팅업무를 수행한 것으로 가장하는 사례가 발생하고 있다. 감정평가와 컨설팅은 법률적·실무적으로 명확하게 구분되어야 하며, 이러한 구분은 감정평가사의 공적 신뢰를 유지하는 한편, 컨설팅업무의 확대를 통해 감정평가업계의 발전에도 기여하는 초석이 된다.

② 양자의 구체적 구분[20]

감정평가를 A, 컨설팅을 E라고 한다면 A와 E사이에는 B, C, D로 나누어 볼 수 있다. ⊙ B는 감정평가로 진행해야 할 업무를 컨설팅으로 가장하여 처리를 하는 경우로 '가장감정평가'로 부르기로 한다.[21] ⓛ C는 감정평가조건의 합리성 또는 적법성이 충족되지 못하거나 실현가능성이 희박하여 조건부 감정평가를 할 수 없을 때 감정평가를 대신하여 컨설팅업무를 수행하는 경우로 '감정평가 대체 컨설팅'으로 부르기로 한다. ⓒ D는 컨설팅업무를 수행하는 과정에서 가치평가가 수반되는 경우로, 감정평가를 기반으로 해서 컨설팅 업무가 수행되며 '감정평가 기반 컨설팅'으로 부르기로 한다.

이러한 구분을 통해 감정평가와 컨설팅 업무의 경계를 명확히 함으로써, 감정평가사가 수행하는 업무의 투명성과 전문성을 제고할 수 있다. 또한 각 영역에 맞는 적절한 방법론과 접근법을 적용함으로써 의뢰인에게 최적화된 서비스를 제공할 수 있다.

5) 감정평가 검토업무[22][23]

(1) 감정평가검토 업무의 의의

감정평가검토 업무는 감정평가사가 작성한 감정평가서의 내용과 작업의 질에 대해 의견이나 내용을 말하거나, 교환하는 행위 또는 과정이다. 이는 자격을 갖춘 다른 감정평가사가 감정평가 자료의 적절성, 추론의 합리성, 감정평가규정과의 일치 여부 등을 확인하는 활동으로, 토지 등의 가치를 다시 조정하기 위해 시행되는 조정평가나 재평가와는 본질적으로 다른 작업이다. 감정평가검토는 기존 평가의 품질과 신뢰성을 제고하는 데 중요한 역할을 한다.

(2) 감정평가검토의 종류

평가검토의 유형은 ① 실제 현장조사를 통하여 행하여지는 현장검토, ② 현장조사 없이 사무실에서 서류를 검토하는 탁상검토, ③ 독립적인 감정평가사가 원감정평가사와 동등한 자격을 갖추고 자료 수집 및 감정평가 절차와 평가논리가 감정평가 실무기준을 따르고 있는지 검토하는 총괄검토가 있다. 실무에서는 대부분 현장확인을 거치지 않는 탁상검토 방식이 주로 활용되며, 이는 정형화된 체크리스트를 통해 평가방법의 적절성, 조사자료의 합리성, 계산상의 오류 등을 체계적으로 확인하는 과정으로 진행된다.

---

20) 서광채, 감정평가학원론, 부연사, p.40 이하
21) 정주희(2022, 타 자격사의 유사 감정평가행위 실태파악 및 유형별 대응방안 , 한국부동산연구원, p.24)는 감정평가법인등이 아닌 자가 감정평가업을 하는 것을 유사감정평가로 명명하고 있는데, 가장감정평가는 감정평가법인등이 컨설팅으로 가장하여 감정평가하는 것으로 차이가 있다.
22) 나상수, 감정평가 이론강의II, 리북스, 2009, p.593
23) 서광채, 감정평가학원론, 부연사, p.42 이하

(3) 법적 근거 및 성격

감정평가검토는 그동안 이론적으로 논의되어 왔으나, 국토교통부가 '감정평가산업의 경쟁력 강화를 위한 개선방안(20.09.11)'에서 감정평가의 신뢰성 제고와 전문자격 자정작용을 위해 감정평가서 검토 제도의 도입을 제시한 이후 「감정평가 및 감정평가사에 관한 법률」 제7조 제3항·제4항이 신설[24]되어 2022.1.21.부터 시행되고 있다.

감정평가검토는 포괄적으로는 현행법상 「감정평가 및 감정평가사에 관한 법률」 제10조 제9호의 제1호부터 제8호까지의 업무에 부수되는 업무에 포함되는 것으로 해석할 수 있다. 그러나 협회는 「감정평가 및 감정평가사에 관한 법률」 제10조 제6호 감정평가와 관련된 상담 및 자문에 포함되는 것으로 해석하고 있다.[25]

그러나 「감정평가 및 감정평가사에 관한 법률 시행령」 제7조와 시행령 제7조의2 내지 제7조의4는 감정평가서의 적정성 검토의 절차, 검토의뢰인 등을 명확히 규정하고 있으며, 「감정평가 및 감정평가사에 관한 법률」 제10조 제6호와 다른 성격을 지닌다고 보는 것이 타당하다.

(4) 평가검토의 목적(필요성)

① 일관성과 정확성 제고

감정평가 검토는 감정평가서의 형식적 측면의 정확성과 내용적 측면의 논리적 일관성을 확인하는 데 목적이 있다. 관련 법률이나 의뢰인이 요구하는 형식적 요건을 충족하는지 점검하고, 평가 방법의 적절성과 적용 과정의 합리성을 검증한다. 이러한 검토 과정은 감정평가서의 품질을 향상시키고 평가 결과의 신뢰성을 제고한다.

② 의사결정의 근거제시

감정평가서는 평가의뢰인이 부동산 관련 의사결정을 내릴 때 판단 근거가 된다. 평가검토 과정에서는 감정평가서가 모든 관련 경제지표와 비교요소들을 충분히 고려했는지, 사용된 평가기법이 해당 과제에 적합한지를 종합적으로 판단한다. 이로써 평가검토는 평가의뢰인이 합리적이고 적합한 결정을 내릴 수 있도록 지원하는 역할을 한다.

③ 대출기관의 위험관리 강화

감정평가 검토는 평가서에 제시된 시장 분석 내용을 재확인하고 심층적으로 분석함으로써 의사결정에 따르는 위험의 정도를 별도로 평가한다. 소규모 은행과 같이 별도의 위험 관리 기관이 없는 경우, 검토평가사가 위험 평가 및 관리 역할을 수행한다. 이는 부실 대출을 방지하고 금융 시스템의 안정성을 강화하는 데 기여한다.

④ 감정평가의 질적 발전 도모

감정평가 검토를 통해 신뢰성 있는 평가서가 제공됨으로써 감정평가에 대한 사회적 신뢰와 위상이 높아진다. 이러한 평가검토 과정은 평가사의 전문성을 향상시키고 감정평가업계 전체의 발전을 촉진한다. 또한 감정평가사 간 상호 검증을 통해 전문가 집단 내 자정작용이 활성화되어 감정평가 실무의 표준화와 고도화가 이루어진다.

---

24) **제7조(감정평가서의 심사 등)** ③ 감정평가 의뢰인 및 관계 기관 등 대통령령으로 정하는 자는 발급된 감정평가서의 적정성에 대한 검토를 대통령령으로 정하는 기준을 충족하는 감정평가법인 등(해당 감정평가서를 발급한 감정평가법인등은 제외한다)에게 의뢰할 수 있다.

④ 제1항에 따른 심사대상·절차·기준 및 제3항에 따른 검토절차·기준 등에 관하여 필요한 사항은 대통령령으로 정한다.

25) 감정평가사 협회, 감정평가서 검토제도 가이드라인, 2022, p.3

(5) 감정평가검토의 요건 및 절차(「감정평가 및 감정평가사에 관한 법률 시행령」 제7조, 제7조의2, 제7조의3, 제7조의4)[26]

절차	세부 사항
법인이나 사무소의 검토업무 수임 요건	기준을 충족하는 감정평가법인등이란 소속된 감정평가사가 둘 이상인 감정평가법인 등을 말한다(「감정평가법 시행령」 제7조의2).
의뢰서 확인	① 의뢰인 적격 여부, 검토대상, 검토 목적, 검토 활용처, 검토의 범위 등을 제시한 의뢰서 및 감정평가서 사본 제출 확인 ② 검토대상이 검토를 의뢰받은 감정평가법인등이 작성한 감정평가서가 아닌지 확인(「감정평가법」 제7조 제3항).
수임 결정 및 검토감정평가사 지정	① 검토업무 범위 재확인 및 현장조사 여부, 소요시간, 수수료, 검토결과서 양식 등 안내 ② 검토감정평가사 지정(「감정평가법 시행령」 제7조의3 제2항)
검토업무 수행	재평가가 아니므로 가액을 제시하지 아니하며 감정평가로 오인되지 않도록 주의하며, 검토업무 수행 시 중단 또는 취소 사유 발생 여부 확인
서명·날인 및 발급	검토결과서에 서명과 날인 후 발급(「감정평가법 시행령」 제7조의4)하며, 검토의뢰인의 중복 의뢰를 방지하고자 수수료 정산 후 검토결과서 발급을 권장함
검토결과서 보관 및 협회 실적 보고	「감정평가법」 제33조는 회원의 관리 및 지도에 관한 사무를 하도록 하기 위해 협회를 두도록 하고 있고, 제34조는 회원의 지도 관리에 관한 사항을 회칙에 규정하도록 하고 있으며, 검토결과서의 품질관리 차원에서 검토결과서 보관 및 현황 파악을 위한 협회 실적보고가 필요함

(6) 평가자와 검토자의 관계

① 감정평가사의 역할

감정평가사는 자신의 가치 결론에 대한 책임을 져야 한다. 감정평가 결과는 객관적인 근거와 논리를 바탕으로 도출된 판단이므로 평가사는 그에 대한 신뢰성과 정확성을 보장해야 한다. 또한, 감정평가서를 제출한 이후에도 의뢰인의 질문이나 요청에 대해 성실하게 답변할 의무가 있다. 평가 과정과 결과에 대한 충분한 설명이 이루어져야 하며, 이를 통해 평가의 타당성을 뒷받침해야 한다.

② 검토평가사의 역할

검토평가사는 감정평가의 신뢰성을 높이고, 평가의 적정성을 검토하는 역할을 수행한다. 이를 위해서는 전문적인 역량을 갖추는 것이 필수적이며, 지속적인 교육·훈련·경험을 통해 검토 능력을 발전시켜야 한다. 검토평가사들은 일반적으로 평가자들에 비해 동등 이상의 지식과 경험을 보유하고 있어야 한다. 일반평가사들과 마찬가지로 자신의 검토결정에 대해 책임을 져야 하며, 중립적인 위치에서 공정하고 객관적으로 검토업무를 수행해야 한다.

---

26) 감정평가사협회, 감정평가서 검토제도 가이드라인, 2022, p.5

(7) 평가검토시 유의사항

① 보고서 전체를 대상

감정평가검토는 감정평가서 전체를 대상으로 해야 한다. 일부분만 검토하는 경우에는 검토감정평가사가 잘못된 판단을 할 가능성이 높다. 감정평가서의 일부분만을 분석하게 되면 다른 부분은 검토되지 않았다는 사실을 반드시 명시해야 한다.

② 공정하고 객관적인 분석

감정평가 검토는 공정성과 객관성을 바탕으로 수행되어야 한다. 공정성이란 특정한 이해관계나 목적에 치우치지 않고, 감정평가서의 내용을 균형 잡힌 시각에서 검토하는 것을 의미한다. 객관성이란 검토 과정에서 개인적인 편견을 배제하고, 명확한 근거와 논리에 따라 평가 내용을 분석하는 것을 뜻한다.

③ 기준시점 당시의 시장상황과 관점에 근거해서 검토

감정평가 검토는 기준시점 당시의 시장상황과 관점을 바탕으로 이루어져야 한다. 검토 시점의 상황을 기준으로 평가 내용을 판단해서는 안 된다. 특히, 기준시점 당시 발생 여부가 불확실했던 상황이 이후 확정되었다고 해서, 해당 사실을 바탕으로 감정평가서를 다시 검토해서는 안 된다. 감정평가서는 기준시점을 기준으로 한 분석이므로, 사후적으로 달라진 사실을 반영하면 평가의 신뢰성이 훼손될 수 있다.

④ 평가전제 존중 및 평가내용 임의변경 금지

감정평가 보고서의 전제 조건, 가정, 문제 정의 등을 임의로 변경하거나 무시해서는 안 된다. 이러한 요소는 평가의 기초가 되므로, 자의적으로 해석하거나 수정할 경우 감정평가 검토가 아닌 새로운 감정평가가 되는 셈이다.

6) 감정평가 심사

(1) 개념

감정평가 심사제도란 감정평가법인에 한해 소속 감정평가사가 작성한 감정평가서의 적정성을 같은 법인 소속의 다른 감정평가사에게 심사하게 하여, 감정평가서에 그 심사사실을 표시하고 서명과 날인을 하도록 하는 것을 말한다.

(2) 감정평가 심사제도와 관련된 규정

감정평가법 제7조에서는 감정평가서의 심사에 관하여 규정하고 있다. 감정평가서를 심사하는 감정평가사는 작성된 감정평가서를 수정·보완하여 의견을 제시할 수 있으며, 해당 감정평가서의 수정·보완을 확인한 후 감정평가서에 심사사실을 표시하고 서명과 날인을 해야 한다(법 시행령 제7조). 이때 심사의 대상은 감정평가법 제3조 제3항에 따른 원칙과 기준의 준수 여부를 그 내용으로 한다.

(3) 감정평가 심사제도의 문제점

법률의 규정상 감정평가서의 심사는 감정평가법인에 한정하고 있다. 즉, 감정평가사 사무소는 협회 심사 외에 사무소 내부적으로 심사 대상에서 제외되어 있다는 문제점이 있다. 한편, 심사제도의 취지를 살리기 위해서는 심사자의 전문성과 객관성이 무엇보다 중요하다. 하지만 현행 규정은 심사자의 자격 등에 관한 규정이 존재하지 아니하는 문제점을 지니고 있다.

(4) 감정평가 심사, 검토, 타당성조사, 표본조사의 구별

구분	평가심사	평가검토	타당성조사	표본조사
목적	감정평가서 품질관리	의사결정의 근거 제시, 위험관리 강화	감정평가사의 도덕적해이 예방	감정평가 제도 개선
수행주체	감정평가사(내부), 감정평가 협회	감정평가사(외부)	국토부장관	국토부장관 → 부동산원
결과	심사 의견 제시 및 발급 전 수정	징계 등	징계 등	징계 등
「감정평가법」상 근거법령	제7조 제1항·제2항	제7조 제3항·제4항	제8조 제1항~제3항	제8조 제4항

3. 감정평가업무 수행시 유의사항

1) 전문적 가치판정 능력

감정평가사는 전문가로서 가치평가원칙과 이론에 대한 일정 수준의 지식과 관련 자료를 파악·수집·분석할 수 있는 능력을 갖추어야 한다. 적절한 가치평가접근법 및 평가방법을 적용하여 전문가적 판단을 할 수 있는 자질이 필요하다. 또한 사회의 변화와 함께 기술가치 등 감정평가 대상이 다양해짐에 따라 적절한 가치 판정을 할 수 있는 지식을 지속적으로 습득해야 한다.

2) 공정성과 객관성

감정평가업무의 본질은 공정하고 객관적인 가치판단에 있다. 감정평가사는 업무 수행 과정에서 중립적 입장을 견지하고, 특정 이해관계에 영향을 받지 않아야 한다. 객관성의 원칙이란 편파적이지 않고 이해관계에 있어 중립적이며 이해상충이 없어야 함을 의미한다. 감정평가사는 의뢰인의 요구나 압력에 굴복하지 않고, 독립적인 전문가로서 정당한 주의의무를 가지고 성실하게 업무를 수행해야 한다.

3) 비밀엄수

감정평가사는 업무 수행과정에서 획득한 정보와 가치평가 결과를 정당한 사유 없이 누설하거나 의뢰받은 목적 이외에 사용해서는 안 된다. 비밀유지의무는 업무 종료 후에도 계속되며, 감정평가사의 직업윤리의 핵심 요소이다. 특히 공공기관 의뢰에 따른 정보는 공시 전 유출 시 부동산 투기 등의 문제를 야기할 수 있으므로 철저한 관리가 필요하다. 또한 감정평가사는 성공보수 조건의 감정평가업무 수임을 거부해야 하며, 이는 감정평가사의 객관성과 독립성을 보장하기 위함이다.

4) 독립성 확보

감정평가사는 업무 수행에 있어 외부의 부당한 영향이나 간섭으로부터 자유로운 독립적 지위를 유지해야 한다. 독립성은 감정평가 결과의 신뢰성을 보장하는 기본 전제이다. 감정평가사는 의뢰인과의 관계에서도 독립성을 유지해야 하며, 의뢰인의 의도나 기대에 부합하는 결과를 도출하기 위해 전문가적 판단을 왜곡해서는 안 된다. 또한 감정평가사는 평가 대상물에 대해 직·간접적 이해관계가 있을 경우 이를 명확히 밝히고, 필요시 업무 수행을 회피해야 한다. 감정평가사는 자신의 경제적 이익이나 인간관계 등으로 인해 평가 결과가 영향받지 않도록 유의해야 한다.

4. 감정평가의 직업윤리

1) 직업윤리의 개념

직업윤리란 감정평가사가 그 직무를 수행함에 있어 관계법령에 의한 제 규정은 물론이고 그 외에도 자율적으로 준수해야 할 전문 직업인으로서의 행위규범을 의미한다. 감정평가는 주된 대상인 부동산이 가지고 있는 사회성·공공성에 의해 높은 수준의 직업윤리가 요구된다.

감정평가사의 직업윤리는 법률이나 규정으로 명문화된 의무 외에도 전문가 집단 내부의 자율적 규범과 사회적 기대를 포함한다. 이는 감정평가사가 스스로의 행위를 규제하고 판단하는 내면적 기준이 되며, 전문가 집단의 자정작용과 발전의 원동력이 된다.

2) 감정평가사에게 직업윤리가 강조되는 이유

(1) 이론적 중요성

① 부동산 특성 측면

부동산은 개인의 필수재이자 국가 경제의 중추적 자산으로, 사회적·공공적 성격이 강하다. 감정평가는 단순한 개인 간 거래 문제를 넘어 사회 전체의 부의 분배와 복지에 부정적 영향을 미친다. 특히 공공사업을 위한 토지보상, 조세부과를 위한 과세평가 등에서 윤리적 판단 오류는 사회적 갈등과 자원 낭비를 초래한다. 이에 감정평가사는 가치판정 전문가로서 업무의 사회경제적 파급효과를 인식하고, 공정성과 객관성에 기반한 높은 수준의 직업윤리를 실천해야 한다.

② 부동산 시장 측면

부동산은 일반재화와는 다른 고유의 특성으로 인해 시장은 불완전하며 이에 따라 적정가격의 형성이 어렵다. 이러한 특성으로 인해 전문적인 지식을 바탕으로 시장의 기능을 보완하고 적정가격을 지적할 공정하고 객관적인 전문가의 필요성이 존재한다. 감정평가의 결과는 시장 경제의 지표이자 정책 수립의 기준이 되는 등 사회적으로 역할이 매우 큰바, 왜곡된 감정평가는 시장왜곡을 크게 야기할 수 있다. 따라서 국가로부터 권한을 받은 감정평가사에게는 직업윤리가 더욱 강조된다.

③ 감정평가의 사회성·공공성

부동산은 개인과 국가의 중요한 자산이며, 필수재로서 개인의 행복과 사회복지에 영향을 미친다. 부동산은 사회성과 공공성이 큰 재화이다. 부동산을 주로 업무의 대상으로 삼는 감정평가업은 가치판정의 전문가로서 업무가 사회적·경제적 영향을 인식하고 양심적으로 업무를 수행해야 할 높은 직업윤리가 요구된다.

④ 전문자격사로서의 소양

전문자격사 제도는 고도의 전문지식과 공공성이 요구되는 분야에서 국민에게 안정적이고 신뢰할 수 있는 서비스를 제공하기 위해 존재한다. 감정평가사에게 부여된 배타적 업무권한은 이에 상응하는 엄격한 윤리적 책임을 수반한다. 전문성 결여나 윤리적 해이는 자격제도의 존립 기반을 약화시키고, 국가의 자격 부여 취지를 훼손한다. 따라서 감정평가사는 단순한 기술적 역량을 넘어 지속적인 윤리적 성찰과 사회적 책임감을 바탕으로 업무를 수행해야 한다.

⑤ 외부환경의 변화

자본주의와 민주주의의 발달, 사유재산권에 대한 높은 인식 등 사회적·경제적 환경의 변화에 따라 다양한 대상에 대한 높은 수준의 감정평가 서비스가 요구된다. 감정평가 서비스가 고도화·전문화될수록 감정평가사에게는 더 높은 수준의 지식과 경험, 판단력이 요구되며 고도의 전문가로서 더욱 높은 직업윤리가 요구된다.

(2) 실무상 중요성

① 경제적 파급효과와 사회적 책임

감정평가는 부동산, 동산, 무형자산 등 국민경제의 핵심 자산에 대한 가치 판단으로, 그 결과는 광범위한 경제적 파급효과를 가진다. 윤리적 기준을 무시한 감정평가는 자산 버블 형성, 부당한 보상, 불공정한 과세로 이어져 사회적 비용을 증가시킨다. 따라서 감정평가사는 자신의 평가 결과가 미칠 경제적·사회적 영향을 항상 인식하고, 엄격한 직업윤리를 바탕으로 업무를 수행해야 한다.

② 신뢰성 확보와 직업적 지속가능성

감정평가업의 본질은 전문성과 공정성에 기반한 신뢰에 있다. 의뢰인의 부당한 요구에 따르거나 이해관계에 편향된 평가는 단기적 이익을 가져올 수 있으나, 장기적으로는 직업적 신뢰도 하락과 업계 전체의 위상 추락을 초래한다. 감정평가사 개인과 업계의 지속가능한 발전을 위해서는 엄격한 윤리 기준 준수가 필수적이며, 이는 직업적 자긍심과 사회적 존중의 토대가 된다.

③ 법적·제도적 규제와 자율규제의 균형

감정평가사의 윤리적 해이는 민·형사상 책임뿐만 아니라 행정처분 등 법적 제재로 이어질 수 있다. 윤리 의식이 결여된 업무 수행은 외부 규제 강화의 원인이 되어 직업적 자율성을 제한하는 결과를 가져온다. 반면, 높은 수준의 직업윤리 실천은 자율규제의 기반이 되어 전문가로서의 자율성과 권위를 보장한다. 따라서 감정평가사는 자발적이고 적극적인 윤리 기준 준수를 통해 외부 규제와 자율규제 사이의 건전한 균형을 유지해야 한다.

3) 관련 규정

(1) 「감정평가 및 감정평가사에 관한 법률」

① 「감정평가 및 감정평가사에 관한 법률」 제23조(수수료 등)

> 제23조(수수료 등) ① 감정평가법인등은 의뢰인으로부터 업무수행에 따른 수수료와 그에 필요한 실비를 받을 수 있다.
> ② 제1항에 따른 수수료의 요율 및 실비의 범위는 국토교통부장관이 제40조에 따른 감정평가관리·징계위원회의 심의를 거쳐 결정한다.
> ③ 감정평가법인등과 의뢰인은 제2항에 따른 수수료의 요율 및 실비에 관한 기준을 준수하여야 한다.

② 「감정평가 및 감정평가사에 관한 법률」 제25조(성실의무 등)

> 제25조(성실의무 등) ① 감정평가법인등(감정평가법인 또는 감정평가사사무소의 소속 감정평가사를 포함한다. 이하 이 조에서 같다)은 제10조에 따른 업무를 하는 경우 품위를 유지하여야 하고, 신의와 성실로써 공정하게 하여야 하며, 고의 또는 중대한 과실로 업무를 잘못하여서는 아니 된다.

② 감정평가법인등은 자기 또는 친족 소유, 그 밖에 불공정하게 제10조에 따른 업무를 수행할 우려가 있다고 인정되는 토지등에 대해서는 그 업무를 수행하여서는 아니 된다.

③ 감정평가법인등은 토지등의 매매업을 직접 하여서는 아니 된다.

④ 감정평가법인등이나 그 사무직원은 제23조에 따른 수수료와 실비 외에는 어떠한 명목으로도 그 업무와 관련된 대가를 받아서는 아니 되며, 감정평가 수주의 대가로 금품 또는 재산상의 이익을 제공하거나 제공하기로 약속하여서는 아니 된다.

⑤ 감정평가사, 감정평가사가 아닌 사원 또는 이사 및 사무직원은 둘 이상의 감정평가법인(같은 법인의 주·분사무소를 포함한다. 또는 감정평가사사무소에 소속될 수 없으며, 소속된 감정평가법인 이외의 다른 감정평가법인의 주식을 소유할 수 없다.

⑥ 감정평가법인등이나 사무직원은 제28조의2에서 정하는 유도 또는 요구에 따라서는 아니 된다.

③ 「감정평가 및 감정평가사에 관한 법률」 제26조(비밀엄수)

> **제26조(비밀엄수)** 감정평가법인등(감정평가법인 또는 감정평가사사무소의 소속 감정평가사를 포함한다. 이하 이 조에서 같다)이나 그 사무직원 또는 감정평가법인등이었거나 그 사무직원이었던 사람은 업무상 알게 된 비밀을 누설하여서는 아니 된다. 다만, 다른 법령에 특별한 규정이 있는 경우에는 그러하지 아니하다.

④ 「감정평가 및 감정평가사에 관한 법률」 제27조(명의대여 등의 금지)

> **제27조(명의대여 등의 금지)** ① 감정평가사 또는 감정평가법인등은 다른 사람에게 자기의 성명 또는 상호를 사용하여 제10조에 따른 업무를 수행하게 하거나 자격증·등록증 또는 인가증을 양도·대여하거나 이를 부당하게 행사하여서는 아니 된다.
> ② 누구든지 제1항의 행위를 알선해서는 아니 된다.

⑤ 「감정평가 및 감정평가사에 관한 법률」 제28조(손해배상책임)

> **제28조(손해배상책임)** ① 감정평가법인등이 감정평가를 하면서 고의 또는 과실로 감정평가 당시의 적정가격과 현저한 차이가 있게 감정평가를 하거나 감정평가 서류에 거짓을 기록함으로써 감정평가 의뢰인이나 선의의 제3자에게 손해를 발생하게 하였을 때에는 감정평가법인등은 그 손해를 배상할 책임이 있다.
> ② 감정평가법인등은 제1항에 따른 손해배상책임을 보장하기 위하여 대통령령으로 정하는 바에 따라 보험에 가입하거나 제33조에 따른 한국감정평가사협회가 운영하는 공제사업에 가입하는 등 필요한 조치를 하여야 한다.
> ③ 감정평가법인등은 제1항에 따라 감정평가 의뢰인이나 선의의 제3자에게 법원의 확정판결을 통한 손해배상이 결정된 경우에는 국토교통부령으로 정하는 바에 따라 그 사실을 국토교통부장관에게 알려야 한다.
> ④ 국토교통부장관은 감정평가 의뢰인이나 선의의 제3자를 보호하기 위하여 감정평가법인등이 갖추어야 하는 손해배상능력 등에 대한 기준을 국토교통부령으로 정할 수 있다.

⑥ 「감정평가 및 감정평가사에 관한 법률」 제35조(회원가입 의무 등), 제36조(윤리규정)

> **제35조(회원가입 의무 등)** ① 감정평가법인등과 그 소속 감정평가사는 협회에 회원으로 가입하여야 하며, 그 밖의 감정평가사는 협회의 회원으로 가입할 수 있다.
>   ② 협회에 회원으로 가입한 감정평가법인등과 감정평가사는 제34조에 따른 회칙을 준수하여야 한다.
> **제36조(윤리규정)** ① 협회는 회원이 직무를 수행할 때 지켜야 할 직업윤리에 관한 규정을 제정하여야 한다.
>   ② 회원은 제1항에 따른 직업윤리에 관한 규정을 준수하여야 한다.

(2) 「감정평가에 관한 규칙」 제3조(감정평가법인등 의무)

> **제3조(감정평가법인등 의무)** 감정평가법인등은 다음 각 호의 어느 하나에 해당하는 경우에는 감정평가를 해서는 안 된다.
> 1. 자신의 능력으로 업무수행이 불가능하거나 매우 곤란한 경우
> 2. 이해관계 등의 이유로 자기가 감정평가하는 것이 타당하지 않다고 인정되는 경우

(3) 「실무기준」 200. 감정평가업자의 윤리

「실무기준」은 200. 감정평가업자의 윤리에서 자율적인 규율과 함께 법령 등에서 정하여진 윤리의 준수의무를 부과하고 세부적인 윤리규정을 서술하고 있다. 윤리규정은 크게 기본윤리와 업무윤리로 나누어지며, 내용적 범위를 감정평가관계법규와 실무기준을 기준으로 한다.

① 기본윤리는 품위유지, 신의성실(부당한 감정평가의 금지, 자기계발, 자격증 등의 부당한 사용의 금지), 청렴, 보수기준 준수가 있다.

> **1. 품위유지**
> 감정평가업자는 국가가 공인한 해당 분야의 전문자격사로서, 국가나 사회에 미치는 영향을 고려하여 합당한 언행과 품위를 유지해야 한다는 윤리규정이다.
>
> **2. 신의성실**
> **(1) 부당한 감정평가의 금지**
> 감정평가업자는 성실한 자세로 업무에 임하여야 한다. 그러한 과정에서 고의 또는 중대한 과실로 인해 부당한 감정평가를 해서는 아니 된다. 업무를 수행할 때 정직성과 성실성을 유지하며, 문제의 해결을 기피하지 않고 능동적으로 대처하여 국민의 신뢰를 향상시키도록 노력하여야 한다.
> **(2) 자기계발**
> 감정평가업자는 전문인으로서 지속적으로 자기계발을 위해 노력하여야 한다. 감정평가를 둘러싼 환경은 끊임없이 변화하고 의뢰인들의 요구사항도 계속적으로 변화한다. 감정평가업자는 전문자격사로서 사회적 역할을 다하기 위해 관련 전문지식을 습득·계발하도록 노력하고, 고도화된 지식을 올바르게 활용하여 사회에 기여할 수 있도록 하여야 한다.
> **(3) 자격증 등의 부당한 사용의 금지**
> 「감정평가 및 감정평가사에 관한 법률」에서는 법률에서 정한 자격을 갖춘 사람만 감정평가업을 할 수 있도록 규정하고 있다. 그 이유로는 ① 사회적·경제적 혼란을 방지하고, 제3자에게 불이익이 없도록 하기 위함이다. ② 전문자격제도의 보호를 위해서이다. ③ 감정평가업무는 경력 및 능력에 따라 할 수 있는 업무의 범위를 법령에서 규정하고 있는데, 이를 왜곡하는 것을 방지하기 위함이다.

3. 청렴

감정평가업자는 정당한 보수 외에 어떠한 대가를 받는 것을 금지하는 규정을 두고 있다. 이는 감정평가업자는 부당한 압력이나 금전적 대가 등에서 자유로워야 감정평가의 독립성과 공정성을 유지할 수 있기 때문에 존재하는 규정이다.

4. 보수기준 준수

감정평가업자는 「감정평가 및 감정평가사에 관한 법률」에서 정한 수수료 요율 및 실비 기준을 규정하고 있다. 부정한 수수료를 받고 행한 감정평가의 공정성과 신뢰성이 문제될 수 있으므로 이를 규정하여 미리 방지하고자 하는 규정이다.

② 업무윤리는 의뢰인에 대한 설명 등, 불공정한 감정평가 회피, 비밀준수 등 타인의 권리보호가 있다.

1. 의뢰인에 대한 설명

사회가 고도화되고 전문가에 대한 의존도가 높아짐에 따라 의뢰인은 감정평가 내용이 합리적인지를 판단하고 있다. 그 내용에 대한 근거가 충분하지 않을 경우 감정평가업자는 불신을 받게 된다. 감정평가 내용을 의뢰인에게 설명하도록 규정함으로써 추후에 발생가능한 분쟁을 예방하고 신뢰성을 제고하는 데 목적이 있다.

① 감정평가업자는 감정평가 의뢰를 수임하기 전에 감정평가 목적 · 감정평가조건 · 기준시점 및 대상물건 등에 대하여 의뢰인의 의견을 충분히 듣고 의뢰인에게 다음 각 호의 사항을 설명하여야 한다.
1. 대상물건에 대한 감정평가 업무수행의 개요
2. 감정평가 수수료와 실비, 그 밖에 의뢰인에게 부담이 될 내용
② 감정평가업자는 대상물건에 대한 조사 과정에서 의뢰인이 제시한 사항과 다른 내용이 발견된 경우에는 의뢰인에게 이를 설명하고 적절한 조치를 취하여야 한다.
③ 감정평가업자가 감정평가서를 발급할 때나 발급이 이루어진 후 의뢰인의 요청이 있는 경우에는 다음 각 호의 사항을 의뢰인에게 설명하여야 한다.
1. 감정평가액의 산출 과정 및 산출 근거
2. 감정평가 수수료와 실비, 그 밖에 발생한 비용의 산출 근거
3. 감정평가 결과에 대한 이의제기 절차 및 방법
4. 그 밖에 의뢰인이 감정평가 결과에 관해 질의하는 사항

2. 불공정한 감정평가 회피

감정평가업자는 독립성 · 객관성 · 공정성을 유지하고 감정평가업무를 수행해야 한다. 감정평가업자와 이해관계가 있는 감정평가는 그 자체로 감정평가의 공정성과 신뢰성을 저해할 우려가 있으므로 금지한다.

① 감정평가업자는 객관적으로 보아 불공정한 감정평가를 할 우려가 있다고 인정되는 대상물건에 대해서는 감정평가를 해서는 아니 된다.
② 불공정한 감정평가의 내용에는 다음 각 호의 사항이 포함된다.
1. 대상물건이 담당 감정평가사 또는 친족의 소유이거나 그 밖에 불공정한 감정평가를 할 우려가 있는 경우
2. 이해관계 등의 이유로 자기가 감정평가하는 것이 타당하지 아니하다고 인정되는 경우

3. 비밀준수 등 타인의 권리 보호

감정평가업자는 감정평가 업무를 수행하면서 알게 된 비밀을 정당한 이유 없이 누설하여서는 아니된다. 업무를 수행하면서 알게 된 의뢰인과 제3자의 정보를 보호하고, 비밀을 엄수함으로써 타인의 권리를 보호하고자 하는 규정이다.

(4) 감정평가사협회의 윤리규정

협회는 전문자격사로서 직무를 수행할 때 지켜야 할 윤리규정을 도입하여 운영하고 있다. 윤리규정은 제1장 윤리강령, 제2장 일반윤리, 제3장 직무에 관한 윤리, 제4장 의뢰인에 대한 윤리, 제5장 회원 상호간의 윤리, 제6장 협회와의 윤리, 제7장 보수기준 준수 윤리, 제8장 교육 및 자기계발 윤리로 구성되어 있다.

4) 현행 규정의 문제점 및 개선방향[27]

(1) 윤리규정의 문제점

① 윤리기준의 추상성

현행 윤리규정은 지나치게 추상적이어서 실무 적용이 어렵다. 이로 인해 감정평가사는 최소한의 명확한 법규정만 준수하고 전문직업인으로서의 윤리적 책임은 간과한다. 추상적 기준은 감정평가사마다 상이한 윤리적 판단을 초래하여 업무 일관성을 저해하고 결과적으로 감정평가의 사회적 신뢰도를 하락시킨다.

② 평가과정상 준사사항의 결여

현행 윤리규정은 구체적인 업무 단계별 윤리적 행동지침을 제공하지 않는다. 감정평가사는 가치 산정, 자료 수집, 의뢰인 관계 등에서 명확한 윤리적 지침 없이 개인적 판단에 의존한다. 이는 평가방법 선정, 자료 처리, 보고서 작성 과정에서 일관된 윤리 기준 적용을 불가능하게 하여 전문가 집단으로서의 통일된 윤리 실천을 저해한다.

③ 윤리규정 미준수에 대한 사전예방 시스템 부재

현행 윤리규정은 비윤리적 행위 발생 후 징계와 책임만 규정할 뿐, 사전 예방 장치가 없다. 이러한 구조적 취약성은 윤리적 문제를 사전에 감지하고 예방하는 체계적 장치의 부재로 이어져 중대한 윤리적 문제가 발생한 후에야 대응하는 사후적 관리만 이루어진다.

(2) 윤리규정의 개선방향

① 구체적 윤리기준의 제정

감정평가 과정의 각 단계별 구체적 윤리기준을 마련할 필요가 있다. 협회를 통해 실무지침 성격의 상세 윤리규범을 개발할 수 있다. 의뢰인 접촉, 자료수집, 가치평가, 보고서 작성 등 업무 단계별 윤리기준과 이해상충, 정보비대칭 상황의 대응지침을 포함할 필요가 있다. 이는 감정평가사에게 명확한 행동지침을 제공하여 윤리적 불확실성을 해소할 수 있다.

② 자율적 규제 보완

감정평가업의 전문적 특성상 외부 규제보다 내부 자율규제가 효과적이다. 윤리적 자기성찰 문화를 조성하고, 윤리위원회의 자문 기능을 강화할 필요가 있다. 감정평가사가 스스로 높은 윤리 기준을 설정하고 준수하면 외부 규제 개입을 최소화하고 직업적 독립성을 보존할 수 있다. 윤리적 모범사례 공유와 동료 간 상호검토 시스템 구축으로 협업적 윤리 문화를 조성할 수 있다.

---

27) 박준필 · 이충길, A+감정평가이론, 리북스, 2010, p.28 참고

③ 윤리교육 및 감독의 강화

실제 사례 기반의 토론과 윤리적 딜레마 해결 훈련으로 구성된 교육 프로그램을 개발할 필요가 있다. 신규 감정평가사 기본과정, 경력자 심화과정, 관리자 리더십 과정으로 차별화하고 정기적 보수교육을 실시할 수 있다. 협회는 교육 이수를 엄격히 관리하고 우수 윤리 실천 사례를 시상하여 윤리적 행동 동기를 부여할 필요가 있다. 체계적 교육은 감정평가사의 윤리의식을 내재화하여 외부 감독 필요성을 감소시킬 수 있다.

④ 심사제도의 강화

심사항목을 세분화하고 객관적 평가기준을 마련하며 심사자의 책임과 권한을 명확히 규정할 수 있다. 심사 결과에 대한 피드백 시스템을 구축하고 반복적 문제점에 대한 개선방안을 체계적으로 관리할 수 있다. 법인과 사무소는 내부 심사체계를 강화하고 협회는 심사 품질을 주기적으로 점검할 필요가 있다. 이러한 심사제도는 윤리적 문제를 사전에 발견하고 예방하는 핵심 장치로 기능할 수 있다.

Ⅳ. 감정평가의 원칙(방법)

1. 감정평가의 원칙

감정평가의 일반적인 기준역할을 수행하고 있는 「감정평가에 관한 규칙」은 감정평가의 원칙으로 시장가치기준원칙(동칙 제5조), 현황기준 원칙(동칙 제6조), 개별물건기준 원칙(동칙 제7조)을 규정하고 있다.

2. 「감정평가에 관한 규칙」 제5조(시장가치기준원칙)

제5조(시장가치기준 원칙) ① 대상물건에 대한 감정평가액은 시장가치를 기준으로 결정한다.
② 감정평가법인등은 제1항에도 불구하고 다음 각 호의 어느 하나에 해당하는 경우에는 대상물건의 감정평가액을 시장가치 외의 가치를 기준으로 결정할 수 있다.
1. 법령에 다른 규정이 있는 경우
2. 감정평가 의뢰인(이하 "의뢰인"이라 한다)이 요청하는 경우
3. 감정평가의 목적이나 대상물건의 특성에 비추어 사회통념상 필요하다고 인정되는 경우
③ 감정평가법인등은 제2항에 따라 시장가치 외의 가치를 기준으로 감정평가할 때에는 다음 각 호의 사항을 검토해야 한다. 다만, 제2항제1호의 경우에는 그렇지 않다.
1. 해당 시장가치 외의 가치의 성격과 특징
2. 시장가치 외의 가치를 기준으로 하는 감정평가의 합리성 및 적법성
④ 감정평가법인등은 시장가치 외의 가치를 기준으로 하는 감정평가의 합리성 및 적법성이 결여되었다고 판단할 때에는 의뢰를 거부하거나 수임을 철회할 수 있다.

1) 시장가치기준 원칙의 개념

(1) 기준가치와 시장가치의 정의 등

기준가치란 감정평가의 기준이 되는 가치를 말한다(「감정평가에 관한 규칙」 제2조 제2호). 시장가치란 감정평가의 대상이 되는 토지등이 통상적인 시장에서 충분한 기간 동안 거래를 위하여 공개된 후 그 대상물건의 내용에 정통한 당사자 사이에 신중하고 자발적인 거래가 있을 경우 성립될 가능성이 가장 높다고 인정되는 대상물건의 가액을 말한다(「감정평가에 관한 규칙」 제2조 제1호).

(2) 시장가치기준 원칙의 도입배경

현행 「감정평가에 관한 규칙」은 시장가치를 기준으로 결정하는 것을 원칙으로 한다. 이는 종전의 적정가격과 정상가격은 법정가격으로서 시장가격의 조건을 충족하는 데 부족함이 있음이 제기되었다. 또한 가격과 가치를 명확하게 구분함으로써 감정평가의 본질에 부합하도록 하고, 외국의 감정평가기준이나 기타분야에서도 'Market Value'라는 용어를 사용하는바, 국제 표준에 맞게 개정할 필요성에 의해 시장가치로 변경하였다. 다만, 시장가치를 원칙으로 하되 시장가치 외의 가치를 기준으로 할 수 있는 경우를 규정함으로써 다양한 감정평가 수요에 대응할 수 있도록 규정하였다.

2) 시장가치 외의 가치를 기준으로 하는 평가

(1) 시장가치 외의 가치 적용 요건

「감정평가에 관한 규칙」 제5조 제2항에서 시장가치 외의 가치 요건을 규정하고 있다. 다음 하나의 경우에 해당하면 시장가치 외의 가치를 기준할 수 있다. ① 법령에 다른 규정이 있는 경우, ② 의뢰인이 요청하는 경우, ③ 감정평가의 목적이나 대상물건의 특성에 비추어 사회통념상 필요한 경우를 요건으로 한다.

(2) 시장가치 외의 가치 검토사항

「감정평가에 관한 규칙」 제5조 제3항은 시장가치 외의 가치를 기준으로 감정평가 할 때의 검토사항을 규정하고 ① 시장가치 외의 가치의 성격과 특징, ② 시장가치 외의 가치를 기준으로 하는 평가의 합리성 및 적법성을 검토해야 할 의무를 부과하고 있다. 다만, 법령에 다른 규정에 의해 시장가치 외의 가치를 기준하는 경우에는 그러하지 아니하다.

구체적으로 ① 공정가치의 성격은 시장성과 교환거래를 전제로 하나, 특수한 이해관계인 간의 거래 및 한정된 시장에서의 거래를 배제하지 않는다. ② 투자가치의 성격은 시장성을 전제하나, 교환거래를 전제하지 아니하고 이용자의 주관적인 사용가치를 결부한 가치의 성격을 가진다. 이러한 가치의 성격과 특징 외에도 사회적으로도 합리적이어야 하며, 위법하지 않아야 한다.

(3) 합리성과 적법성이 결여된 경우

「감정평가에 관한 규칙」 제5조 제4항은 시장가치 외의 가치를 기준으로 하는 감정평가의 합리성 및 적법성이 결여되었다고 판단할 때에는 의뢰를 거부하거나 수임을 철회할 수 있다고 규정하고 있다. 즉, 가치의 성격과 특징에 대한 검토를 통해 가치의 가정에 대한 언급이 필요하며, 이러한 가정이 사회통념상 합리성이 있는지, 위법하지 않은지를 검토하여 만약 합리성이 없거나 위법하다면 의뢰를 거부하거나 수임을 철회할 수 있다.

3. 「감정평가에 관한 규칙」 제6조(현황기준 원칙)

> **제6조(현황기준 원칙)** ① 감정평가는 기준시점에서의 대상물건의 이용상황(불법적이거나 일시적인 이용은 제외한다) 및 공법상 제한을 받는 상태를 기준으로 한다.
> ② 감정평가법인등은 제1항에도 불구하고 다음 각 호의 어느 하나에 해당하는 경우에는 기준시점의 가치형성요인 등을 실제와 다르게 가정하거나 특수한 경우로 한정하는 조건(이하 "감정평가조건"이라 한다)을 붙여 감정평가할 수 있다.
> 1. 법령에 다른 규정이 있는 경우
> 2. 의뢰인이 요청하는 경우
> 3. 감정평가의 목적이나 대상물건의 특성에 비추어 사회통념상 필요하다고 인정되는 경우
> ③ 감정평가법인등은 제2항에 따라 감정평가조건을 붙일 때에는 감정평가조건의 합리성, 적법성 및 실현가능성을 검토해야 한다. 다만, 제2항제1호의 경우에는 그렇지 않다.
> ④ 감정평가법인등은 감정평가조건의 합리성, 적법성이 결여되거나 사실상 실현 불가능하다고 판단할 때에는 의뢰를 거부하거나 수임을 철회할 수 있다.

1) 현황기준 원칙 개념

현황기준 원칙이란 기준시점에서의 대상물건의 이용상황 및 공법상 제한 상태를 기준으로 감정평가를 하는 원칙을 말한다(「감정평가에 관한 규칙」 제6조 제1항). 가치는 가치형성요인 및 가치발생요인이 동태적인바, 계속 변화하기 때문에 감정평가시에는 기준시점을 확정하고 당시의 현황을 기준으로 평가하게 된다.

2) 현황의 범위

「감정평가에 관한 규칙」은 현황의 기준을 이용상황 및 공법상 제한을 받는 상태로 규정하고 있다. 감정평가 이론적 관점에서 현황의 구체적 범위는 기준시점에 실제로 존재하는 모든 가치형성요인을 포함한다고 보는 것이 타당하다. 따라서 현황은 기준시점 당시의 이용상황, 공법상 제한 상태뿐만 아니라 대상물건에 영향을 미치는 모든 가치형성요인을 포괄하는 개념으로 해석해야 한다.

3) 최유효이용(원칙)과 현황기준 원칙

(1) 일시적 이용으로 최유효이용에 미달하는 경우

일시적 이용이란 관련 법령에 따라 국가나 지방자치단체의 계획이나 명령 등으로 인해 부동산을 본래의 용도로 이용하는 것이 일시적으로 금지되거나 제한되어 다른 용도로 이용하고 있거나 부동산의 주위 환경 등으로 보아 현재의 이용이 임시적인 것으로 인정되는 이용을 말한다(「실무기준」 100 총칙 2 정의 - 9).

감정평가는 원칙적으로 최유효이용 상태를 기준하여 가치를 측정한다. 최유효이용은 계속적인 상태를 기준으로 하기 때문에 대상 부동산이 일시적인 이용인 경우에는 최유효이용으로 전환하기 위해 필요한 비용을 고려하여 감정평가를 해야 한다.

일시적 이용의 경우 일반적으로 토지는 토지가 방치된 상태이거나, 지상 장애물(지장물), 최유효이용에 미달하는 건축물 등이 있으므로 이러한 상태는 나지의 가치에 비해 낮게 형성되기 때문이다(건부감가 논리).

(2) 불법적 이용으로 최유효이용에 미달하는 경우

대상물건이 불법적으로 이용되고 있는 경우, 합법적인 이용상황(최유효이용)을 기준으로 감정평가를 해야 한다. 다만, 현재 상태에서 합법적 이용으로 전환하기 위한 비용을 고려하여 평가할 필요가 있다. 불법적 이용을 기준으로 감정평가를 수행할 경우 합법적 이용과의 형평성에 어긋나며 불법 이용을 간접적으로 방조하는 결과를 초래할 수 있기 때문이다. 원상회복 명령 등 별도의 행정조치가 예상되는 경우에는 이로 인해 발생할 추가비용도 고려하여 평가해야 한다. 이러한 접근은 감정평가의 객관성과 공정성을 확보하고 합법적 이용을 촉진하는 데 기여한다.

4) 조건부 감정평가(현황기준 원칙의 예외)

(1) 조건부 감정평가의 개념(Hypothetical Appraisal)

조건부 감정평가란 감정평가법인등이 기준시점의 가치형성요인 등을 실제와 다르게 가정하거나 특수한 경우로 한정하는 조건을 붙여 감정평가하는 것을 말한다(「감정평가에 관한 규칙」 제6조 제2항). 조건부 감정평가는 현실의 다양한 수요에 대응하기 위해 업무영역을 확대하고 의뢰인의 요구에 부응함으로써 합리적인 의사결정에 도움을 줄 수 있다. 또한 조건을 명확하게 밝힌 감정평가는 추후 발생하는 분쟁에서 책임소재를 분명하게 할 수 있다.

(2) 조건부 감정평가의 요건

① 법령에 다른 규정이 있는 경우

「부동산 가격공시에 관한 법률」, 「공익사업을 위한 토지 등의 취득 및 보상에 관한 법률」 등 관계법령에 따라 감정평가를 해야 하는 경우에 해당한다. 해당 법률에 의한 감정평가 방법으로 감정평가를 해야 한다. 예를 들어 「공익사업을 위한 토지 등의 취득 및 보상에 관한 법률」 제70조 개발이익의 배제 및 동법 시행규칙 제22조에 의한 나지상정평가 등이 있다.

② 의뢰인이 요청하는 경우

의뢰인이 조건부 감정평가를 제시하고 조건의 실현을 가정하여 감정평가를 할 것을 요청하는 경우를 말한다. 도시계획의 실시 여부, 불법점유의 배제, 건축의 증축 등을 상정하는 것과 같은 불확실한 상황에 대한 실현을 가정하여 감정평가를 요청하는 것을 말한다.

③ 감정평가의 목적이나 대상물건의 특성에 비추어 사회통념상 필요하다고 인정되는 경우

㉠ 감정평가의 목적에 의해 필요한 경우

감정평가 목적이 국공유재산의 매각평가로서 대상물건이 도로 또는 구거부지인 행정재산인 경우 현실적인 이용상황이 아닌 용도폐지를 전제로 한 인근지역의 표준적인 이용상황을 기준으로 감정평가를 한다.

㉡ 대상물건의 특성에 의해 필요한 경우

국공유지로서 자투리 토지를 인접 토지 소유자에게 매각하는 경우에는 인접지로 합병이 될 것을 전제로 자투리 토지라는 대상물건의 특성을 반영하여 감정평가한다.

(3) 조건부 감정평가의 검토사항

감정평가법인등은 제2항에 따라 감정평가조건을 붙일 때에는 감정평가조건의 합리성, 적법성 및 실현가능성을 검토해야 한다. 다만, 제2항 제1호의 경우에는 그렇지 않다(「감정평가에 관한 규칙」 제6조 제3항).

① 합리성 검토는 조건이 사회적으로 용인되는지, 타당한지 등 사회적 타당성 측면에서 검토해야 한다.

② 적법성 검토는 공법과 사법을 불문하고 법률상 내용에 위배되는지 여부를 검토해야 한다.

③ 그리고 물리적ㆍ경제적 측면에서 실현가능성이 있어야 한다. 실제 실현가능성이 매우 희박한 경우에는 감정평가조건으로 부가하기 어려울 것이다.

(4) 합리성과 적법성이 결여되거나, 사실상 실현이 불가능한 경우

감정평가법인등은 감정평가조건의 합리성ㆍ적법성이 결여되거나 사실상 실현 불가능하다고 판단할 때에는 의뢰를 거부하거나 수임을 철회할 수 있다(「감정평가에 관한 규칙」제6조 제4항).

(5) 조건부가시 감정평가서의 기재사항

조건부 감정평가시 감정평가의 조건의 내용, 조건을 부가한 이유, 조건의 합리성, 적법성 및 실현가능성 검토사항, 해당 감정평가가 감정평가조건을 전제로 할 때만 성립할 수 있다는 사실을 감정평가서에 기재하여야 한다. 다만, 법령에 규정에 의해 조건을 부가하는 경우에는 해당 법령을 기술하고 법령에 의함을 서술함으로써 이에 갈음할 수 있다.

이는 의뢰인 및 제3자에게 조건에 따라 감정평가액이 달라질 수 있음을 명확하게 하고 선의의 제3자의 피해를 방지하며, 감정평가법인등의 책임 소재를 확실하게 하기 위한 목적이 있다.

(6) 조건부 감정평가와 시장가치 외의 가치의 구분

조건부 감정평가의 요건과 시장가치 외의 가치기준을 선택할 때 필요한 요건이 동일하기에 이를 혼동할 수 있다. 시장가치 외의 가치 기준을 채택하는 경우와 조건부 감정평가는 별개의 개념으로 상호 독립적이다. 감정평가의 조건이 있더라도 시장가치일 수 있고, 별도의 조건 없이도 시장가치 외의 가치일 수도 있다.

보상평가시 개발이익을 배제하여 평가하는 것은 시장가치 외의 가치가 아닌, 시장가치를 기준으로 하여 평가한 가격시점 당시의 개발이익을 배제한 시장가치이다.

5) 기한부평가(Prospective Appraisal)

기한부평가란 장래에 도달할 확실한 시점을 기준으로 하는 평가이다. 현재의 가치형성요인을 바탕으로 장래 특정 시점의 가격을 상정하여 평가한다. 주로 개발사업 완료 후의 가치, 도시계획 시행 후의 가치 등을 산정할 때 활용된다. 기한부평가는 장래의 불확실성에 대한 가정이 포함되므로 평가서에 그 한계와 전제조건을 명확히 기재해야 한다.

6) 소급평가(Retrospective Appraisal)

소급평가란 과거의 일정시점을 기준시점으로 하여 대상 부동산을 평가하는 것을 말한다. 「감정평가에 관한 규칙」제9조 제2항에서는 기준시점을 미리 정하였을 때에는 그 날짜에 가격조사가 가능한 경우에만 기준시점으로 할 수 있다고 규정하는바, 소급평가를 제한적으로 인정하고 있다. 소급평가는 상속세 산정, 과거 거래의 적정성 검토, 소송관련 감정평가 등에서 주로 활용된다. 소급평가 시에는 해당 시점의 가치형성요인과 시장상황을 객관적 자료에 근거하여 정확히 파악하는 것이 중요하다.

구분	기한부평가	소급평가	조건부평가
정의	평가 기준일을 **미래의 특정 시점**으로 설정하여 부동산 가치를 평가하는 방식	평가 기준일을 **과거의 특정 시점**으로 설정하여 부동산 가치를 평가하는 방식	특정 **가정(조건)**이 성립한다고 **가정**하여 부동산 가치를 평가하는 방식
평가 기준일	미래	과거	현재 또는 특정 시점에서 가정된 조건하에 평가
목적	미래 가치 예측	과거 시점의 가치 평가	실제와 다른 조건을 가정하여 평가
적용 사례	- 신축 예정 건물의 미래 가치 평가 - 장기 투자 전략 수립 - 도시 개발 프로젝트 분석	- 상속·증여 시점의 가치 평가 - 법적 분쟁 및 손해배상 사건 - 과거 부동산 거래 관련 가치 산정	- 특정 용도로 변경된 경우 가치 평가 - 특정 개발이 완료된 상태로 가정한 평가 - 법규 변경이 적용된 경우의 가치 평가
평가 방법	미래 경기 변동성, 금리, 정책 변화 등을 고려하여 예측	당시의 시장 자료 및 경제 여건을 분석하여 재구성	현재와 다른 가정(법률 변경, 개발 완료 등)을 설정한 후 평가
주요 변수	- 인플레이션 및 금리 변화 - 경제 성장률 및 시장 전망 - 도시 개발 계획	- 당시의 시장 자료 확보 가능 여부 - 과거 경제 및 시장 상황 재구성 - 당시 법규 및 정책 변화	- 가정한 조건의 현실 가능성 - 특정 개발 또는 법규 변화의 영향 - 가정 조건에 대한 논리적 타당성

4. 「감정평가에 관한 규칙」 제7조(개별물건기준 원칙)

제7조(개별물건기준 원칙 등) ① 감정평가는 대상물건마다 개별로 하여야 한다.
② 둘 이상의 대상물건이 일체로 거래되거나 대상물건 상호 간에 용도상 불가분의 관계가 있는 경우에는 일괄하여 감정평가할 수 있다.
③ 하나의 대상물건이라도 가치를 달리하는 부분은 이를 구분하여 감정평가할 수 있다.
④ 일체로 이용되고 있는 대상물건의 일부분에 대하여 감정평가하여야 할 특수한 목적이나 합리적인 이유가 있는 경우에는 그 부분에 대하여 감정평가할 수 있다.

1) 개별물건기준 원칙의 개념

개별물건기준 원칙이란 감정평가 시 대상 물건을 각각 독립된 개별 물건으로 취급하고 이에 대한 경제적 가치를 감정평가하는 것을 말한다. 복합부동산의 경우 토지는 공시지가기준법을, 건물은 원가법을 적용하여 평가한 후 양자의 합으로 부동산의 가치를 구하는 방법이다.

2) 근거

(1) 법률적 근거

「민법」제99조 제1항은 "토지 및 그 정착물은 부동산이다."라고 규정하고 있다. 이는 토지와 건물을 개별 부동산으로 보는 법체계를 의미하며, 등기부 또한 토지와 건물을 구분하여 작성한다. 따라서 토지와 건물은 별개의 독립된 부동산으로서 각각 권리의 객체가 된다. 제도적으로 분리된 물건이기 때문에 감정평가 시 개별적으로 평가하는 것이 원칙이다.

(2) 이론적 근거

토지와 건물은 속성과 가치형성요인에 차이가 존재한다. 토지는 위치의 고정성, 영속성, 부증성 등의 특성을 가지며, 건물은 내구성, 재생산성, 유한성 등의 특성을 갖는다. 이에 따라 토지와 건물의 가치를 판단하는 적정한 평가방법이 다르다. 토지는 그 자체로 효용을 발생시키는 반면, 건물은 인간에 의해 만들어진 부동산으로서 내용연수가 존재하며 감가상각의 대상이 된다.

3) 개별물건기준 원칙의 예외

(1) 일괄감정평가

① 의의

일괄감정평가란 둘 이상의 대상물건이 일체로 거래되거나 대상물건 상호간 용도상 불가분관계에 있는 경우 일괄하여 감정평가하는 것을 말한다(「감정평가에 관한 규칙」제7조 제2항).

② 근거

㉠ 법률적 근거

「감정평가에 관한 규칙」제7조 제2항은 개별물건기준 원칙의 예외를 규정하면서 대상물건이 일체로 거래되거나 대상물건 상호간 용도상 불가분관계에 있는 경우 일괄하여 감정평가를 할 수 있다고 규정하고 있다. 동조항에 따라 「감정평가에 관한 규칙」제16조는 「집합건물의 소유 및 관리에 관한 법률」에 따른 구분소유의 대상이 되는 건물은 일괄하여 거래사례비교법을 적용하도록 규정하고 있다.

㉡ 이론적 근거

부동산에서 발생하는 효용은 토지와 건물 일체적 이용에서 발생하는 것이지 이를 개별적으로 이용함으로써 발생하는 효용은 아니다. 이를 구분하는 것은 이론적으로는 가능하지만 현실적으로는 불가능에 가깝다. 시장의 일반적인 관행은 토지와 건물을 일체로 하여 거래를 하며 이를 분리하여 평가할 경우 시장가치의 반영이 어렵다.

③ 용도상 불가분의 관계의 개념

용도상 불가분의 관계란 '일체로 이용되고 있는 상황이 사회적·경제적·행정적 측면에서 합리적이고 해당 토지의 가치형성 측면에서도 타당하다고 인정되는 관계에 있는 경우'를 말한다.

④ 예시

일단지로 평가하는 경우, 대지와 지상물이 일체로 거래되는 경우, 공동주택 평가시 대지권과 일체로 평가하는 경우, 임지와 입목을 일체 평가시, 토지·건물의 복합부동산의 경우 등이 있다.

⑤ 평가시 유의사항

일괄평가는 개별평가원칙의 예외적인 상황이다. 일체로 거래되거나 대상물건 상호 간에 용도상 불가분의 관계에 있는지 여부를 검토하여야 한다. 일괄평가 시에는 개별 물건의 가치 합계와 일체로서의 가치 간에 차이가 발생할 수 있으며, 이러한 차이를 적절히 반영해야 한다.

(2) 구분감정평가

① 의의

구분감정평가란 하나의 물건이라도 가치를 달리하는 부분은 이를 구분하여 감정평가할 수 있는 것을 말한다(「감정평가에 관한 규칙」 제7조 제3항).

② 예시

광평수토지의 경우 전문부와 후면부의 가치차이가 발생하는 경우, 용도지역이나 도시군계획시설에 일부 저촉되어 한필지의 토지에 가치의 차이가 발생하는 경우, 건물이 증축되어 기본부분과 가치를 달리하는 경우, 고층건물의 경우 층별로 효용을 달리하는 경우, 대규모 토지에서 획지별로 이용상황이 다른 경우 등이 있다.

③ 평가시 유의사항

한 개의 물건을 일부를 평가한다는 점에서 부분평가와 유사하다. 구분평가는 대상물건의 일부분이 다른 부분과 가격수준 또는 가치형성요인이 다를 경우에 성립하는 것이고, 부분평가는 가격수준 또는 가치형성요인이 같으나 특정 이유에 의해 일부를 평가한다는 점이 차이가 있다.

(3) 부분감정평가

① 의의

부분감정평가는 일체로 이용되고 있는 대상 물건의 일부분에 대하여 감정평가하여야 할 특수한 목적이나 합리적인 이유가 있는 경우에는 그 부분에 대하여 감정평가하는 것을 말한다(「감정평가에 관한 규칙」 제7조 제4항).

② 예시

복합부동산에서 토지만의 가액을 구하는 경우, 잔여지 매수 또는 일부편입 토지보상 평가하는 경우, 공유지분만을 평가하는 경우 등이 있다.

③ 평가시 유의사항

개별평가가 원칙이나 평가목적, 법령 등에 따라 일괄평가하거나 부분평가할 수 있다. 따라서 특수한 거래관행 또는 이용상황, 법정평가의 경우에는 이를 고려하여 평가하여야 한다.

(4) 구분감정평가와 부분감정평가의 차이

부분감정평가는 대상물건의 일부를 평가한다는 점에서는 구분감정평가와 유사하다. 그러나 구분감정평가는 하나의 물건에 가치를 달리하는 부분이 있는 경우의 평가를 말하고, 부분감정평가는 하나의 물건에 가치의 차이는 없으나 평가목적이나 평가조건에 의해 일부분만의 평가가 이루어진다는 점에서 차이가 있다. 즉, 공통점은 하나의 물건을 대상으로 한다는 것이고, 차이점은 가치가 구별되는 부분이 있는지 여부이다.

V. 감정평가의 절차

감정평가의 절차		원칙	예외	관련법령
기본적 사항의 확정	의뢰인	국가, 지자체, 공공기관, 법원, 기업, 금융기관, 개인		법 제5조
	대상물건	부동산, 준부동산, 동산, 소송, 표준지, 재무보고, 컨설팅		법 제2조
	평가목적	시가, 담보, 경매, 보상, 소송, 표준지, 재무보고, 컨설팅 등		법 제4조, 제10조
	평가조건	현황평가	조건부평가	감칙 제5조
	기준가치	시장가치	시장가치 외	감칙 제6조
	기준시점	가격조사완료일	소급평가, 기한부평가	감칙 제9조
처리계획의 수립	사전조사	가격조사(실거래가격, 평가전례 등)		–
	실질조사	물적사항, 권리사항, 가격조사	실지조사 생략	감칙 제10조
대상물건의 확인	물적사항	물적 동일성 물건 특성 확인	물적 불일치 원인	대장
	권리관계	소유권 외 권리사항 (임차권, 유치권)	–	등기부
자료의 수집 및 정리	확인자료	물적사항, 권리사항(열람)		–
	요인자료	자연적, 사회적, 경제적, 행정적 요인(실사, 탐문, 열람)		
	사례자료	원가, 비준, 수익사례(징구, 실사, 탐문)		
가치형성요인의 분석		표준적 이용, 가격수준 파악을 통한 최유효이용의 판정		–
평가방법 선정 및 적용		주된 방법, 부방법에 의한 합리성 검토	단일 방법, 시산가액 조정	감칙 제7조, 제12조
평가액 결정 및 표시		점 추정	구간 추정	–

1. 감정평가 절차의 개념

「감정평가에 관한 규칙」
제8조(감정평가의 절차) 감정평가법인등은 다음 각 호의 순서에 따라 감정평가를 해야 한다. 다만, 합리적이고 능률적인 감정평가를 위하여 필요할 때에는 순서를 조정할 수 있다.
1. 기본적 사항의 확정
2. 처리계획 수립
3. 대상물건 확인
4. 자료수집 및 정리
5. 자료검토 및 가치형성요인의 분석
6. 감정평가방법의 선정 및 적용
7. 감정평가액의 결정 및 표시

감정평가 절차란 의뢰인의 감정평가 의뢰를 해결하기 위한 감정평가법인 등이 수행하는 일련의 절차적인 체계를 말한다. 이는 감정평가 업무의 능률성과 신뢰도를 높이기 위한 처리방법으로「감정평가에 관한 규칙」제8조에서 규정하고 있다. 감정평가법인 등은 해당 조문의 순서에 따라 감정평가를 해야 한다. 다만, 합리적이고 능률적인 감정평가를 위해 필요한 경우에는 순서를 조정할 수 있다.

2. 기본적 사항의 확정

> 「감정평가에 관한 규칙」
> **제9조(기본적 사항의 확정)** ① 감정평가법인등은 감정평가를 의뢰받았을 때에는 의뢰인과 협의하여 다음 각 호의 사항을 확정해야 한다.
> 1. 의뢰인
> 2. 대상물건
> 3. 감정평가 목적
> 4. 기준시점
> 5. 감정평가조건
> 6. 기준가치
> 7. 관련 전문가에 대한 자문 또는 용역 등에 관한 사항
> 8. 수수료 및 실비에 관한 사항
> ② 기준시점은 대상물건의 가격조사를 완료한 날짜로 한다. 다만, 기준시점을 미리 정하였을 때에는 그 날짜에 가격조사가 가능한 경우에만 기준시점으로 할 수 있다.
> ③ 감정평가법인등은 필요한 경우 관련 전문가에 대한 자문등을 거쳐 감정평가할 수 있다.

1) 기본적 사항의 확정 의의

기본적 사항의 확정이란 감정평가업자가 감정평가 의뢰를 받았을 때 의뢰인과 협의하여 의뢰인, 대상물건, 감정평가목적, 기준시점, 평가조건, 기준가치, 자문에 관한 사항 수수료 및 실비에 대하여 확정하는 것을 말한다. 필수적 절차로 기본적 사항이 확정되지 않고서는 감정평가를 이행할 수 없는바 중요하다.

2) 기본적 사항의 확정 내용

(1) 의뢰인

감정평가는 의뢰인과 감정평가사 간의 수임계약에서 시작된다. 수임계약에는 의뢰인의 인적 사항과 관련 정보를 명확히 기재해야 한다. 이는 계약 당사자를 특정하고 책임 소재를 분명히 하기 위함이다. 의뢰인과 소유자가 상이한 경우, 권리관계와 이해당사자를 명확히 파악하여 선의의 제3자 보호에 주의해야 한다. 감정평가사는 의뢰 내용을 검토한 결과, 불공정한 감정평가 가능성이 있거나 윤리적 문제가 있는 경우 의뢰를 반려하여야 한다.

(2) 대상물건(부동산)

대상 부동산의 확정이란 소재지, 물건의 범위 등의 물적사항과 소유권, 임차권 등의 권리관계를 확정짓는 것을 말한다. 물적사항은 의뢰인의 의뢰목적에 기반한 토지대장과, 지적도, 건축물대장과 같은 공부서류를 기본으로 하되, 실지조사를 통해 최종적으로 확정된다. 권리관계는 의뢰인의 의뢰목적에 기반한 의사와 등기사항전부증명서 등과 같은 공부서류를 기본으로 하되, 실지조사를 통해 실제로 확인함으로써 최종 확정한다. 실지조사시에는 등기부에 등록되지 않은 유치권, 임차권 등의 존재 유무를 정확하게 파악해야 한다.

(3) 감정평가 목적

감정평가 목적의 확정은 의뢰인이 평가를 통해 달성하고자 하는 구체적 목표를 파악하는 과정이다. 현대 사회·경제의 발달로 평가 목적이 다양화·복잡화되었다. 또한 평가 목적에 따라 적용하는 법률, 기준, 기준가치가 달라진다. 목적의 명확화는 의뢰인에게 가장 적합한 정보와 가치를 제공하기 위한 전제조건이다. 이를 통해 감정평가의 실효성과 활용도를 높일 수 있다.

(4) 기준시점

① 기준시점의 개념

기준시점이란 대상물건의 감정평가액을 결정하는 기준이 되는 날짜를 말한다(「감정평가에 관한 규칙」제2조 제2호). 부동산의 가치는 대상 부동산의 가치에 영향을 미치는 가치형성요인들의 끊임없는 변화로 인해 계속 변동한다. 따라서 감정평가액 결정의 기준이 되는 날이 필요로 하게 된다. 기준시점은 가격조사를 완료한 날로 하는 것이 원칙이나, 가격조사가 가능한 경우 과거나 미래의 특정일을 기준으로 할 수 있다(「감정평가에 관한 규칙」제9조 제2항).

② 기준시점 확정의 중요성

㉠ 분쟁(민원, 소송) 발생 시 판단의 기준이 되므로, 기준시점은 평가사의 책임소재를 명확하게 하기 위한 수단으로서 중요하다.

㉡ 부동산의 가치는 장래 기대되는 편익의 현재가치로서 시점이 언제인지에 따라 그 가치는 계속적으로 변동하기 때문에 기준시점의 확정이 중요하다.

㉢ 부동산은 영속성과 사회적·경제적·행정적 위치의 가변성으로 인해 가치가 끊임없이 변동한다. 따라서 가치는 기준이 되는 날에만 유효한 것이므로 기준시점의 확정이 중요하다.

③ 기준시점의 종류

㉠ 가격조사완료일

대상물건의 가치를 가장 정확하게 파악할 수 있는 날로 가격조사완료일이 원칙적인 감정평가의 기준시점이 된다.

㉡ 과거의 특정일

가격조사가 가능한 경우에는 현재가 아닌 과거의 특정일을 기준시점으로 할 수 있다. 보상평가에 있어 이의재결 평가나 소송평가 등이 대표적이다.

㉢ 미래의 특정일

현재가 아닌 미래의 특정일을 기준시점으로 할 수 있다. 투자수익성 등을 평가하는 것이 대표적이다. 다만, 투자는 미래의 불확실한 상황에 대한 감정평가로서 기한부평가와 조건부평가가 병행하여 의뢰되는 경우가 많다.

㉣ 임대료 평가시 기준시점

임료는 가치와 달리 평가의 기간이 상대적으로 명확하게 정해져 있다. 임대료는 일정한 기간이 정해져 있고, 그 기간의 시작일이 기준시점이 된다.

(5) 감정평가조건

감정평가조건이란 기준시점의 가치형성요인 등을 실제와 다르게 가정하거나 특수한 경우로 한정하는 조건을 말한다(「감정평가에 관한 규칙」제6조 제2호).

이러한 조건은 의뢰인의 의사결정에 필요한 다양한 상황에 대한 결과를 제공할 수 있는 유용성을 가진다. 다만 조건에 따라 감정평가 결과가 크게 달라질 수 있으므로, 이는 선의의 제3자에게 피해를 입힐 가능성이 있다. 또한 감정평가의 객관성과 신뢰도에 부정적 영향을 미칠 수 있다. 따라서 감정평가에 조건을 붙이는 것은 「감정평가에 관한 규칙」에 규정한 바에 따라 제한적으로 허용되며, 요건을 충족하는 경우에만 가능하다. 이는 감정평가의 신뢰성을 보호하고 시장 참여자들이 객관적인 정보에 기초하여 판단할 수 있도록 하기 위함이다.

(6) 기준가치

기준가치란 감정평가의 기준이 되는 가치를 말한다(「감정평가에 관한 규칙」제2조 제3호). 가치는 본질상 대상물건의 특성, 평가의 목적, 기준시점, 조건 등에 따라 차이가 발생하는데, 감칙은 이러한 가치다원론적 입장을 수용하여 기준가치를 시장가치로 규정하고, 시장가치 외의 가치를 인정하고 있다. 시장가치 외의 가치는 다양한 사회적 수요를 충족함으로써 경제 활성화에 기여하고, 감정평가의 정밀도도 높일 수 있으며 감정평가의 업무영역을 확대할 수 있다는 측면에서 큰 의미가 있다.

(7) 관련 전문가에 대한 자문 또는 용역에 관한 사항

감정평가업자는 특수한 물건이나 특수한 목적의 감정평가 시 해당 분야 전문가의 자문 또는 용역을 활용한다. 오염토지의 평가나 토지 등에 대한 구체적인 측량이 필요한 경우가 이에 해당한다. 이때 감정평가업자는 수임계약 단계에서 의뢰인과 외부 전문가 자문의 필요성을 협의해야 한다. 용역에 필요한 세부 내용과 구체적 사항은 의뢰인과의 합의를 통해 결정한다. 이러한 과정은 전문성이 요구되는 특수한 감정평가의 정확성과 신뢰도를 확보하기 위한 필수적 절차이다.

(8) 수수료 및 실비에 관한 사항

감정평가 수수료 및 실비는 「감정평가 및 감정평가사에 관한 법률」제23조 제3항에 따른 요율 및 실비 기준을 준수해야 한다. 감정평가법인 등은 계약 시 의뢰인에게 감정평가 수수료와 실비의 청구 및 지급에 관한 사항을 명확히 설명할 의무가 있다. 이는 감정평가 업무의 투명성을 보장하고 의뢰인의 권리를 보호하기 위한 조치이다.

3. 처리계획의 수립

1) 의의

처리계획의 수립이란 감정평가법인 등이 수임계약 성립 후 기본적 사항이 확정되면 이후 감정평가 작업 과정에 대한 일련의 계획을 수립하는 것이다. 이는 체계적이고 효율적인 감정평가 업무 수행을 위한 필수적 단계로서 평가의 정확성과 신뢰성을 확보하는 기반이 된다.

2) 내용

① 사전조사계획을 세워야 한다. 사전조사계획은 현장조사에 앞서 대상물건의 확정, 감정평가 선례 수집, 공시지가 확인, 지가변동률 산정, 관련 공부의 수집(준비), 도면상의 위치 파악 등을 포함한다. 이를 통해 현장조사의 효율성을 높이고 평가 오류 가능성을 줄일 수 있다.

② 현장조사에 대한 계획을 세워야 한다. 현장조사계획은 대상물건의 현황을 직접 확인하기 위한 것으로 줄자, 스케일, 사진기, 관련 공부 등 필요한 도구와 자료를 준비한다. 철저한 현장조사는 정확한 감정평가의 핵심 요소이다.

③ 대상 물건의 가치형성요인 및 가격자료 수집계획을 수립한다. 이는 대상물건의 가치에 영향을 미치는 요인들을 분석하고 비교 가능한 가격자료를 체계적으로 수집하기 위한 계획이다.

④ 감정평가서 작성부터 회보에 이르기까지의 일련의 계획을 포함한다. 이 단계에서는 수집된 자료의 분석, 평가방법의 적용, 보고서 작성 및 검수, 의뢰인에게 결과 전달 등의 전체 과정을 계획한다.

4. 대상물건 확인

1) 대상물건 확인 개념

대상물건의 확인이란 기본적 사항 확정단계에서 의뢰인 및 관련공부를 통해 형식적으로 확정된 대상물건의 물적사항과 권리관계를 실지조사를 통해 실질적 · 구체적으로 확인하는 작업을 말한다. 감정평가를 할 때에는 실지조사를 하여 대상물건을 확인해야 한다(「감정평가에 관한 규칙」 제10조 제1항). 다만, 예외적인 경우 실지조사를 하지 않고도 객관적이고 신뢰할 수 있는 자료를 충분히 확보할 수 있는 경우에는 실지조사를 하지 않을 수 있다(동조 제2항).

2) 물적사항의 확인

물적사항의 확인은 의뢰내용과 대상물건의 실제 현황이 일치하는지를 확인하는 동일성 여부 조사와 가치형성에 영향을 미치는 개별적인 요인 등을 확인하는 상태조사로 구분된다.

① 대상물건의 동일성 여부는 의뢰서 및 의뢰목록과 토지대장, 지적도, 건축물대장과 같은 공부서류를 바탕으로 현장의 상황과 비교하여 물건의 존재 여부, 동일성 여부, 물건의 상태 등을 확인한다. 이는 평가 대상이 정확히 특정되었는지 검증하는 과정이다.

② 지형 · 지세와 같은 공부에 표시되지 않은 상황, 관리상태, 주위환경, 교통상황, 이용상황 등을 조사해야 한다. 이러한 요소들은 대상물건의 가치에 직접적인 영향을 미치므로 세밀한 조사가 필요하다.

3) 권리사항의 확인

권리사항의 확인은 제반 자료를 바탕으로 현장 상황과의 비교 · 대조를 통해 이루어진다. 단독소유, 공동소유, 구분소유 등으로 분석 · 확인하고, 소유권 이외의 권리(지상권, 지역권, 전세권, 임차권, 유치권 등)의 실질적 유무 등을 분석 · 확인한다. 권리관계의 확인은 물적 사항과 달리 대장보다 등기사항전부증명서의 기재사항이 우선시된다. 이는 법적 권리관계가 감정평가 결과에 중요한 영향을 미치기 때문이다.

4) 물적 불일치의 처리

물적 불일치란 물적사항의 확인 중 동일성 여부 조사 시 대상물건의 공부상 내용과 현황이 다른 경우를 의미한다.

① 불일치의 정도가 경미하거나 행정절차를 통해 수정이 가능한 경우에는 이를 보완하고 평가서에 그 내용을 기재하여 평가를 진행할 수 있다. 이는 경미한 불일치가 감정평가의 본질적 결과에 영향을 미치지 않기 때문이다.

② 불일치의 정도가 심하거나 중대한 경우에는 감정평가를 진행할 수 없으므로 이를 반려해야 한다. 중대한 불일치는 평가의 정확성과 신뢰성을 훼손할 수 있으며, 이는 감정평가의 기본 원칙에 위배되기 때문이다.

5. 자료수집 및 정리

1) 의의

자료수집 및 정리란 대상물건의 물적 사항 및 권리관계의 확인, 가치형성요인의 파악, 감정평가방법의 선정 및 적용에 필요한 각종 자료를 수집하고 정리하는 단계이다. 이는 감정평가의 객관성과 합리성을 보장하는 기초자료가 된다. 수집된 자료는 향후 다른 평가활동에 이용되거나 증빙자료로 활용될 수 있도록 체계적으로 보존해야 한다. 자료의 정확성과 신뢰성은 감정평가 결과의 품질을 좌우하는 핵심 요소이다.

2) 자료의 종류

(1) 확인자료

확인자료는 대상물건의 물적 사항 및 권리관계를 확인하기 위해 필요한 자료로서 토지대장, 건축물대장, 지적도, 등기사항전부증명서 등이 있다. 의뢰인이 제시한 의뢰서나 의뢰목록과 같은 비공식적인 자료들도 보조적으로 활용될 수 있다. 확인 자료는 물적인 것과 권리적인 것으로 구분하여 정리하는 것이 업무 효율성을 높인다. 이러한 분류는 평가 대상의 특성을 명확히 파악하는 데 도움이 된다.

(2) 요인자료

요인자료는 가치형성요인의 분석에 필요한 자료로서 일반요인에 관한 일반자료, 지역요인에 관한 지역자료 및 개별요인에 관한 개별자료 등이 있다. 일반자료 및 지역자료는 평소 업무 시 체계적으로 정리해두어야 하며, 특히 용도지대를 중심으로 구분하면 업무에 효과적으로 활용할 수 있다. 개별자료는 대상물건의 종류 및 특성 등에 따라 적절하게 수집하고 정리해야 한다. 내용적 측면에서 일반자료, 지역자료, 개별자료는 자연적·사회적·경제적·행정적 요인에 관한 자료 등으로 재분류할 수 있다.

(3) 사례자료

사례자료는 감정평가방법의 선정 및 적용에 필요한 자료로서 거래사례, 수익사례, 임대사례, 평가선례 등을 말한다. 사례자료는 대상 물건과 위치의 유사성, 물적 유사성, 시점수정의 가능성, 사정보정의 가능성이 있어야 한다. 임대사례의 경우에는 이외에도 계약내용의 유사성과 신규 임대사례여야 한다는 조건이 추가된다. 매매희망가격은 평가과정에서 직접적으로 활용되지는 않으나 평가의 적정성을 검증하는 수단으로 사용되기도 한다.

3) 자료의 수집방법

자료의 수집방법에는 징구법, 열람법, 실사법, 탐문법 등이 있다.

① 징구법이란 의뢰인으로 하여금 평가에 필요한 자료를 감정평가사에게 제출하도록 하는 방법이다. 이는 의뢰인이 보유한 자료를 효율적으로 확보할 수 있는 방법이다.

② 열람법이란 공부상 기재를 통해 불분명하거나 나타나지 않는 사항에 대해 관련 자료나 문서를 직접 열람하여 조사하는 방법이다. 이를 통해 공식적이고 객관적인 정보를 획득할 수 있다.

③ 실사법이란 직접 실지조사를 통해 대상물건에 대한 여러 가지 자료를 수집하고 파악하는 방법이다. 이는 현장의 실제 상황을 정확히 파악할 수 있는 가장 직접적인 방법이다.

④ 탐문법이란 평가에 필요한 자료와 정보를 중개업자, 관공서, 인근주민 등 관계인을 탐문함으로써 얻어내는 방법이다. 이를 통해 공식적인 자료에서 확인하기 어려운 지역 특성이나 시장 상황을 파악할 수 있다.

6. 자료검토 및 가치형성요인 분석

1) 자료 검토

자료검토란 수집·정리된 자료가 대상물건의 평가에 필요하고 충분한 자료인지, 대상물건의 특성, 평가 목적이나 조건 등에 부합하는 자료인지를 판단하는 절차이다. 이는 신뢰할 수 있는 감정평가 결과를 도출하기 위한 필수적 과정이다. 자료의 검토방법은 수집된 자료의 종류에 따라 다르게 적용된다.

① 확인자료는 자료의 공신력과 증거능력에 있어 중요한 요소이므로 자료의 출처 및 진실성 여부에 초점을 두고 검토해야 한다. 공적 기관이 발행한 자료인지, 최신 정보를 담고 있는지, 법적 효력이 있는지 등을 세밀하게 확인하는 과정이 필요하다.

② 요인자료는 대상물건의 가치 형성에 직접적인 영향을 미치는 요인자료인지와 부동산시장의 현황과 거래 상황, 시장참가자들의 행동(관습)을 적절하게 반영하고 있는 실증적이며 객관적인 자료인지를 검토해야 한다. 이는 시장 상황을 정확히 반영한 평가를 위한 기초가 된다.

③ 사례자료는 감정평가방법의 선정 및 적용에 직접 활용되는 자료로서 최근의 사례인지, 사정보정 및 시점수정은 가능한지, 대상물건과 위치, 물적 유사성이 인정되는 사례인지 등을 확인해야 한다. 사례자료의 적합성은 비교방식 평가의 정확성을 좌우하는 핵심 요소이다.

2) 가치형성요인 분석

가치형성요인의 분석은 수집·정리·검토된 자료를 바탕으로 대상물건의 가치형성에 영향을 미치는 제반 요인을 분석하는 것이다. 가치형성요인은 공간적 측면에서 일반요인, 지역요인, 개별요인으로, 내용적 측면에서 자연적·사회적·경제적·행정적 요인 등으로 구분하여 분석해야 한다.

일반요인은 부동산 가치에 보편적으로 영향을 미치는 요소이며, 지역요인은 해당 지역의 특성에 따른 요인이다. 개별요인은 대상물건 자체의 고유한 특성에 관한 요인이다. 이러한 구분은 부동산 가치에 영향을 미치는 다양한 층위의 요인들을 체계적으로 분석하기 위함이다.

가치형성요인 분석의 궁극적 목적은 대상물건의 최유효이용을 판정하고, 구체적 가치 형성에 어떤 영향을 미치고 있는지를 파악하는 것이다. 이를 통해 시장에서 형성될 수 있는 가장 합리적인 가치를 도출할 수 있는 기반이 마련된다.

7. 감정평가방법의 선정 및 적용

「감정평가에 관한 규칙」
제12조(감정평가방법의 적용 및 시산가액 조정) ① 감정평가법인등은 제14조부터 제26조까지의 규정에서 대상물건별로 정한 감정평가방법(주된 방법)을 적용하여 감정평가해야 한다. 다만, 주된 방법을 적용하는 것이 곤란하거나 부적절한 경우에는 다른 감정평가방법을 적용할 수 있다.
② 감정평가법인등은 대상물건의 감정평가액을 결정하기 위하여 제1항에 따라 어느 하나의 감정평가방법을 적용하여 산정(算定)한 가액을 제11조 각 호의 감정평가방식 중 다른 감정평가방식에 속하는 하나 이상의 감정평가방법(이 경우 공시지가기준법과 그 밖의 비교방식에 속한 감정평가방법은 서로 다른 감정평가방식에 속한 것으로 본다)으로 산출한 시산가액과 비교하여 합리성을 검토해야 한다. 다만, 대상물건의 특성 등으로 인하여 다른 감정평가방법을 적용하는 것이 곤란하거나 불필요한 경우에는 그렇지 않다.
③ 감정평가법인등은 제2항에 따른 검토 결과 제1항에 따라 산출한 시산가액의 합리성이 없다고 판단되는 경우에는 주된 방법 및 다른 감정평가방법으로 산출한 시산가액을 조정하여 감정평가액을 결정할 수 있다.

1) 감정평가방법의 선정

「감정평가에 관한 규칙」 제12조에서는 제14조부터 제26조까지의 규정에서 대상물건별로 정한 감정평가 방법(주된 방법)을 적용하여 감정평가해야 한다고 규정하고 있다. 다만, 주된 방법을 적용하는 것이 곤란 하거나 부적절한 경우에는 다른 감정평가 방법을 적용할 수 있다.

일반법과 특별법 관계에 있는 동등한 법형식이 존재할 경우 특별법이 일반법에 우선하여 적용된다. 따라 서 특정 물건이나 목적에 대해 관계법령에서 별도의 평가방법을 규정하고 있다면, 감정평가 시 해당 법 령에 규정된 방법을 우선적으로 적용해야 한다. 이는 법적 안정성과 평가의 일관성을 확보하기 위한 중 요한 원칙이다.

2) 감정평가방법의 적용

감정평가방법의 적용은 선정된 평가방법을 통해 가치를 산정하는 단계이다. 가치형성요인의 영향관계를 바탕으로 채택된 자료를 평가방법의 산식에 대입하여 시산가액을 도출한다. 이 과정은 대상물건의 특성 과 시장상황을 정확히 반영해야 하며, 객관적이고 논리적으로 이루어져야 한다. 적절한 방법의 적용은 감정평가 결과의 신뢰성과 정확성을 보장한다.

8. 감정평가액의 결정 및 표시

1) 감정평가액의 결정(시산가액 조정)

감정평가액의 결정은 감정평가방법의 적용을 통해 산정된 최종적인 시산가액을 검토하고 조화시켜 최종 적인 감정평가액을 결정하는 단계이다. 이는 다양한 평가방법을 통해 도출된 각 시산가액들의 합리성을 비판적으로 검토하고 조화시키는 과정이므로 시산가액 조정이라고도 한다. 시산가액 조정 과정은 각 평 가방법의 특성과 한계를 고려하여 객관적이고 합리적인 최종가치를 도출하는 데 중요한 역할을 한다.

2) 감정평가액의 표시

감정평가액의 표시는 시산가액 조정을 거쳐 최종적으로 가치를 표현하는 단계이다. 감정평가액은 일반적 으로 하나의 수치로 제시되지만, 이론적으로는 점추정만이 유일한 방법은 아니다. 단일 수치가 대상물건 의 가치를 완벽하게 반영하기 어렵기 때문에 일정 범위로 감정평가액을 표시하는 구간추정도 가능하다. 우리나라 평가실무에서는 대부분 하나의 수치로 감정평가액을 제시한다. 구간추정은 감정평가서가 아닌 컨설팅보고서와 같은 경우에 한하여 제한적으로 활용된다. 이는 법적·행정적 절차에서 명확한 수치가 요구되는 감정평가의 특성을 반영한 것이다.

VI. 감정평가방법

> **TIP**
>
> 기본서 1권에서는 감정평가방법에 대해 원론적 측면을 다루고 있습니다. 각 방법별 구체적인 내용은 기본서 2권에 기술되어 있으니, 참고하시기 바랍니다.

1. 감정평가 방식(3방식 6방법)

가치3면성	3방식	가치의종류	6방법	시산가액	성격
시장성	비교방식	(협의의) 가치	거래사례비교법	비준가액	균형가격
		임료	임대사례비교법	비준임료	
비용성	원가방식	(협의의) 가치	원가법	적산가액	공급자가격
		임료	적산법	적산임료	
수익성	수익방식	(협의의) 가치	수익환원법	수익가액	수요자가격
		임료	수익분석법	수익임료	

> 「감정평가에 관한 규칙」
> 제11조(감정평가방식) 감정평가법인등은 다음 각 호의 감정평가방식에 따라 감정평가를 한다.
> 1. 원가방식: 원가법 및 적산법 등 비용성의 원리에 기초한 감정평가방식
> 2. 비교방식: 거래사례비교법, 임대사례비교법 등 시장성의 원리에 기초한 감정평가방식 및 공시지가기준법
> 3. 수익방식: 수익환원법 및 수익분석법 등 수익성의 원리에 기초한 감정평가방식

1) 개설

감정평가는 토지 등의 경제적 가치를 판정하여 결과를 가액으로 표시하는 활동이다. 가치를 판정하기 위해서는 다양한 방법이 존재하나 평가사는 일반적으로 전통적인 가치판정 기법 감정평가3방식을 활용한다. 컴퓨터의 등장과 지속적인 연구개발로 인하여 새로운 평가기법들이 많이 등장하고 있으나 이는 결국 3방식에 기초하고 있는 점을 알 수 있다.

2) 비교방식

(1) 의의

① 비교방식

비교방식이란 거래사례비교법, 임대사례비교법 등 시장성의 원리에 기초한 감정평가방식 및 공시지가기준법을 말한다(「감정평가에 관한 규칙 제11조 제2호」).

② 거래사례비교법

거래사례비교법이란 대상물건과 가치형성요인이 같거나 비슷한 물건의 거래사례와 비교하여 대상물건의 현황에 맞게 사정보정, 시점수정, 가치형성요인 비교 등의 과정을 거쳐 대상물건의 가액을 산정하는 감정평가방법을 말한다(「감정평가에 관한 규칙」 제2조 제7호).

③ 공시지가기준법

공시지가기준법이란 「감정평가 및 감정평가사에 관한 법률」 제3조 제1항 본문에 따라 대상토지와 가치형성요인이 같거나 비슷하여 유사한 이용가치를 지닌다고 인정되는 표준지의 공시지가를 기준으로 대상토지의 현황에 맞게 시점수정, 지역요인 및 개별요인 비교, 그 밖의 요인의 보정을 거쳐 대상토지의 가액을 산정하는 감정평가방법을 말한다(「감정평가에 관한 규칙」 제2조 제9호).

④ 임대사례비교법

임대사례비교법이란 대상물건과 가치형성요인이 같거나 비슷한 물건의 임대사례와 비교하여 대상물건의 현황에 맞게 사정보정, 시점수정, 가치형성요인 비교 등의 과정을 거쳐 대상물건의 임대료를 산정하는 감정평가방법을 말한다(「감정평가에 관한 규칙」 제2조 제8호).

(2) 이론적 근거

① 시장성

비교방식은 대상물건이 시장에서 어느 정도의 가격으로 거래되고 있는가 하는 시장성에 근거한다. 이는 실제 시장에서 형성된 가격을 기준으로 감정평가를 수행하므로 시장가치를 가장 직접적으로 반영하는 방식이다. 시장참여자들의 실제 거래행위를 바탕으로 하기 때문에 현실적인 가치를 도출할 수 있다.

② 대체의 원칙

비교방식은 대상물건과 가치형성요인이 같거나 비슷한 물건의 사례를 기준하여 대상물건의 가치를 구하므로, 대체의 원칙에 근거하고 있다. 이 원칙에 따르면 합리적인 시장참여자는 유사한 효용을 제공하는 대체물건의 가격을 넘어서 지불하지 않는다. 따라서 유사한 물건들의 거래가격은 대상물건의 가치를 결정하는 중요한 지표가 된다.

③ 신고전학파의 이론

비교방식은 수요와 공급의 상호작용에 따른 재화의 가치를 파악하는 신고전학파의 수요공급이론과 밀접한 관련이 있다. 이 이론은 고전학파와 한계효용학파의 견해를 종합하여, 단기에는 효용이나 수요의 힘이 재화의 가치에 영향을 미치고, 장기에서는 생산비나 공급의 힘이 재화의 가치에 영향을 미친다고 설명한다. 비교방식은 이러한 수요와 공급의 균형점에서 결정되는 시장가격을 기반으로 가치를 추정한다.

TIP **가격제원칙과의 관련성**

1. 기여의 원칙

비교방식은 기여의 원칙과 연관성을 가진다. 기여의 원칙이란 부동산의 각 구성요소가 전체 가치에 기여하는 정도를 분석하는 원칙이다. 비교방식에서는 사례물건과 대상물건 간 개별요인 비교 시 각 요인의 가치 기여도를 고려하여 보정을 실시한다. 이러한 과정에서 특정 요소가 전체 가치에 얼마나 기여하는지를 측정하게 되므로 기여의 원칙이 적용된다고 볼 수 있다.

2. 균형의 원칙

비교방식은 균형의 원칙과도 연관성을 가진다. 균형의 원칙은 생산요소 간의 균형, 용도 간의 균형 등이 최적으로 이루어진 상태에서 부동산 가치가 최대화된다는 원칙이다. 비교방식에서 활용하는 시장사례는 이미 시장에서 형성된 균형가격을 기반으로 하는데, 이는 시장 참여자들이 다양한 요소의 균형점에서 거래를 성립시켰다는 의미이다. 따라서 비교방식은 본질적으로 균형의 원칙을 반영하고 있다.

3. 외부성의 원칙

비교방식은 외부성의 원칙과도 관련된다. 외부성의 원칙은 주변 환경이 부동산 가치에 미치는 영향을 고려하는 원칙이다. 비교방식에서는 사례물건과 대상물건의 위치적 특성, 주변 환경 등을 비교·분석하는 과정에서 이러한 외부요인들이 가치에 미치는 긍정적·부정적 영향을 평가한다. 이는 외부성의 원칙이 비교방식에 내재되어 있음을 보여준다.

4. 수요공급의 원칙

비교방식은 수요공급의 원칙과 매우 직접적인 관련성을 가진다. 비교방식은 시장에서 실제로 거래된 사례를 기반으로 하는데, 이러한 거래가격은 수요와 공급의 상호작용에 의해 형성된 균형가격이다. 시장에서 특정 유형의 부동산에 대한 수요가 증가하면 거래가격이 상승하고, 공급이 증가하면 거래가격이 하락하는 원리가 비교방식에 그대로 반영된다.

비교사례의 선정과 분석 과정에서 시장의 수요공급 상황을 고려하므로, 비교방식은 수요공급의 원칙을 가장 직접적으로 적용하는 평가방식이다. 특히 시장의 변화에 따른 가격 동향을 분석할 때 수요공급의 원칙이 핵심적인 역할을 한다. 이처럼 비교방식은 수요공급의 원리를 기반으로 한 시장가치 도출 방법이라고 할 수 있다.

5. 경쟁의 원칙

비교방식은 경쟁의 원칙과도 관련된다. 경쟁의 원칙이란 자유롭고 개방된 시장에서 경쟁을 통해 가격이 형성된다는 원칙이다. 비교방식에서 활용하는 거래사례는 시장 참여자들의 경쟁 과정을 통해 결정된 가격이다. 특히 사정보정 시 독점, 담합, 특수관계인 간 거래 등 비경쟁적 요소가 있는 거래는 배제하거나 조정하는 과정을 통해 경쟁의 원칙을 구현한다. 따라서 비교방식은 경쟁원리가 반영된 시장가치를 도출하는 데 가장 적합한 방법이다.

6. 변동의 원칙

비교방식은 변동의 원칙과도 밀접하게 관련된다. 변동의 원칙이란 부동산 가치는 시간의 흐름, 사회경제적 환경 변화에 따라 끊임없이 변동한다는 원칙이다. 비교방식에서는 시점수정을 통해 거래시점과 평가시점 간의 시장 변동을 반영한다. 이 과정에서 가격변동률, 물가지수, 경제지표 등을 활용하여 시간적 변동 요인을 조정함으로써 변동의 원칙을 적용한다. 또한 지역요인이나 사회경제적 요인의 변화에 따른 가치 변동도 비교방식에서 중요하게 고려된다.

7. 적합성의 원칙

비교방식에서는 적합성의 원칙이 중요하게 작용한다. 적합성의 원칙은 부동산이 주변 환경이나 지역 특성에 적합할 때 가치가 극대화된다는 원칙이다. 비교방식에서 사례 선정 시 대상물건과 유사한 환경의 사례를 선택하고, 지역요인 보정을 통해 환경적 차이를 조정하는 과정에서 적합성의 원칙이 적용된다.

8. 수익배분의 원칙

비교방식에서 수익배분의 원칙은 토지와 건물 등 부동산의 각 구성요소가 전체 수익에 기여하는 정도에 따라 가치가 배분된다는 원칙과 관련된다. 비교방식에서 사례 선정 및 분석 시 구성요소별 가치 배분을 고려하며, 특히 복합부동산의 평가에서 각 구성요소의 기여도를 반영하여 가치를 배분한다. 이는 비교사례와 대상물건 간의 구성비율 차이를 조정할 때 적용된다.

9. 수익체감의 원칙

비교방식에서는 수익체감의 원칙이 사례 분석과 가치 형성에 반영된다. 이 원칙은 부동산에 대한 추가 투자의 한계수익이 체감한다는 것을 의미한다. 비교방식에서 과대투자된 물건의 거래사례를 분석할 때, 이러한 수익체감 특성을 고려하여 보정을 실시한다. 특히 개별요인 비교 시 시설투자의 가치 기여도를 평가할 때 이 원칙이 적용된다.

10. 최유효이용 원칙

비교방식에서 최유효이용 원칙은 사례 선정의 기준이 된다. 대상물건의 최유효이용과 유사한 이용 상태에 있는 사례를 선택함으로써 합리적인 비교가 가능해진다. 만약 대상물건이 최유효이용 상태에 있지 않다면, 최유효이용 상태에 있는 사례와의 차이를 적절히 보정해야 한다. 이러한 과정에서 최유효이용 원칙이 비교방식의 적용에 중요한 영향을 미친다.

11. 기회비용의 원칙

비교방식에서 거래사례를 선정하고 분석할 때, 각 사례는 시장참여자들이 다른 대안들과 비교하여 선택한 결과물이다. 따라서 이러한 거래가격에는 이미 기회비용의 개념이 내재되어 있으며, 유사한 물건들 간의 가격 차이는 각 물건이 제공하는 효용 차이와 기회비용을 반영한다.

또한 비교방식에서 개별요인 비교 시 대상물건의 최유효이용과 실제 이용 간의 차이를 보정할 때도 기회비용의 원칙이 적용된다. 현재 최유효이용 상태에 있지 않은 물건은 최유효이용을 실현하지 못함으로써 발생하는 기회비용만큼 가치가 하락하며, 이를 비교과정에서 반영해야 한다. 이처럼 기회비용의 원칙은 비교방식 적용의 이론적 근거 중 하나로서 합리적인 가치 산정에 기여한다.

(3) 장점과 단점

① 장점

비교방식은 시장성의 원리에 근거하는바, 이해가능성이 높고 객관적이며 직관적이다. 비수익성 부동산(주거용)이나 노후화된 부동산(감가상각 만료)의 경우에도 적용이 가능하다. 재생산이 불가능한 토지의 평가 시에도 유용하게 사용되며, 원가방식이나 수익방식으로는 평가하기 어려운 특수한 부동산에도 적용할 수 있다. 특히 인플레이션이 심한 상황에서는 실제 시장가격을 반영하므로 화폐가치 변동에 따른 자산가치 변화를 보다 정확하게 포착할 수 있다.

② 단점

비교방식은 거래사례가 없는 물건의 경우에는 평가가 불가능하다는 근본적 한계가 있다. 특수한 용도의 부동산이나 거래가 드문 지역의 부동산은 적절한 비교사례를 찾기 어려울 수 있다. 또한 부동산 시장은 불완전시장으로서 거래 당사자 간의 특별한 사정이 개입될 경우에는 사정보정의 어려움이 존재한다. 개별요인 비교 시 평가자의 주관이 개입될 가능성이 있어 객관성 확보에 주의가 필요하다. 각 사례와 대상물건 간의 가치형성요인 차이를 수치화하는 과정에서 평가자의 경험과 판단에 의존하는 부분이 크기 때문에, 평가자에 따라 결과가 달라질 수 있다는 위험이 있다.

3) 원가방식

(1) 의의

① 원가방식

원가방식이란 원가법 및 적산법 등 비용성의 원리에 기초한 감정평가방식을 말한다(「감정평가에 관한 규칙」 제11조 제1호). 이는 대상물건의 생산 또는 조달에 소요되는 비용을 기준으로 가치를 평가하는 방법이다.

② 원가법

원가법이란 대상물건의 재조달원가에 감가수정을 하여 대상물건의 가액을 산정하는 감정평가방법을 말한다(「감정평가에 관한 규칙」 제2조 제5호). 이는 동일한 효용을 가진 물건을 새로 조달하는 데 필요한 비용에서 물리적·기능적·경제적 감가를 차감하여 가치를 도출하는 방법이다.

③ 적산법

대상물건의 기초가액에 기대이율을 곱하여 산정된 기대수익에 대상물건을 계속하여 임대하는 데에 필요한 경비를 더하여 대상물건의 임대료를 산정하는 감정평가방법을 말한다(「감정평가에 관한 규칙」 제2조 제6호).

(2) 이론적 근거

① 비용성

원가방식은 대상물건에 어느 정도의 비용이 투입되었는가 하는 비용성에 근거한다. 대상물건의 가치는 그 물건을 생산하거나 취득하는 데 소요된 비용과 밀접한 관련이 있다는 원리에 기초한다.

② 대체의 원칙

원가방식은 합리적인 시장참여자가 대상물건과 동일한 효용과 기능을 제공하는 다른 물건의 원가(생산비)를 고려하여 가격을 지불하거나 생산한다는 대체의 원칙에 근거한다. 이 원칙에 따르면 구매자는 대체 가능한 물건의 취득비용 이상을 지불하지 않는다.

TIP 가격제원칙과의 관련성

1. 균형의 원칙

원가방식에서는 균형의 원칙도 중요하게 작용한다. 균형의 원칙은 부동산의 다양한 구성요소들이 경제적으로 최적의 비율로 결합될 때 가치가 최대화된다는 원칙이다. 원가방식에서 재조달원가를 산정할 때 토지와 건물의 균형 관계, 시설물 간의 균형 등을 고려하여 최적 상태의 비용을 추정한다. 과다한 시설투자나 불균형적인 개발은 감가요인으로 처리되므로 균형의 원칙이 적용된다.

2. 기여의 원칙

원가방식은 기여의 원칙과도 밀접한 관련이 있다. 기여의 원칙은 부동산의 각 구성부분이 전체 가치에 기여하는 정도에 따라 가치가 배분된다는 원칙이다. 원가방식에서는 건물의 각 부분, 설비, 시설물 등 개별 요소의 비용을 산정하고 이들이 전체 가치에 기여하는 정도를 분석한다. 특히 감가수정 과정에서 각 요소의 기여도 변화를 반영하므로 기여의 원칙이 구현된다.

3. 최유효이용의 원칙

원가방식에서는 최유효이용의 원칙도 고려된다. 최유효이용은 법적으로 허용되고, 물리적으로 가능하며, 재무적으로 실현 가능하고, 최대의 수익을 가져오는 토지 이용 방식을 의미한다. 원가방식에서는 대상물건의 현재 이용이 최유효이용 상태인지를 판단하여 경제적 감가 여부를 결정한다. 최유효이용에 부합하지 않는 경우 경제적 감가가 발생하므로, 이 원칙이 원가방식의 적용에 영향을 미친다.

4. 수요공급의 원칙

원가방식은 수요공급의 원칙과도 연관성을 가진다. 재조달원가는 건설시장에서의 자재, 인건비, 간접비용 등의 수요와 공급에 따라 결정된다. 특히 시장에서 특정 자재나 기술인력의 수급 상황이 재조달원가에 반영되므로, 원가방식은 수요공급의 원칙을 간접적으로 반영한다. 또한 경제적 감가를 산정할 때 시장의 수요공급 상황을 고려하게 되므로 이 원칙이 적용된다.

5. 변동의 원칙

원가방식은 변동의 원칙과도 관련된다. 건물의 물리적·기능적·경제적 감가는 시간 경과에 따른 변화를 반영한 것이다. 특히 기능적 감가는 기술 발전, 시장 요구 변화 등에 따른 물건의 진부화를 의미하는데, 이는 변화의 원칙이 원가방식에 적용된 사례이다.

6. 예측의 원칙

원가방식에서 예측의 원칙은 재조달원가 산정 및 감가수정 과정에 적용된다. 특히 경제적 감가 추정 시 대상물건의 미래 경제적 수명과 시장성 변화를 예측하여 반영한다. 또한 향후 발생할 수 있는 기능적 진부화나 기술적 변화에 따른 가치 하락을 예측하여 평가에 반영한다.

7. 수익배분의 원칙

원가방식에서는 토지와 건물 등 부동산 구성요소별로 원가를 산정하고, 각 요소의 수익 기여도에 따라 감가정도를 달리 적용한다. 이는 수익배분의 원칙이 원가방식에 적용된 사례이다. 특히 복합부동산의 평가에서 각 구성요소의 기여도와 감가율을 결정할 때 이 원칙이 중요하게 작용한다.

8. 수익체감의 원칙

원가방식에서 수익체감의 원칙은 과잉투자된 설비나 시설의 가치 평가에 적용된다. 일정 수준 이상의 추가 투자는 그에 비례하는 가치 증가를 가져오지 않으므로, 과잉투자된 부분에 대해서는 기능적 감가를 적용한다. 이러한 과정에서 수익체감의 원칙이 반영된다.

9. 적합의 원칙

원가방식에서 적합의 원칙은 주변 환경과 건물의 조화를 고려하는 데 적용된다. 주변 환경과 부조화를 이루는 건물은 경제적 감가 요인이 발생한다. 예를 들어, 주거지역에 위치한 공장건물은 용도 부적합으로 인한 경제적 감가가 발생하며, 이는 적합의 원칙이 원가방식에 적용된 사례이다.

10. 기회비용의 원칙

원가방식에서 기회비용의 원칙은 대상물건의 현재 이용이 최유효이용이 아닐 경우 발생하는 경제적 감가에 반영된다. 최유효이용과 현재 이용 간의 가치 차이는 기회비용으로 볼 수 있으며, 이를 경제적 감가로 처리함으로써 기회비용의 원칙이 적용된다.

11. 외부성의 원칙

원가방식에서 외부성의 원칙은 주변 환경이 대상물건에 미치는 영향을 고려하는 데 적용된다. 주변 환경의 긍정적·부정적 영향은 경제적 감가수정에 반영된다. 예를 들어, 인근에 혐오시설이 들어서면 대상물건의 경제적 가치가 하락하고, 이는 경제적 감가로 처리된다.

③ 고전학파의 이론

고전학파는 재화의 가치는 객관적인 생산비에 영향을 받는다고 보는 생산비 가치설에 입각하였다. 이는 공급자 측면의 가격이며 시장에서의 가격은 대상물건을 생산하는 데 필요한 비용이 반영된다고 본다.

(3) 장점과 단점

① 장점

원가방식은 재생산 또는 재조달 가능한 모든 부동산에 적용할 수 있다. 대상물건의 재조달원가에 감가수정을 하여 평가액을 구하므로 논리적 구조가 명확하고 이해하기 쉽다. 특히 시장성이 없는 부동산(공공건물, 교회, 사찰 등)이나 특수용도 부동산의 평가에 유용하게 적용할 수 있다. 또한 다른 방식으로 평가하기 어려운 신축 건물이나 특수 시설물의 평가에도 효과적이다.

② 단점

원가방식의 가장 큰 한계는 비용이 과거에 지불된 값으로, 현재의 값을 의미하는 가치의 정의에 완전히 부합하지 않는다는 점이다. 재생산이 불가능하거나 대체가 불가능한 부동산(토지, 역사적 건물 등)에는 적용할 수 없다. 지역에 따른 표준적 비용의 차이, 질적 차이, 간접비용 차이 등으로 인해 재조달원가의 정확한 산정이 어렵다는 문제가 있다.

특히 기능적 · 경제적 감가수정 시 평가자의 주관이 개입될 가능성이 크다. 또한 원가방식은 시장성 및 수익성이 충분히 반영되지 않아 실제 시장가치와 괴리가 발생할 수 있어 현실성이 떨어진다는 단점이 있다. 이로 인해 부동산 시장이 활성화된 지역에서는 보완적 방법으로 활용되는 경우가 많다.

4) 수익방식

(1) 의의

① 수익방식

수익방식이란 수익환원법 및 수익분석법 등 수익성의 원리에 기초한 감정평가방식을 말한다(「감정평가에 관한 규칙」 제11조 제3호). 이는 대상물건이 창출하는 수익에 기초하여 가치를 평가하는 방법이다.

② 수익환원법

수익환원법이란 대상물건이 장래 산출할 것으로 기대되는 순수익이나 미래의 현금흐름을 환원하거나 할인하여 대상물건의 가액을 산정하는 감정평가방법을 말한다(「감정평가에 관한 규칙」 제2조 제10호). 이는 미래의 수익을 현재가치로 환산하는 방법이다.

③ 수익분석법

일반기업 경영에 의하여 산출된 총수익을 분석하여 대상물건이 일정한 기간에 산출할 것으로 기대되는 순수익에 대상물건을 계속하여 임대하는 데에 필요한 경비를 더하여 대상물건의 임대료를 산정하는 감정평가방법을 말한다(「감정평가에 관한 규칙」 제2조 제11호).

(2) 이론적 근거

① 수익성

수익방식은 대상물건이 향후 어느 정도의 수익을 발생시킬 것인가 하는 수익성에 근거한다. 이는 부동산의 가치가 그 부동산이 창출할 수 있는 미래 수익의 현재가치와 동일하다는 원리에 기초한다.

② 예측 및 대체의 원칙

수익방식은 장래 기대되는 이익을 고려하므로 예측의 원칙에 근거한다. 투자자들은 미래 수익에 대한 예측을 바탕으로 의사결정을 하며, 이 과정에서 대체 부동산의 수익성을 고려하므로 대체의 원칙에도 근거한다. 합리적 투자자는 동일한 위험에 대해 더 높은 수익을 제공하는 투자대안을 선택한다.

> TIP 가격제원칙과의 관련성
>
> 1. 균형의 원칙
>
> 수익방식은 균형의 원칙과 밀접한 관련이 있다. 균형의 원칙이란 부동산의 다양한 생산요소들이 최적의 비율로 결합될 때 가치가 최대화된다는 원칙이다. 수익방식에서는 수익을 극대화할 수 있는 자본과 노동, 관리 간의 균형 상태를 가정하고 평가를 진행한다. 특히 최적의 운영 상태를 가정하고 순수익을 산정할 때 이 원칙이 적용된다. 균형이 깨진 상태에서는 수익이 감소하므로, 수익방식은 본질적으로 균형의 원칙을 내포하고 있다.

2. 최유효이용의 원칙

수익방식은 최유효이용의 원칙과 직접적인 관련이 있다. 최유효이용이란 법적으로 허용되고, 물리적으로 가능하며, 재무적으로 실현 가능하고, 최대의 수익을 가져오는 토지 이용 방식을 의미한다. 수익방식에서는 대상물건이 최유효이용 상태에 있다는 전제 하에 발생 가능한 최대 수익을 기준으로 가치를 평가한다. 만약 현재 이용이 최유효이용이 아니라면, 순수익 추정 시 이를 고려하여 조정해야 한다. 이처럼 수익방식은 최유효이용의 원칙을 평가 과정에 직접 반영한다.

3. 수요공급의 원칙

수익방식은 수요공급의 원칙과도 연관된다. 부동산 시장에서 수요와 공급의 균형에 따라 임대료와 공실률이 결정되며, 이는 직접적으로 순수익에 영향을 미친다. 또한 자본시장에서의 수요공급 상황은 환원이율 결정에 영향을 준다. 따라서 수익방식에서 순수익 산정과 환원이율 결정 과정에 수요공급의 원칙이 반영된다. 시장 상황의 변화에 따른 임대료와 자본수익률의 변동을 고려하는 것은 수요공급 원칙의 적용이라고 볼 수 있다.

4. 외부성의 원칙

수익방식은 외부성의 원칙과도 관련이 있다. 외부성이란 주변 환경이 부동산 가치에 미치는 영향을 의미한다. 주변 환경의 변화는 대상물건의 임대료, 공실률, 관리비용 등에 영향을 미쳐 순수익이 변동될 수 있다. 또한 주변 지역의 개발이나 쇠퇴는 미래 수익 전망과 위험도에 영향을 주어 환원이율에도 영향을 미친다. 따라서 수익방식에서 순수익과 환원이율을 추정할 때 외부성의 원칙이 고려된다.

5. 적합의 원칙

수익방식에서는 적합성의 원칙이 수익 산정에 영향을 미친다. 주변 환경과 용도가 적합할수록 공실률이 낮고 임대료가 높아져 순수익이 증가한다. 반대로 주변 환경과 부조화를 이루는 부동산은 수익성이 저하되고 위험도가 높아진다. 따라서 순수익 추정과 환원이율 결정 과정에서 적합성의 원칙이 고려된다.

6. 변동의 원칙

수익방식은 변동의 원칙을 직접적으로 반영한다. 미래 순수익 예측 시 수익의 증감 추세, 물가상승률, 시장변화 등을 고려하며, 특히 다기간 현금흐름할인법(DCF)에서는 각 기간별 수익 변화와 성장률을 명시적으로 반영한다. 또한 부동산의 경제적 내용연수와 잔존가치 추정 시에도 변화의 원칙이 적용된다.

7. 수익배분의 원칙

수익방식에서 수익배분의 원칙은 복합부동산의 순수익을 각 구성요소에 배분할 때 적용된다. 토지, 건물, 시설 등 각 구성요소가 전체 수익에 기여하는 정도에 따라 가치를 배분한다. 특히 건부감가법이나 토지잔여법과 같은 수익방식의 변형에서 이 원칙이 명확하게 드러난다.

8. 수익체감의 원칙

수익방식에서 수익체감의 원칙은 추가 투자에 따른 수익 증가 예측에 적용된다. 부동산에 대한 추가 투자는 한계수익 체감의 법칙에 따라 수익 증가폭이 감소한다는 특성을 가진다. 이러한 특성은 수익 예측과 자본환원율 결정 시 고려되며, 과잉투자된 부동산의 경우 이를 반영하여 평가한다.

9. 기회비용의 원칙

수익방식에서 기회비용의 원칙은 환원이율 결정에 직접적으로 적용된다. 환원이율은 유사한 위험 수준의 대체 투자안에서 얻을 수 있는 수익률(기회비용)을 기준으로 결정된다. 투자자가 다른 투자기회에서 얻을 수 있는 수익률을 고려하여 요구수익률을 결정하므로, 환원이율 산정 시 기회비용의 원칙이 핵심적인 역할을 한다.

③ 한계효용학파의 이론

수익방식은 재화의 가치가 수요자의 주관적인 효용에 의해 결정된다는 한계효용학파의 한계효용 가치설에 근거한다. 이 이론은 수요의 가격측면을 강조하여 재화의 가치는 효용의 정도에 비례한다고 본다.

(3) 장점과 단점

① 장점

수익방식은 장래 기대되는 편익의 현재가치라는 가치의 본질에 부합한다. 이는 경제학적 가치 개념과 일치하며, 투자자의 의사결정 방식을 잘 반영한다. 수익방식은 수익이 발생하는 모든 물건의 평가에 적용이 가능하며, 특히 임대용 부동산, 상업용 부동산, 수익형 부동산의 평가에 유용하다. 또한 시장 참여자들의 실질적인 투자 판단 기준을 반영하므로 투자용 부동산의 시장가치를 합리적으로 도출할 수 있다.

② 단점

수익방식은 수익이 없는 주거용·교육용·공공용 물건에 적용하는 것이 어렵다는 한계가 있다. 불안정한 시장상황에서는 안정된 순이익이나 환원이율을 구하기 어려우므로 적용가능성이 떨어지는 단점이 있다. 특히 미래 수익과 환원이율 추정 시 평가자의 주관적 판단이 개입될 여지가 크다.

또한 최유효사용이 아니거나 일부 비수익성 부동산이 포함된 복합물건인 경우 평가가치 추산에 오류가 발생할 우려가 있다. 산정된 순수익이 시장의 실제 상황을 정확히 반영하지 못하거나, 적절한 환원이율 선정이 어려운 경우 결과의 신뢰성이 저하될 수 있다는 문제점도 있다.

2. 3방식 병용에 대한 논의

1) 가치의 3면성

(1) 의의

가치의 3면성은 물건의 가치 판정 시 생산에 투입된 비용, 시장에서의 거래가격, 이용을 통해 얻을 수 있는 수익(편익, 효용)을 종합적으로 고려하여 의사결정하는 것이다. 이는 원가성, 시장성, 수익성이라는 세 가지 측면에서 가치를 바라보는 관점을 의미한다.

(2) 가치의 3면성과 감정평가 3방식과의 관계

3면성	수요·공급측면	가치추계 근거	3방식
수익성	수요적 측면	대상 부동산은 어느 정도의 수익 또는 효용을 얻을 수 있는 물건인가	수익방식
비용성	공급적 측면	대상 부동산은 어느 정도의 비용이 투입되어 만들 수 있는 물건인가	원가방식
시장성	균형적 측면	대상 부동산은 어느 정도의 가격수준으로 시장에서 거래되고 있는 물건인가	비교방식

2) 3방식 병용에 대한 학자들의 견해[28][29]

(1) 학자들의 논의

앨프리드 마셜(A. Marshall)은 안정된 정적 시장에서 가치의 3면등가성을 주장했다. 완전경쟁시장을 가정하고 장기적 균형이 이루어지면 가격, 비용, 가치가 동일해진다는 이론이다. 그러나 부동산 시장은 본질적으로 불완전시장이기 때문에 가치의 3면등가성이 부정되었다. 이에 대한 다양한 학자들의 논의를 거쳐, 현실 부동산시장에서 매매가격과 수익가격 간의 적정성 검토를 위해 3방식 병용과 시산가액의 조정을 통한 적정가치 도출 방안이 제시되었다. 미국감정평가사협회(AI)는 이러한 방안을 공식적으로 채택하였다.

(2) 찬성하는 견해

① 특정 방법만을 사용했을 때 발생할 수 있는 오류를 최소화할 수 있다. 단일 평가방법은 해당 방법이 전제하는 상황에서만 타당성을 가지므로, 여러 방법을 병용함으로써 각 방법의 한계점을 상호 보완할 수 있다.

② 세 가지 접근법에 의한 결과를 비교하여 시장 상황을 유추할 수 있으며, 시산가액 간 차이가 존재하는 경우 대상부동산에 적절하지 않은 평가방법이 적용되었음을 파악할 수 있다. 예를 들어, 원가법과 거래사례비교법의 시산가액이 유사하나 수익환원법의 시산가액이 현저히 낮다면, 해당 부동산의 수익성이 시장기대에 미치지 못한다는 정보를 제공받을 수 있다.

③ 시장이 극도로 왜곡된 상황에서도 세 가지 방법을 모두 적용함으로써 왜곡된 평가를 방지하고 감정평가의 공신력을 제고할 수 있다. 특히 투기적 요소가 강한 시장이나 거래가 빈번하지 않은 시장에서는 다양한 관점의 검증이 필요하다.

(3) 반대하는 견해

① 세 가지 접근법은 각기 다른 가정에 근거하고 있어 모두 사용할 필요성이 없다. 원가법은 비용가치, 거래사례비교법은 시장가치, 수익환원법은 수익가치라는 서로 다른 가치개념에 기초하므로 이들을 무리하게 병용하는 것은 이론적 일관성을 저해할 수 있다.

② 부동산의 성격에 따라 특정 방법의 적용이 불가능한 경우가 존재하므로, 대상물건의 특성에 적합한 평가방법만 적용하면 충분하다. 예컨대, 공원이나 학교와 같은 공공시설은 수익을 발생시키지 않아 수익환원법의 적용이 제한적이며, 특수한 용도의 부동산은 거래사례를 찾기 어려워 거래사례비교법의 적용이 어렵다.

③ 시장이 안정적인 상황에서는 세 가지 방식을 모두 적용하는 것은 불필요한 작업이 될 수 있다. 안정된 시장에서는 세 가지 방법의 시산가액이 유사하게 도출되므로, 가장 신뢰성이 높은 단일 방법만으로도 충분히 정확한 가치 추정이 가능하다.

---

28) 서광채, 감정평가학원론, 부연사, p.150 이하 참고
29) 신근섭, 신감정평가론강의(제3개정판) 감정평가이론 및 실무, 1999, 부연사, p.123

3) 3방식 병용의 필요성

(1) 상관·조정의 원리(각 방식의 상호관련성)

부동산 가치는 효용, 상대적 희소성, 유효수요 등의 가치발생요인이 결합하여 부동산 시장의 수요와 공급의 상호작용 결과로 결정된다. 3방식은 서로 다른 가치전제와 논리를 가지고 있으나, 가치의 발생 과정에서는 상호 긴밀하게 관련된다. 감정평가 3방식은 겉으로는 서로 다른 논리와 가치전제를 가지고 있으나, 시장이 균형상태에 있을 때는 3방식의 결과가 수렴하게 된다. 예를 들어, 시장에서 특정 건물의 가격이 지나치게 높아지면 새로운 건물 공급이 늘어나고(원가 측면), 투자수익률은 낮아지게 되어(수익 측면) 결국 시장가격을 낮추는 조정이 이루어진다. 반대로 가격이 지나치게 낮으면 신규 공급이 줄고 수익률이 높아져 가격이 상승하는 상관관계가 존재한다. 이러한 상관·조정 메커니즘에 의해 3방식의 결과는 장기적으로 수렴하는 경향을 보인다.

(2) 각 방식의 특징 및 유용성과 한계

각 평가방식은 시장성, 비용성, 수익성이라는 서로 다른 사고를 기초로 하고 있어 고유한 특징과 유용성을 갖는다. 그러나 특정 상황에서는 일부 방식의 적용이 곤란하거나 적용과정에서 주관적 판단이 개입될 우려가 있는 등 일정한 한계도 존재한다. 따라서 각 방식의 특징과 유용성을 활용하고 한계를 보완함으로써 특정 방식에 의한 가치에 편중되는 현상을 방지하고 보다 적정한 가치 도출을 위해 시산가액의 조정이 필요하다.

(3) 단일 평가방식에 의한 오류의 방지

하나의 평가방식만을 사용할 경우, 대상물건의 특성 및 평가목적 등에 따라 불합리한 결과가 도출될 수 있다. 또한 적용과정에서의 실수나 자료의 부족 등으로 인해 오류가 발생할 가능성이 있다. 이러한 위험을 방지하기 위해 3방식을 모두 적용하여 결과를 상호 검증하고 보완할 필요성이 있다.

(4) 평가의 합리성과 현실성 제고

실무에서 감정평가액은 하나의 점추정치로 표현된다. 그러나 부동산 가치가 단일한 점으로 표시되는 것은 현실적이지 않은 경우가 많다. 따라서 부동산 가치는 일정한 범위(구간추정)로 표현되는 것이 보다 합리적일 때가 있다. 단일방식만 적용할 경우 하나의 점추정치로만 표현될 수밖에 없으나, 3방식을 적용하여 가치의 범위를 도출함으로써 평가의 합리성과 현실성을 제고할 수 있다.

(5) 평가사의 주관 배제

감정평가 과정에서는 평가사의 주관적 판단이 개입될 여지가 많다. 거래사례비교방식에서는 사례 선정과 보정과정, 원가방식에서는 감가수정과 가치결정, 수익방식에서는 미래 수익 추정과 환원율 결정 등에서 평가사의 주관이 반영될 수 있다. 3방식을 병용하면 서로 다른 논리와 자료에 기반을 둔 결과를 비교함으로써 개인적 편향을 줄일 수 있다.

(6) 부동산시장의 불완전성

부동산시장은 부동산 고유의 특성으로 인해 본질적으로 불완전한 특성을 지닌다. 또한 부동산 가치는 다양한 외부요인에 영향을 받아 지속적으로 변동한다. 각 방법을 병용하여 시장상황과 부동산의 특성을 다각도로 분석함으로써, 시장의 불완전성에서 오는 가치판단의 오류를 최소화할 수 있다. 특히 거래빈도가 낮은 부동산, 특수목적 부동산, 시장이 급변하는 상황에서는 3방식의 병용이 더욱 중요한 의미를 갖는다.

4) 3방식 병용이 필요하지 않은 경우(단일 방법에 의한 평가가 인정되는 경우)

(1) 불가능한 경우

① 공공청사, 하천, 국유재산이나 임야 등과 같이 3방식을 병용하기 위한 필요 자료가 없는 경우가 존재한다.

② 시장의 급격한 변화, 거래(건축) 이후 기간의 경과 등으로 인해 자료의 신뢰성이 없는 경우가 있다.

(2) 부적절한 경우

① 특수목적 부동산, 주거용 부동산처럼 3방식 중 특정한 방식만이 유용하고 다른 방식의 적용이 부적절한 경우가 존재한다.

② 시장에서 일정한 관행이 형성되어 있는 경우에는 3방식의 병용이 부적절할 수 있다.

(3) 평가목적 및 평가조건에 의한 경우

부동산 관련 증권(ABS, MBS, REITS 등) 평가시 목적상 할인현금흐름분석법(DCF) 같은 수익방식의 적용이 타당하다. 또한 의뢰인이 투자 목적으로 의뢰를 요청한 경우도 수익방식 적용이 타당하다.

(4) 관련 법령에 의한 경우

감정평가 관련 법규에서 특정 평가방법만의 적용을 요청하는 경우이다. 법률규정에 의해 평가하는 것을 법정평가라 하는데 법률에 규정이 있는 경우에는 법령을 따라야 한다. 이를 따르지 않을 경우에는 위법한 행위가 된다.

5) 3방식 병용과 관련된 규정

(1) 「감정평가 및 감정평가사에 관한 법률」

「감정평가 및 감정평가사에 관한 법률」 제3조 제2항은 감정평가법인등이 「주식회사 등의 외부감사에 관한 법률」에 따른 재무제표 작성 등 기업의 재무제표 작성에 필요한 감정평가와 담보권의 설정·경매 등 대통령령으로 정하는 감정평가를 할 때에는 해당 토지의 임대료, 조성비용 등을 고려하여 감정평가를 할 수 있다고 규정하고 있다.

(2) 「감정평가에 관한 규칙」

「감정평가에 관한 규칙」 제12조 제2항은 "감정평가법인등은 대상물건의 감정평가액을 결정하기 위하여 제1항에 따라 어느 하나의 감정평가방법을 적용하여 산정한 가액을 제11조 각 호의 감정평가방식 중 다른 감정평가방식에 속하는 하나 이상의 감정평가방법으로 산출한 시산가액과 비교하여 합리성을 검토해야 한다. 다만, 대상물건의 특성 등으로 인하여 다른 감정평가방법을 적용하는 것이 곤란하거나 불필요한 경우에는 그렇지 않다."고 규정하고 있다.

(3) 「토지보상법 시행규칙」

「공익사업을 위한 토지 등의 취득 및 보상에 관한 법률 시행규칙」 제18조 제1항은 대상물건의 평가는 이 규칙에서 정하는 방법에 하되, 그 방법으로 구한 가격 또는 사용료를 다른 방법으로 구한 가격 등과 비교하여 그 합리성을 검토하여야 한다고 규정하고 있다.

3. 시산가액 조정

1) 시산가액 조정의 개념

시산가액이란 대상물건의 감정평가액을 결정하기 위하여 제1항에 따라 어느 하나의 감정평가방법을 적
용하여 산정한 가액을 말한다(「감정평가에 관한 규칙」 제12조 제2항).

시산가액 조정은 비교·원가·수익방식에 의해 산출된 세 가지 가액을 상호 관련하여 재검토하고, 상호
간의 격차를 축소시키기 위해 조정하는 작업이다. 이는 평가과정을 비판적·객관적으로 재검토하는 과
정을 통해 시산가액 간 차이가 발생하는 원인을 분석하고 적정 가치를 도출하는 데 도움을 준다. 이러한
과정을 통해 최종적인 감정평가액에 합리성과 논리성이 부여되며, 감정평가의 객관성과 공신력을 높이
는 데 기여한다.

2) 시산가액 조정의 필요성

(1) 3면등가의 현실적 어려움

앨프리드 마셜은 안정된 정적 시장에서 가치의 3면등가성을 주장했으나, 현실의 부동산 시장은 불완
전시장이며 가치형성요인이 지속적으로 변화한다. 따라서 각 방식에 의한 가치는 일치하기 어려워
시산가액의 조정이 필요하다.

(2) 평가방식의 특징 및 유용성과 한계

각 평가방식은 시장성, 비용성, 수익성이라는 서로 다른 관점에 기초하여 고유한 특징과 한계를 가
진다. 이러한 각 방식의 유용성을 활용하고 한계를 보완하여 특정 방식에 치우치지 않는 적정 가치
도출을 위해 시산가액 조정이 필요하다.

(3) 상관·조정의 원리(각 방식의 상호관련성)

부동산 가치는 효용, 상대적 희소성, 유효수요 등 가치발생요인의 결합으로 결정된다. 3방식은 서로
다른 가치전제와 논리를 가지지만, 가치발생 과정에서 상호 관련성을 가진다는 상관·조정의 원리
에 따라 시산가액 조정이 이루어진다.

3) 시산가액 조정기준

(1) 평가목적

평가목적은 시산가액 조정의 1차적 기준이다. 부동산의 가치는 가치다원론적 입장에서 평가목적에 따라 다양한 개념으로 접근할 수 있다. 평가목적을 기준으로 시산가액을 조정함으로써 평가의뢰인의 요구에 적절하게 부응할 수 있다.

(2) 대상물건의 성격

대상물건의 성격은 시산가액 조정의 중요한 기준이 된다. 시장성이 있는 물건은 비교방식이, 수익성이 있는 물건은 수익방식이 보다 타당한 평가방식이 될 것이다. 또한 신축된 부동산의 경우 원가방식이 유용한 평가방식이 될 수 있다.

(3) 시장상황

시장상황은 대상 부동산이 속한 지역 시장의 상태, 시장참여자들의 거래관행 등을 의미한다. 비교방식은 시장상황이 안정적일 때 상대적으로 신뢰성이 높고, 시장상황이 급변할 때는 원가방식과 수익방식에 상대적으로 더 많은 비중을 두게 된다.

(4) 자료의 신뢰성

① 개념

자료의 신뢰성이란 각 평가방식 적용에 사용된 자료가 얼마나 믿을 수 있고 정확한지를 의미한다. 신뢰성 있는 자료는 시산가액의 타당성을 보장하는 핵심 요소이다. 자료의 신뢰성은 적절성, 정확성, 충분성 등의 측면에서 평가되며, 이는 시산가액 조정 시 중요한 판단 기준이 된다.

② 내용

㉠ 적절성

각 방식의 적용에 있어 적절한 자료가 수집되었는지, 그리고 제대로 활용되었는지를 확인해야 한다. 적절성은 자료가 대상부동산과 얼마나 유사한지, 시간적·공간적으로 얼마나 근접한지, 시장상황을 얼마나 잘 반영하는지 등을 포함한다.

㉡ 정확성

자료의 정확성, 계산의 정확성, 수정의 정확성 등에 의해 시산가액의 정확성을 확인할 수 있다. 부정확한 자료나 계산 오류는 시산가액의 신뢰성을 저하시키므로, 각 방식 적용 과정의 정확성을 검토해야 한다.

㉢ 증거(자료)의 양

적절성이나 정확성은 시산가액의 질적인 기준으로서의 성격을 가진다. 이러한 질적 기준이 양적 기준인 증거의 양으로 뒷받침된다면 더욱 높은 신뢰성과 타당성을 지니게 된다. 투입된 자료의 양이 적으면 유의미한 결과를 얻기 어렵기 때문에, 풍부한 자료에 의해 산정된 평가방식이 어떤 것인지 검토할 필요가 있다.

4) 시산가액 조정방법[30)

(1) 산술평균하는 방법

산술평균하는 방법은 3가지 방법에 의한 시산가액을 모두 더하여 단순하게 나누는 방법이다. 시산가액 조정은 감정평가 방식을 통해 산정된 가치의 적정성을 검토하는 과정이므로 산술평균하는 방법은 부적정하다. 이 방법은 각 시산가액의 신뢰성과 특성을 고려하지 않고 동일한 비중을 부여하기 때문에 일반적으로 사용하지 않는다.

(2) 가중치를 적용하는 방법

가중치를 적용하는 방법은 각 시산가액을 대상 부동산의 특성, 용도, 감정목적, 해당 자료 등을 분석·판단하여 그 중요도에 따라 가중치를 설정하고, 해당 가중치를 각 시산가액에 곱하여 가중평균하여 시산가액을 구하는 방법이다. 이 방법은 각 시산가액의 상대적 중요성을 반영할 수 있어 합리적인 조정방법으로 인정된다.

(3) 다른 시산가액으로 검토하여 조정하는 방법

대상물건의 특성과 평가목적 등을 고려하여 가장 신뢰할 수 있고 정확한 방법에 중점을 두고 다른 방법에 의한 시산가액으로 합리성 등을 검토하는 방법이다. 즉, 가장 적정한 시산가액으로 최종 감정평가액이 결정되는 방법이다. 이 방법은 특정 평가방식이 다른 방식보다 명확히 우월한 경우에 적합하다.

(4) 「감정평가 실무기준」에 의한 방법

「감정평가 실무기준」에서는 정량적인 방법 중 평가목적, 대상물건의 특성, 수집한 자료의 신뢰성 및 시장상황 등을 종합적으로 고려하여 시산가액에 적절한 가중치를 부여하는 방법을 채택하고 있다. 이는 나항의 가중치를 적용하는 방법과 유사하나, 실무기준에서 구체적인 가이드라인을 제시하여 조정과정의 일관성과 객관성을 높이고자 하는 것이다.

5) 시산가액 조정 시 유의사항

(1) 일반적 유의사항

시산가액 조정은 각 시산가액을 단순히 기계적으로 산술평균하거나 작위적으로 차이를 없애는 것이 아니다. 각 가액 간 차이가 발생한 원인과 근거를 명확히 하기 위해 감정평가방식과 사용된 자료의 특성을 파악한 후, 감정평가 각 단계에서 제대로 적용되었는지 객관적·비판적으로 반복하여 재검토해야 한다.

(2) 구체적 유의사항

① 자료의 선택, 검토 및 활용의 적부

수집·선택된 자료가 대상물건의 평가에 적합한지 여부를 검토하고 이것이 평가과정에 제대로 활용되었는지 여부를 확인해야 한다. 감정평가는 본질상 평가사의 판단이 개입될 수밖에 없는 주관적 요소를 내포하고 있다. 이를 극복하고 평가결과에 객관성을 부여하기 위해서는 시장자료 활용 시 적합성에 대한 검토가 필요하다.

---

30) 이창석, 기본강의 감정평가, 리북스, 2013, p.710

② 가치형성요인 분석의 적부

가치형성요인의 분석은 감정평가의 핵심 과정으로, 이 과정에서 오류가 발생하면 시산가액의 신뢰성이 저하된다. 일반요인(경제동향, 인구변화, 금리변동 등)이 지역요인(지역 개발계획, 교통환경 변화 등)에 어떻게 영향을 미치고, 이것이 다시 개별요인(획지조건, 접근성, 건물의 구조 및 용도 등)과 어떤 상호작용을 통해 최종적인 가치를 형성하는지 체계적으로 분석해야 한다.

③ 각 평가방식에 공통되는 가치형성요인에 대한 판단의 적합성 여부

각 평가방식에 공통적으로 적용된 가치형성요인의 판단에 모순이 없어야 한다. 비교방식에서 경제적 요인 중 금리상승이 가치에 부정적 영향을 미친다고 판단했는데, 수익방식에서는 그것이 오히려 긍정적 영향을 끼친다고 서로 모순되게 판단해서는 안 된다. 시산가액은 세 가지가 모여 비로소 하나의 기능을 하는 것이 아니라, 어느 것이나 독립하여 대상물건의 시장가치를 지향하고 있는 것으로 취급된다.

④ 가격제원칙 활용의 적부

부동산가격제원칙은 부동산가격이 어떻게 형성되고 유지·수정·파괴되는가를 나타내는 기본적 법칙으로서, 부동산 가격형성의 기본 원리이다. 부동산 가치는 가치발생요인에 의해 발생하고 이에 영향을 주는 가치형성요인의 상호작용으로 형성되므로, 가격제원칙 활용의 적정성 여부는 평가액의 정확성과 합리성에 크게 영향을 미친다.

⑤ 평가방식의 적용과정에서 보정과 수정에 관한 판단의 적부

평가방식의 적용과정에는 각 단계마다 보정과 수정작업이 이루어진다. 이러한 과정이 오류 없이 적절하게 진행되었는지를 검토해야 하고, 평가사의 자의적 판단이 아닌 시장자료에 근거한 객관적 평가절차가 이루어졌는지를 비판적으로 검증해야 한다.

⑥ 단가와 총액의 관계

부동산의 크기는 최유효이용과 시장성, 가치에 영향을 미친다. 일반적으로 대규모 부동산은 인근의 일반적이고 표준적인 부동산에 비해 이용 활용도가 낮고 시장성 또한 높지 않아 감가요인이 되는 것이 보통이다. 그러나 지역에 따라 대규모 토지가 부족한 경우에는 희소성으로 인해 오히려 광평수 토지라는 점이 증가요인으로 작용하기도 한다. 따라서 단순히 단가를 기준으로 가치를 산정하고 비교하면 정확한 평가에 이르지 못할 위험성이 있으므로 단가 기준과 총액 기준의 경우를 면밀히 비교검토하여 최종적인 가치를 결정해야 한다.

6) 시산가액 조정 결과의 표시방법

(1) 개설

감정평가서에서 최종 가치는 단일 수치 또는 일정 범위로 표시할 수 있다. 최종 가치를 하나의 수치로 표시하는 점 추정치는 감정평가 실무에서 전통적으로 사용되어 온 방식이다. 시산가액 조정 과정을 거쳐 도출된 최종 결과를 어떻게 표시할 것인가는 평가목적과 대상물건의 특성, 의뢰인의 요구 등을 종합적으로 고려하여 결정해야 한다.

(2) 점 추정치

점 추정치는 감정평가액이 성립할 가능성이 가장 높은 단일 금액으로, 최종가치를 하나의 수치로 명확하게 표시한 것이다. 담보평가, 과세평가, 보상평가 등과 같이 명확한 가치 판단이 필요한 경우 점 추정치가 의뢰인의 의사결정에 더 유용하다.

점 추정치는 정밀한 수치 표현보다는 가급적 반올림하여 유효숫자까지만 표시하는 것이 바람직하다. 이는 감정평가가 본질적으로 추정의 과정이므로 지나치게 정밀한 수치 표현이 오히려 평가의 정확성에 대한 오해를 불러일으킬 수 있기 때문이다.

현행 「감정평가에 관한 규칙」과 「감정평가 실무기준」에는 유효숫자 표시에 관한 명시적 규정이 없다. 다만, 과거 (구)「감정평가에 관한 규칙」에서는 유효숫자 둘째자리까지 표시함을 원칙으로 하되, ㎡당 100,000원 이상인 경우에는 유효숫자 셋째자리까지 표시할 수 있다고 규정했었다. 실무에서는 시장사례 자료의 충분성과 신뢰성, 평가대상의 특성 등을 고려하여 적절한 유효숫자를 결정한다.

(3) 구간추정치

구간추정치(interval estimate)는 최종가치를 일정 범위로 표시하는 방법이다. 예를 들어 '9.5억원 ~ 10.5억원' 또는 '10억원 ± 5%'와 같이 표시할 수 있다. 관계가치(relation value)는 기준금액의 상하관계로 표시하는 방식으로, '가격은 10억원 이하' 또는 '가격은 10억원 이상'과 같은 형태로 표현한다. 구간추정치는 시장 불확실성이 높은 경우, 대상 부동산의 특수성으로 정확한 가치 산정이 어려운 경우, 투자분석, 사업타당성 검토 등 다양한 시나리오 분석이 필요한 경우, 감정평가 결과를 기초로 협상이 예상되는 경우에 유용하다.

좁은 범위의 구간추정치는 감정평가의 불확실성을 명시적으로 인정하면서도 의사결정에 필요한 정보를 제공하므로, 특정 상황에서는 점 추정치보다 더 높은 신뢰성을 줄 수 있다.

(4) 소결

하나의 수치로 표시하는 점 추정과 범위로 표시하는 구간 추정이 가능하지만, 우리나라의 경우 대부분의 감정평가에서 하나의 가격, 즉 점추정치를 최종 평가액으로 제시하고 있다. 그러나 감정평가 업무는 감정평가뿐만 아니라 컨설팅 업무, 평가검토 업무 등으로 다원화되어 가고 있으므로 구간 추정치로서의 일정한 범위로 표시할 수도 있다. 즉, 시산가액 표시방법은 평가 목적에 따라 적정한 의사결정을 지원할 수 있도록 결정되어야 감정평가의 신뢰성과 정확성을 제고할 수 있다.

4. 기타 평가방식

1) 기타 평가방식의 개념

기타평가방식은 전통적 3방식(원가방식, 비교방식, 수익방식)으로 평가하기 어려운 특수한 권리나 자산의 가치를 산정하기 위해 개발된 대체적 가치평가 방법이다. 이는 통계적 감정평가방법, 특성함수모형, 조건부가치평가, 편익분석, 동적 DCF, 실물옵션모형 등을 포함한다. 이러한 방식들은 전통적 방식의 한계를 보완하고 다양한 자산 유형에 맞춤화된 접근법을 제공한다.

2) 기타 평가방식의 필요성

현대 사회는 경제규모 확대와 사회구조 복잡화로 시장 불확실성이 증대되고 있다. 이에 따라 특수한 권리와 무형자산의 가치평가 필요성이 증가하고 있으나, 전통적 3방식만으로는 한계가 있다. 컴퓨터 기술의 발전은 과거에 실무적용이 어려웠던 복잡한 통계 모델과 알고리즘의 실용화를 가능하게 했으며, 실물옵션모형이나 몬테카를로 시뮬레이션 같은 고급 기법의 적용을 가속화했다. 감정평가실무기준은 기업가치 평가 시 옵션평가모형을 규정하고 있으나, 기타평가방식의 적극적 활용을 위해서는 추가적인 실무적·이론적 연구가 필요하다.

3) 통계적 감정평가방법

(1) 의의 및 방법

통계적 감정평가방법은 대상물건의 가치형성에 영향을 미치는 특성변수들을 선정하고, 다수의 사례를 통계 처리하여 특정변수에 따른 가치를 계량적으로 산정하는 평가방법이다. 이 방법은 가설적 시장에서 다수의 사례를 계량화하는 과정을 통해 가치판단이 이루어진다. 가치에 영향을 미치는 여러 특성을 변수화하고, 이를 통계적으로 분석하여 객관적인 가치추정 모형을 구축하는 것이 핵심이다.

(2) 종류

통계적 감정평가방법의 대표적인 기법으로는 헤도닉 가격모형, 다중회귀분석, 공간계량모형 등이 있다. 헤도닉 가격모형은 부동산의 가치가 여러 특성들의 묶음으로 구성된다는 가정하에, 각 특성이 가치에 미치는 영향을 분석한다. 다중회귀분석은 여러 독립변수가 종속변수인 가치에 미치는 영향을 수학적으로 모델링한다. 공간계량모형은 공간적 자기상관성을 고려하여 인접 부동산의 영향을 반영한 가치평가 방법이다.

(3) 통계적 감정평가방법의 주요 절차

① 가치형성에 영향을 미치는 특성변수들을 식별하고 선정한다. 다음으로, 충분한 수의 비교사례를 수집하고 데이터베이스를 구축한다.

② 수집된 데이터를 전처리하고 이상치를 제거한다.

③ 적절한 통계모형을 선정하고 모형의 파라미터를 추정한다. 마지막으로 모형의 타당성을 검증하고 대상부동산의 가치를 산정한다. 이 과정에서 가치형성요인의 상호작용 및 비선형성을 고려한 모형 설계가 중요하다.

(4) 통계적 감정평가방법의 장점

① 대량평가에 효율적이며 일관된 기준으로 다수의 부동산을 평가할 수 있다.

② 평가자의 주관적 판단을 최소화하고 객관적인 평가 결과를 도출할 수 있다.

③ 가치형성요인이 가치에 미치는 영향을 정량적으로 분석할 수 있어 가치추정의 근거가 명확하다.

④ 시장데이터를 체계적으로 활용하여 시장가치의 추정 정확도를 높일 수 있다.

⑤ 컴퓨터 프로그램을 활용한 자동화로 평가시간과 비용을 절감할 수 있다.

(5) 통계적 감정평가방법의 한계

이론적으로는 통계모형의 적절성과 개별부동산의 가치를 적절히 반영하는지가 문제된다. 또한 자료수집의 범위에 따라 결과가 상이해질 수 있어 자료의 수집 및 선택에서도 한계가 존재한다. 특히 표본의 편향성과 대표성 문제가 발생할 수 있으며, 모형 설정의 오류로 인한 추정 가치의 왜곡 가능성도 있다.

실무적 측면에서는 가치형성요인이 상호 복합적으로 작용하여 가치에 영향을 미치기 때문에 특정 요인만을 통제하여 반영하기 어렵다는 문제가 있다. 또한 부동산의 개별성을 고려함에 있어 통계적 모형은 한계를 가진다. 특히 비정형적이거나 독특한 특성을 지닌 부동산, 거래사례가 적은 부동산 유형에 대해서는 적용이 제한적이다. 또한 시장 외적 요인(심리적·사회적 요인 등)을 모형에 완전히 반영하기 어렵다는 한계도 존재한다.

(6) 통계적 감정평가방법의 적용 사례

통계적 감정평가방법은 다양한 분야에서 활용되고 있다. 대표적으로 부동산 대량평가, 과세평가, 담보가치평가, 시장분석 등에 적용된다. 특히 재산세나 종합부동산세와 같은 과세목적의 평가에서 효율성과 일관성을 확보하기 위해 활용된다. 금융기관의 담보가치 자동평가시스템(AVM; Automated Valuation Model)에도 통계적 방법론이 널리 적용되고 있다. 최근에는 인공지능과 머신러닝 기법을 결합한 고급 통계모형이 개발되어 평가 정확도를 향상시키고 있으며, 빅데이터 분석을 통한 시장 트렌드 예측에도 활용되고 있다.

(7) 통계적 감정평가방법의 발전 방향

통계적 감정평가방법은 데이터 기술의 발전과 함께 지속적으로 진화하고 있다. 빅데이터와 인공지능 기술의 발전으로 더 많은 가치형성요인을 모형에 반영할 수 있게 되었으며, 복잡한 비선형적 관계도 분석 가능해졌다. 공간정보시스템(GIS)과의 결합을 통해 공간적 특성을 더욱 정교하게 반영할 수 있게 되었고, 시계열 분석 기법의 도입으로 가치변동 예측의 정확도도 향상되고 있다. 향후에는 딥러닝, 앙상블 학습 등 고급 머신러닝 기법과 실시간 데이터 분석 기술의 발전으로 더욱 정확하고 신뢰성 높은 평가 모형이 개발될 것으로 전망된다. 다만, 통계적 방법의 발전에도 불구하고 전문가의 직관과 판단, 개별 부동산의 특수성을 고려한 검증과정은 여전히 중요한 요소로 남을 것이다.

4) 특성함수모형

(1) 의의

특성함수모형은 재화의 가치가 해당 재화에 내포된 특성에 의해 결정된다는 가정하에 특성변수와 가격과의 관계를 분석하는 다중회귀분석모형이다. 이는 통계적 자료 해석에 기초한 감정평가방법으로, 특성변수를 시장참가자들이 인정한 효용으로 간주하여 시장의 수요와 공급의 상호작용을 고려한다. 이 모형은 부동산의 다양한 특성이 가치형성에 미치는 영향을 계량적으로 분석함으로써 객관적인 가치 추정을 가능하게 한다.

(2) 특성가격함수모형의 내용

특성가격함수모형은 ① 사례표본의 결정, ② 특성변수의 설정, ③ 특성의 코딩, ④ 다중회귀통계치의 분석 후, ⑤ 통계의 유의성 검증, 설명력 검증, 추정의 표준오차 등을 검증하는 절차를 거친다.

(3) 장단점

특성함수모형은 다수의 매매사례를 통계학적으로 분석하여 시장 증거력 측면에서 우수하며, 대량평가 시 시간과 비용을 절감할 수 있다는 장점이 있다. 또한 개별 특성의 가치기여도를 명확하게 산출할 수 있어 가치형성요인에 대한 분석이 용이하다.

반면, 사례의 사정보정 및 시산가액 조정과정이 부재하고, 사례가 부족한 경우 적용할 수 없다는 단점이 있다. 또한 특성변수 선정의 주관성이 개입될 수 있으며, 비선형적 관계를 반영하기 어렵다는 한계도 존재한다.

(4) 구체적 내용

① 상수항

독립변수로 설명하지 못한 부분으로, 모형에 포함되지 않은 기타 요인들의 영향을 나타낸다.

② 개별특성계수

특성이 가치에 영향을 미치는 정도를 나타내며, 해당 특성이 한 단위 변화할 때 가치의 변화량을 의미한다.

③ 결정계수

회귀모형의 적합성을 판정하는 기준으로 독립변수의 설명력을 나타내는 지표이다. 1에 가까울수록 모형의 정확도가 높음을 의미한다.

④ 다중공선성

독립변수간에 강한 선형관계가 존재하는 현상으로, 분산팽창인자(VIF)가 10보다 낮은 경우 다중공선성이 없다고 판단한다. 다중공선성이 존재하면 추정된 계수의 신뢰성이 저하된다.

⑤ T-검증

회귀계수가 일정한 유의수준에서 통계학적으로 의미가 있는지를 확인하는 검증 방법이다. 이를 통해 특성변수의 유의성을 판단한다.

⑥ 추정의 표준오차

매매사례들의 실제 매매가격과 회귀식으로 추정한 매매가격과의 차이의 표준편차를 의미한다. 평균 매매가격의 5%를 넘지 않는 경우에 한하여 평가모형으로 사용할 것을 권장한다.

(5) 실무적 적용과 한계

특성함수모형은 주로 주택이나 상업용 부동산과 같이 동질성이 높고 거래사례가 풍부한 부동산 유형에 적용된다. 이러한 유형은 특성이 비교적 표준화되어 있어 모형의 설명력이 높게 나타난다. 특히 과세평가나 대량평가 시스템에서 효율적으로 활용될 수 있다.

그러나 특수용도 부동산이나 거래가 드문 부동산의 경우 적용에 한계가 있다. 또한 질적 특성의 계량화 과정에서 주관성이 개입될 수 있으며, 시장 외적 요인이나 특수한 가치형성요인을 적절히 반영하기 어렵다는 한계도 존재한다. 따라서 실무에서는 전통적인 감정평가방법과 병행하여 사용하는 것이 바람직하다.

5) 조건부가치평가

(1) 의의

조건부가치평가는 비시장재화의 효용을 누리기 위한 시장참가자의 최대지불의사금액과 비시장재화의 효용이 상실될 경우 감당할 수 있는 최소보상액에 대한 잠재적 의사를 직접 설문하는 방법이다. 이를 통해 수요곡선을 추정하고 가격을 결정한다. 이 방법은 시장에서 거래되지 않는 재화나 서비스의 가치를 측정하기 위해 가상의 시장 시나리오를 설정하고 응답자들의 지불의사를 직접 조사한다는 점에서 다른 평가방법과 차별된다.

(2) 장단점

조건부가치평가는 무형적 인식의 파악에 유리하다는 장점이 있다. 시장에서 거래되지 않는 환경재, 공공재, 문화재 등의 가치를 화폐단위로 측정할 수 있는 유일한 방법으로, 사용가치뿐만 아니라 비사용가치(존재가치, 옵션가치, 유산가치 등)도 포괄적으로 평가할 수 있다.

반면, 조사방식의 가상성으로 인해 다양한 편의가 발생할 수 있다. 전략적 편의, 정보 편의, 지불수단 편의, 출발점 편의 등이 대표적이다. 또한 시간과 비용이 많이 소모되며, 응답자의 이해도나 설문 전달의 문제로 일관된 결과 도출이 어렵다는 단점이 있다. 특히 응답자들이 실제로 지불할 의사가 있는지와 응답한 금액 사이의 괴리가 발생할 수 있다.

(3) 방법

① 가상시나리오 및 설문의 설계

평가대상에 대한 정확한 정보와 가상 시장 상황을 설정하고, 지불의사를 유도하는 질문을 구성한다. 시나리오는 현실성과 이해가능성을 갖추어야 한다.

② 설문방법의 선택

표적집단면접법(FGI), 우편조사, 전화조사, 전자조사 등 다양한 방법 중에서 연구목적과 대상에 적합한 방법을 선택한다. 각 방법은 응답률, 비용, 시간 면에서 장단점이 있다.

③ 표본의 선정

확률표본추출(단순무작위, 체계적, 층화, 군집 등) 또는 비확률표본추출(판단, 할당, 편의 등) 방법으로 표본을 선정한다. 표본의 대표성이 결과의 신뢰성에 중요한 영향을 미친다.

④ 자료분석 및 해석

수집된 데이터를 통계적으로 분석하여 지불의사금액의 평균이나 중앙값을 산출하고, 총 경제적 가치를 추정한다. 이 과정에서 이상치 처리와 영향 요인 분석이 중요하다.

(4) 적용

조건부가치평가는 다양한 분야에 적용될 수 있다. 오염토지 평가 시 환경오염의 비용을 추정하거나, 공원 등 비시장재화의 가치를 측정할 때 활용된다. 또한 자연휴양지, 경관, 환경오염 저감, 공공재, 도심의 공원가치 추계 시에도 적용할 수 있다. 특히 환경영향평가, 비용편익분석, 자연자원 손해배상 산정 등에서 중요한 도구로 활용된다.

(5) 델파이법

델파이법은 조건부평가와 유사한 설문기법이지만, 응답자가 해당 분야의 전문가로 구성되고 응답자의 익명성이 보장된다는 점에서 차이가 있다. 이 방법은 반복적인 피드백을 통해 전문가들의 의견을 하향식으로 수렴하여 문제를 해결하는 방식이다. 주로 미래예측, 정책결정, 가치평가 등에 활용되며, 전문가들의 직관과 경험을 체계적으로 수집하여 합의점을 도출한다는 특징이 있다. 델파이법은 복잡한 문제나 불확실성이 높은 상황에서 유용하게 적용될 수 있으나, 전문가 선정의 편향성과 시간 소요가 많다는 한계가 있다.

6) 편익분석

(1) 의의

편익분석은 정부 등이 수행하는 사업이나 정책의 사회적 이익과 사회적 손실을 바탕으로 경제적 타당성을 타진하는 분석 방법이다. 이는 공공사업이나 정책이 사회 전체에 미치는 영향을 화폐가치로 환산하여 비용과 편익을 비교함으로써 자원의 효율적 배분을 도모한다. 편익분석은 주로 비용편익분석(CBA; Cost-Benefit Analysis)의 형태로 수행되며, 사업 시행 전후의 사회적 후생 변화를 측정하는 데 초점을 둔다.

(2) 유용성 및 한계

편익분석은 시장정보가 존재하지 않거나 부족한 사업을 평가하기 위한 합리적인 기법을 제공할 수 있다는 유용성이 있다. 특히 공공재나 외부효과가 큰 사업의 경우, 시장가격만으로는 사회적 가치를 적절히 반영하기 어렵기 때문에 편익분석이 중요한 의사결정 도구로 활용된다. 또한 다양한 대안들 간의 체계적 비교가 가능하며, 의사결정 과정의 투명성을 제고할 수 있다.

그러나 무형의 경제적 항목을 결정하고 수량화하는 과정이 복잡하여 의사결정에 도움을 주기는 하지만 완전히 대체할 수는 없다는 한계가 존재한다. 특히 생명가치, 환경가치, 문화적 가치 등 비시장 재의 가치 산정에는 불확실성이 크며, 할인율 선택에 따라 결과가 크게 달라질 수 있다. 또한 분배적 영향을 충분히 고려하지 못하는 경우가 많아 사회적 형평성 측면에서 한계를 갖는다.

7) 동적 DCF

(1) 의의

동적 DCF(DCF; Discounted Cash Flow)는 미래환경의 변동성을 변수로 감안하여 투자결정 또는 가치평가를 하는 방법이다. 기존의 정적 DCF가 단일 시나리오에 기반한 확정적 접근법인 반면, 동적 DCF는 다양한 시나리오와 확률분포를 활용하여 불확실성을 명시적으로 모델링한다. 이를 통해 변화하는 시장환경과 미래의 불확실성을 보다 현실적으로 반영한 가치평가가 가능하다.

(2) 방법

동적 DCF는 불확실성에 대한 위험을 순수익에 모두 반영하여 확률변수로 이해하고 결과값은 구간 추정으로 제시한다. 주요 변수들(임대료, 공실률, 운영비용, 성장률 등)에 대해 확률분포를 설정하고, 몬테카를로 시뮬레이션과 같은 기법을 활용하여 다양한 시나리오 하에서의 가치를 산출한다. 이를 통해 단일 값이 아닌 가능한 가치의 범위와 각 값의 발생 확률을 제시함으로써 의사결정자에게 보다 풍부한 정보를 제공한다.

(3) 장단점

정적 DCF는 주로 할인율에 위험프리미엄을 가산하여 위험을 반영하지만, 그 정도를 계량화하기 어렵다는 한계가 있다. 반면, 동적 DCF는 미래의 불확실한 상황변화 및 성숙도 등을 고려한 의사결정에 유용하다는 장점이 있다. 특히 시장 변동성이 큰 부동산이나 불확실성이 높은 개발사업의 가치평가에 적합하며, 투자위험의 정량적 분석을 가능하게 한다.

다만, 순수익과 운영경비 등 모든 미래를 예측하여 적용하기 어렵다는 단점이 있다. 또한 확률분포 설정의 주관성과 복잡한 모델링 과정으로 인해 실무 적용에 어려움이 있으며, 결과 해석에 전문성이 요구된다. 시뮬레이션을 위한 컴퓨터 프로그램과 기술적 역량이 필요하다는 점도 실무적 제약요인으로 작용한다.

8) 실물옵션모형

(1) 의의

실물옵션모형은 개발, 투자 의사결정과 관련된 선택권의 가치를 정량적으로 산정하기 위한 평가방법이다. 실물옵션이란 부동산과 같은 실물자산의 개발, 투자 의사결정과 관련된 선택권으로, 사업의 연기, 축소, 전환, 포기, 확대 등 개발과정의 단계별 위험에 따라 다양한 선택권을 부여한다. 이는 한 가지 선택권이 아닌 복수의 선택권을 고려할 수 있다는 점에서 기존 평가방식과 차별화된다.

(2) 필요성

실물옵션모형은 불확실성이 높은 상황에서 유연하게 대처할 수 있는 모형이다. 부동산은 정책적 불확실성, 고가성과 내구성으로 인한 비가역성, 용도의 다양성으로 인한 유연성이 존재한다. 따라서 전통적 감정평가방법에서는 고려하지 못하는 불확실성과 유연성 등을 가치에 반영할 수 있는 실물옵션모형의 활용이 필요하다. 특히 개발사업이나 투자결정에서 미래의 불확실성에 따른 의사결정 변화를 가치에 반영하기 위해 중요한 도구이다.

(3) 평가방법

실물옵션의 가치는 옵션을 고려한 개발안의 가치에서 전통적 3방식에 의한 개발안의 가치를 공제하여 산정할 수 있다. 이는 선택권을 행사할 수 있는 옵션이 개발안의 가치를 증가시킨다는 전제 하에 적용할 수 있는 방법이다. 실물옵션 가치평가는 옵션의 유형을 식별하고, 기초자산의 현재가치와 변동성을 추정한 후, 적절한 옵션가치평가 모형을 적용하여 수행된다.

(4) 분류

① 블랙숄즈모형

기초자산 가격의 변화 행태가 시간의 흐름에 따라 연속적이라 보는 연속시간모형이다. 이 모형은 옵션만기 시점의 기초자산 가치가 로그정규분포를 따른다고 가정하며, 미분방정식을 통해 옵션 가치를 도출한다. 금융옵션에서 널리 사용되는 방법으로, 실물자산에도 적용이 가능하다.

② 이항모형

기초자산 가격이 상승과 하락 두 가지로 이산적으로 변한다는 가정하에 위험 중립의 평가원리에 따라 옵션가치를 계산하는 방법이다. 이 모형은 직관적이고 시각적으로 이해하기 쉬우며, 복잡한 옵션 조건도 유연하게 모델링할 수 있어 실무에서 널리 활용된다.

(5) 장단점

실물옵션모형의 장점은 경영상 유연함과 의사결정에 따른 가치변화를 반영할 수 있다는 점이다. 전통적인 DCF 방식이 정적인 의사결정을 가정하는 데 비해, 실물옵션은 미래의 불확실성에 대응하는 의사결정의 유연성 가치를 명시적으로 고려한다. 특히 단계적 투자가 가능하거나 시장 상황에 따라 개발 규모를 조정할 수 있는 프로젝트에서 유용하다.

반면, 옵션의 기초자산이 되는 프로젝트의 현금흐름에 대한 과거자료가 없기 때문에 역사적 변동성을 계산하기 어렵다는 단점이 있다. 또한 모형의 복잡성과 입력변수 추정의 어려움으로 실무 적용에 제약이 있다. 특히 여러 옵션이 복합적으로 존재할 경우 상호작용을 모델링하기 어렵고, 모형의 결과가 가정에 민감하게 반응한다는 한계도 존재한다.

전통적 평가방식	기타 평가방식
원가방식	조건부가치평가, 델파이법(효용 대체 측면에서 유사)
비교방식	통계적 감정평가방법, 특성함수모형(다중회귀분석), 헤도닉평가모형
수익방식	동적DCF, 실물옵션모형, 편익분석

Ⅶ. 감정평가서의 작성

「감정평가에 관한 규칙」
제13조(감정평가서 작성) ① 감정평가법인등은 법 제6조에 따른 감정평가서(「전자문서 및 전자거래기본법」에 따른 전자문서로 된 감정평가서를 포함한다. 이하 같다)를 의뢰인과 이해관계자가 이해할 수 있도록 명확하고 일관성 있게 작성해야 한다.
② 감정평가서에는 다음 각 호의 사항이 포함돼야 한다. <개정 2022.1.21.>
1. 감정평가법인등의 명칭
2. 의뢰인의 성명 또는 명칭
3. 대상물건(소재지, 종류, 수량, 그 밖에 필요한 사항)
4. 대상물건 목록의 표시근거
5. 감정평가 목적
6. 기준시점, 조사기간 및 감정평가서 작성일
7. 실지조사를 하지 않은 경우에는 그 이유
8. 시장가치 외의 가치를 기준으로 감정평가한 경우에는 제5조제3항 각 호의 사항. 다만, 같은 조 제2항제1호의 경우에는 해당 법령을 적는 것으로 갈음할 수 있다.
9. 감정평가조건을 붙인 경우에는 그 이유 및 제6조제3항의 검토사항. 다만, 같은 조 제2항제1호의 경우에는 해당 법령을 적는 것으로 갈음할 수 있다.
10. 감정평가액
11. 감정평가액의 산출근거 및 결정 의견
12. 전문가의 자문등을 거쳐 감정평가한 경우 그 자문등의 내용
13. 그 밖에 이 규칙이나 다른 법령에 따른 기재사항
③ 제2항 제11호의 내용에는 다음 각 호의 사항을 포함해야 한다. 다만, 부득이한 경우에는 그 이유를 적고 일부를 포함하지 아니할 수 있다.
1. 적용한 감정평가방법 및 시산가액 조정 등 감정평가액 결정 과정(제12조제1항 단서 또는 제2항 단서에 해당하는 경우 그 이유를 포함한다.
1의2. 거래사례비교법으로 감정평가한 경우 비교 거래사례의 선정 내용, 사정보정한 경우 그 내용 및 가치형성요인을 비교한 경우 그 내용
2. 공시지가기준법으로 토지를 감정평가한 경우 비교표준지의 선정 내용, 비교표준지와 대상토지를 비교한 내용 및 제14조제2항제5호에 따라 그 밖의 요인을 보정한 경우 그 내용
3. 재조달원가 산정 및 감가수정 등의 내용
4. 적산법이나 수익환원법으로 감정평가한 경우 기대이율 또는 환원율(할인율)의 산출근거
5. 제7조 제2항부터 제4항까지의 규정에 따라 일괄감정평가, 구분감정평가 또는 부분감정평가를 한 경우 그 이유
6. 감정평가액 결정에 참고한 자료가 있는 경우 그 자료의 명칭, 출처와 내용
7. 대상물건 중 일부를 감정평가에서 제외한 경우 그 이유
④ 감정평가법인등은 법 제6조에 따라 감정평가서를 발급하는 경우 그 표지에 감정평가서라는 제목을 명확하게 적어야 한다.
⑤ 감정평가법인등은 감정평가서를 작성하는 경우 법 제33조 제1항에 따른 한국감정평가사협회가 정하는 감정평가서 표준 서식을 사용할 수 있다.

1. 감정평가서

1) 감정평가서의 개념

감정평가서는 감정평가 절차 완료 후 평가결과를 의뢰인에게 보고하기 위해 작성하는 공식 문서이다. 이는 대상물건의 특성, 평가조건, 평가방법 및 최종 감정평가액을 체계적으로 기술한다. 감정평가서는 단순히 평가액만 제시하는 것이 아니라 그 결과에 이르게 된 논리적 근거와 평가과정을 상세히 설명함으로써 평가의 객관성과 신뢰성을 확보한다. 이러한 문서화 과정은 감정평가사의 전문적 판단에 대한 책임소재를 명확히 하고, 평가결과의 투명성을 보장하는 기능을 한다.

2) 감정평가서 작성의 중요성

감정평가서는 단순히 평가액만 제시하는 것이 아니라 그 결과에 이르게 된 논리적 근거와 평가과정을 상세히 설명함으로써 평가의 객관성과 신뢰성을 확보한다. 이러한 문서화 과정은 감정평가사의 전문적 판단에 대한 책임소재를 명확히 하고, 평가결과의 투명성을 보장하는 기능을 한다.

2. 감정평가서 작성원칙

1) 기술상 작성원칙

감정평가서는 논리적 추론과 객관적 자료를 바탕으로 의뢰인이 요구한 사항에 대해 명확한 결론을 제시하는 문서이다. 감정평가사는 모든 사실, 논증과정, 결론을 명료하고 간결하게 표현해야 하며, 전체 문서에서 표현방식과 내용의 일관성을 유지해야 한다. 평가의견과 결론은 의뢰인이 쉽게 이해할 수 있는 효과적인 방법으로 전달해야 하며, 이해관계인이나 일반인이 오해할 소지가 있는 모호한 표현이나 왜곡된 정보를 배제해야 한다. 감정평가서는 전문적 지식을 바탕으로 한 객관적 판단을 담아야 하므로, 주관적 견해나 편향된 입장이 반영되지 않도록 주의해야 한다.

2) 내용상 작성원칙

감정평가서에는 평가대상의 명확한 특정, 기준시점, 최종 감정평가액, 자료수집 및 처리방법, 감정평가사의 서명·날인 등 핵심요소가 반드시 포함되어야 한다. 「감정평가에 관한 규칙」 제13조 제2항은 감정평가서에 필수적으로 기재해야 할 사항을 명시하고 있으며, 제3항에서는 제2항 제11호의 기재사항에 포함되어야 할 구체적 내용을 규정하고 있다. 이러한 법정 기재사항 외에도 의뢰인 등이 감정평가 결과를 충분히 이해할 수 있도록 필요한 정보를 상세히 기재해야 한다.

여기서 의뢰인의 '이해'란 개인의 지적능력이나 경험에 좌우되는 것이 아니라, 통상적인 수준에서 평가결과와 그 도출과정을 인지할 수 있는 정도를 의미한다. 감정평가법인 등은 대상물건의 특성과 가치형성요인에 관한 다양한 자료를 철저히 검토·분석하여 최종결과와 산출근거, 평가의견, 관련 법규 및 지침 등 필수 기재사항을 누락 없이 명확하게 기술해야 한다. 또한 감정평가서의 사용목적과 범위를 벗어난 활용에 대한 제한사항을 명시하여 평가결과의 오남용을 방지해야 한다.

3. 감정평가서 기재사항

1) 필수적 기재사항

(1) 감정평가법인 등의 명칭

「감정평가 및 감정평가사에 관한 법률」 제6조 제2항은 감정평가서에는 감정평가법인등의 사무소 또는 법인의 명칭을 적어야 한다고 명시하고 있다.

(2) 의뢰인의 성명 또는 명칭

감정평가사는 의뢰인에게 수임계약을 받고 의뢰인의 경제적 의사결정을 지원하기 위한 정보를 제공해 준다. 감정평가서는 의뢰인 또는 관계인에게 발송되어야 하며, 감정평가수수료를 청구할 대상으로 의뢰인이 기재되어야 한다. 따라서 의뢰인과 대상물건 소유자를 구분하여 감정평가서에 기재하여야 한다.

(3) 대상물건의 내용

대상물건의 표시와 관련된 사항으로 대상물건의 소재지, 지번, 구조, 용도 또는 권리관계 등 대상물건에 관한 내용을 명확하게 표시하여야 한다. ① 소재지는 의뢰인이 제시한 주소에 대한 등기사항전부증명서, 토지(건축물)대장에 표시된 대로 기재한다. ② 종류란 토지의 경우 지목, 건물의 경우 용도, 구조 등을 말한다. ③ 수량 란에는 공부상의 수량과 사정상의 수량으로 구분하여 기재한다.

(4) 대상물건 목록의 표시근거

대상물건 목록을 어떠한 자료에 근거하여 작성하였는지를 알려주는 항목이다. 대상물건의 목록작성 근거 서류 또는 공부의 종류, 사본의 여부 등을 기재한다. ① 등기사항전부증명서, 대장 등이 표시근거가 되며, ② 의뢰인이 제시한 목록을 근거로 하기도 한다.

(5) 감정평가목적

의뢰인이 요청한 감정평가목적에 따라 감정평가서에 감정목적을 명확하게 기재하여야 한다. 또한 해당 목적 이외의 목적으로 사용할 수 없다는 점을 분명하게 기재하여야 한다.

(6) 기준시점 조사기간 및 감정평가서 작성일

기준시점이란 대상물건의 가격조사를 완료한 날을 원칙으로 하며, 조사기간은 실지조사를 착수한 날로부터 가격조사를 완료한 날을 의미한다. 감정평가서 작성일은 감정평가서의 작성이 완료된 날짜를 의미한다.

(7) 실지조사를 하지 않은 경우 그 이유

「감정평가에 관한 규칙」 제10조 제2항 각 호 규정에서는 실지조사를 생략할 수 있는 예외 규정을 두고 있다. 실지조사를 생략한 경우에는 해당 사실과 이유를 의뢰인에게 알리고, 감정평가서에 기재하여야 한다.

(8) 시장가치 외의 가치를 기준으로 감정평가를 한 경우

감정평가업자는 시장가치 외의 가치를 기준으로 감정평가를 한 경우에는 해당 시장가치 외의 가치의 성격과 특징, 시장가치 외의 가치를 기준으로 하는 감정평가의 합리성 및 적법성을 기재하여야 한다. 다만, 감정평가관계법규에 기준가치를 시장가치 외의 가치로 하는 것에 관한 규정이 있는 경우에는 해당 법령을 적는 것으로 갈음할 수 있다.

(9) 감정평가 조건

감정평가조건은 가치형성요인의 변경을 가져와 감정평가액에 영향을 미칠 수 있으므로 해당 감정평가서가 어떠한 조건을 전제로 작성된 것이라는 점을 명확하게 기재하여야 한다. 즉, 감정평가액 산출 과정에 감정평가조건이 부가되었다면 의뢰인 등이 분명하게 이해할 수 있도록 감정평가조건을 명확하게 기재하여야 한다.

(10) 감정평가액

「감정평가 실무기준」에서는 감정평가액을 기재할 때 대상물건이 복수인 경우에는 대상물건 각각의 가치와 그 합을 함께 기재하도록 하여 개별물건별 감정평가 원칙에 부합하도록 하고 있다. 다만, 대상물건 각각의 가치를 따로 기재하는 것이 적절하지 않은 경우에는 이유를 기재하고, 일괄로 기재할 수 있음을 두어 개별물건별 감정평가 원칙의 예외로서 타당한 사유가 있는 경우 일괄감정평가가 가능함을 규정하고 있다.

(11) 감정평가액의 산출근거 및 결정의견

감정평가서에는 합리적 근거와 감정평가 및 부동산학의 일반이론에 입각한 평가 산출근거가 명확히 표시되어야 한다. 감정평가사는 평가과정에서 수집·채택한 자료의 정리방법, 가치형성요인의 분석 내용, 적용한 감정평가방법 및 최종가치 도출과정을 체계적으로 기술해야 한다. 이러한 과정은 단순히 나열하는 것이 아니라 논리적 연계성을 갖추어야 하며 감정평가서 이용 시 유의사항 등 전문가로서의 의견을 감정평가서에 요약·표시하여야 한다.

(12) 전문가의 자문등을 거쳐 감정평가한 경우 그 자문등의 내용

특정 전문분야에 관한 자문이 필요하여 외부전문가로부터 자문을 받아 이를 감정평가에 반영한 경우에는 그 자문등의 내용을 기재하여야 한다. 즉, 자문등을 행한 전문가의 경력, 업무수행의 내용, 자문등이 감정평가에 활용된 내용 등을 기재한다.

(13) 그 밖에 이 기준이나 감정평가관계법규에 따른 기재사항

「감정평가 실무기준」 일부 조문에서는 개별 대상물건의 상황 등에 따라 감정평가에 영향을 미치는 사항이나, 의뢰인에게 알려야 하는 사항들을 기재하도록 규정하고 있다. 따라서 「감정평가 실무기준」규정 중 감정평가서에 기재하여야 한다고 규정되어 있는 내용에 대해서는 필수적으로 기재하여야 할 것이다.

2) 감정평가액의 산출근거 및 결정의견에 포함되어야 하는 항목[31]

「감정평가에 관한 규칙」 제13조 제2항 제11호는 감정평가액의 산출과정과 결정과정을 논리적으로 기술하기 위한 규정이다. 동조 제3항과 「감정평가 실무기준」에서는 해당 기재사항에 포함되어야 하는 세부항목을 규정함으로써 감정평가서의 논리성과 충실성을 높일 수 있도록 하고 있다. 세부항목은 주로 감정평가방법에 관한 사항과 판단에 관한 사항에 대해 규정하고 있다.

---

31) 감정평가 실무기준 해설서(I), 감정평가사협회, 2014, p.206 이하

(1) 적용 감정평가방법, 감가수정 및 시산가액 조정 등 감정평가액 결정 과정

① 감정평가 3방법 중 주방법을 결정한 이유를 기재하고, 그 방법에 의한 산출과정을 객관적인 근거에 의해 의뢰인 등이 명확하게 이해하도록 기재하여야 한다. 또한 다른 방법에 의한 가액 산출과정도 객관적인 근거에 의해 의뢰인 등이 이해할 수 있도록 기재하고, 주방법에 의한 감정평가액의 합리성에 대한 검토한 내용을 기재하여야 한다.

② 원가법으로 감정평가할 경우 건물의 재조달원가 산정방법 및 그 근거를 기재하고, 감가요인(물리적, 기능적, 경제적) 및 감가수정의 내용(경제적 내용연수, 감가상각방법 등)을 기재한다.

③ 시산가액을 조정하여 감정평가액을 결정할 경우 시산가액을 조정하여 감정평가액을 결정한 이유와 시산가액 조정의 근거 및 과정을 기재하여야 한다.

(2) 공시지가기준법 적용시 과정과 그 내용

토지를 공시지가기준법을 적용하여 감정평가한 경우에는 비교표준지 선정의 근거를 기재하고, 시점수정의 근거 및 내용, 비교표준지와 대상토지의 지역요인, 개별요인에 대해서 비교항목별로 비교한 내용을 객관적인 근거에 의해 기재하여야 한다. 또한 그 밖의 요인을 보정한 경우 산출근거를 구체적이고 명확하게 기재하여 감정평가액 산출 결과에 대해 의뢰인 등이 이해하도록 해야 한다. 대법원 또한 수용대상토지에 대한 표준지를 특정하지 아니하고 지역적·개별적 요인 등도 명시하지 아니한 감정평가는 법령 규정에 따른 적법한 감정평가로 보고 있지 않은 바, 감정평가 수행 시 가격 산출과 관련된 제반 내용을 충실하게 기재해야 될 것이다.

(3) 적산법이나 수익환원법의 경우 기대이율 또는 환원율 산출근거

① 적산법 적용 시 대상물건이 용도 및 실제 이용상황을 기재하고 임대사례, 금리 등 기대이율 산정에 활용한 자료를 객관적으로 제시하여 기대이율의 산출근거를 적정하게 기재하여야 한다.

② 수익환원법 적용 시 시장추출법을 이용하여 구한 환원율은 시장에서 포착된 자료를 제시하여 의뢰인 등이 이해할 수 있도록 산출과정 및 결과를 감정평가서에 기재하여야 한다. 다만, 시장추출법 적용 이외 다른 방법으로 검토할 때, 각 방법에서 적용된 근거를 기재하여 의뢰인 등이 환원율 산정을 이해할 수 있도록 해야 한다.

③ 할인현금흐름분석법에서 사용한 할인율 산출의 근거와 내용을 감정평가서에 적정하게 기재하여 의뢰인 등이 할인율 산출의 결과를 이해할 수 있도록 해야 한다. 또한 복귀가액 산정을 위한 최종환원율 결정시 장기위험프리미엄 등에 대해서는 시장의 자료 등 판단의 근거 및 내용을 감정평가서에 기재해야 한다.

(4) 일괄감정평가, 구분감정평가 또는 부분감정평가를 실시한 경우 그 이유

「감정평가에 관한 규칙」과 「감정평가 실무기준」에서는 감정평가 시 하나의 대상물건에 대하여 하나의 감정평가액을 산출하는 것을 원칙으로 하되, 일괄감정평가, 구분감정평가 및 부분감정평가를 할 수 있는 기준을 제시하고 있다. 다만, 일괄감정평가, 구분감정평가 및 부분감정평가에 해당하는 경우에는 그 내용과 근거를 감정평가서에 기재해야 한다.

(5) 감정평가액 결정 시 참고자료가 있는 경우 자료의 명칭, 출처, 내용

그 밖에 감정평가액 결정에 참고한 자료가 있는 경우 그 자료의 명칭, 출처와 내용을 감정평가서에 기재한다.

(6) 대상물건 중 일부를 감정평가에서 제외한 경우 그 이유

물건의 가치는 전체가 하나의 일체로서 결정되기 때문에 대상물건 전체를 기준으로 감정평가를 수행해야 한다. 따라서 감정평가를 의뢰받은 대상물건 중 일부를 평가에서 제외한 경우 그 이유를 감정평가서에 기재한다.

(7) 그 밖에 이 기준이나 감정평가관계법규에서 감정평가액을 결정할 때 적도록 한 사항

그 밖에 「감정평가 실무기준」이나 감정평가관계법규에서 감정평가액을 결정할 때 적도록 규정한 사항이 있는 경우는 그 내용을 감정평가서에 기재한다.

4. 감정평가서의 유형

1) 단엽식 감정평가서

단엽식 감정평가서는 평가금액만을 기재하고 평가과정이나 부속자료 등을 제시하지 않는 약식감정평가서이다. 우리나라 평가실무에서는 상담을 목적으로 한 감정평가 제안서 또는 견적서를 활용하는 경우가 있는데, 이는 단엽식 감정평가서와 유사한 형식을 지닌 것으로 볼 수 있다.

2) 정형식 감정평가서

정형식 감정평가서는 미리 인쇄된 양식에 해당하는 사항을 조사하여 기입하는 유형이다. 이는 평가과정을 충분히 기술하지 못하는 단점이 있다. 미국 평가실무에서는 활용되고 있으나, 우리나라에는 도입되지 않았다. 다만, 아파트와 같이 표준화되고 단순한 물건에 대하여 금융기관 등과의 협약에 의해 평가업무가 아닌 조사업무의 형태로 제한적으로 이용되고 있다.

3) 서술식 감정평가서

서술식 감정평가서는 평가의 전체 과정을 상세하게 기술한 완전한 형태의 보고서이다. 이는 감정평가사의 전문적인 지식과 풍부한 경험을 필요로 한다. 서술식 감정평가서는 대상 물건의 가치형성요인 분석과 판단에 관한 전문가의 의견을 충분하게 기술해야 한다.

5. 감정평가서의 법률적 성격과 책임

「감정평가 및 감정평가사에 관한 법률」
제28조(손해배상책임) ① 감정평가법인등이 감정평가를 하면서 고의 또는 과실로 감정평가 당시의 적정가격과 현저한 차이가 있게 감정평가를 하거나 감정평가 서류에 거짓을 기록함으로써 감정평가 의뢰인이나 선의의 제3자에게 손해를 발생하게 하였을 때에는 감정평가법인등은 그 손해를 배상할 책임이 있다.

1) 감정평가서의 법률적 성격

감정평가서는 평가절차에 의해 산정된 평가결과를 보고서 형태로 제공하는 것으로, 경제적 가치 측정에 필요한 하나의 참고자료에 불과하다. 감정평가액은 합리적 추정의 결과이며, 전문가로서 최선의 추정치에 해당하는 의견이다. 따라서 감정평가서의 법률적 성격은 구속적 의미라기보다 경제적 의사결정을 위한 참고적 가이드라인의 역할을 한다.

2) 손해배상 책임의 범위

「감정평가 및 감정평가사에 관한 법률」 제28조는 감정평가사의 손해배상 책임 등에 대해 규정하고 있다. 그러나 선진국의 감정평가기준 등 어디에서도 감정평가사에 대한 손해배상 책임규정은 찾아볼 수 없고, 형사적 책임을 물을 뿐이다. 대신 감정평가사에게 고도의 전문지식과 직업윤리를 요구한다.

3) 손해배상 책임의 한계와 문제점

고의로 선의의 제3자에게 손해를 발생시킨 경우 당연히 손해배상 책임이 따르는 것이 타당하다. 그러나 우리 감정평가사법에서는 손해배상 책임의 요건으로 '고의 또는 과실로 적정가격과의 현저한 차이'를 규정하고 있다. 이와 관련하여 '적정가격'의 개념과 '현저한 차이'의 판단기준이 불명확하다는 문제가 있다. 이는 지나치게 추상적이고 자의적인 해석이 가능함에 따라 손해배상책임의 범위가 지나치게 확대될 우려가 있으므로, 이에 대한 연구나 논의 과정을 거쳐 법령 개정이 필요하다.

6. 감정평가서의 발급, 서명, 날인, 보존

「감정평가 및 감정평가사에 관한 법률」
제6조 (감정평가서) ① 감정평가법인등은 감정평가를 의뢰받은 때에는 지체 없이 감정평가를 실시한 후 국토교통부령으로 정하는 바에 따라 감정평가 의뢰인에게 감정평가서(「전자문서 및 전자거래기본법」 제2조에 따른 전자문서로 된 감정평가서를 포함한다)를 발급하여야 한다.
② 감정평가서에는 감정평가법인등의 사무소 또는 법인의 명칭을 적고, 감정평가를 한 감정평가사가 그 자격을 표시한 후 서명과 날인을 하여야 한다. 이 경우 감정평가법인의 경우에는 그 대표사원 또는 대표이사도 서명이나 날인을 하여야 한다.
③ 감정평가법인등은 감정평가서의 원본과 그 관련 서류를 국토교통부령으로 정하는 기간 이상 보존하여야 하며, 해산하거나 폐업하는 경우에도 대통령령으로 정하는 바에 따라 보존하여야 한다. 이 경우 감정평가법인등은 감정평가서의 원본과 그 관련 서류를 이동식 저장장치 등 전자적 기록매체에 수록하여 보존할 수 있다.

1) 감정평가서의 서명과 날인

(1) 규정의 취지

감정평가서는 작성만으로 완성되는 것이 아니며, 최종적으로 해당 감정평가와 관련된 감정평가사의 서명과 날인을 하여야 외부적으로 효력을 발생할 수 있다는 법적 규정이다.

(2) 서명과 날인의 주체

서명과 날인의 주체는 감정평가를 한 감정평가사, 법인인 경우 법인 대표이사, 적정성을 심사한 경우 심사 업무를 담당한 감정평가사이다. 일반적인 감정평가서상 괄호감정평가서에 서명과 날인을 하게 된다.

(3) 서명과 날인의 효과

서명과 날인이 이루어짐으로써 감정평가서가 성립하므로, 서명과 날인을 갖춘 감정평가서만이 법적으로 효력을 갖는다. 담당 감정평가사의 서명과 날인을 통하여 감정평가서에 대한 책임 소재가 분명해지며, 감정평가서의 위조를 방지할 수 있다. 법인인 경우 법인도 책임이 따르기 때문에 법인의 대표 서명 또는 날인이 없을 경우 감정평가서는 성립될 수 없다.

> **「감정평가 및 감정평가사에 관한 법률」**
>
> **제28조(손해배상책임)** ② 감정평가법인등은 제1항에 따른 손해배상책임을 보장하기 위하여 대통령령으로 정하는 바에 따라 보험에 가입하거나 제33조에 따른 한국감정평가사협회가 운영하는 공제사업에 가입하는 등 필요한 조치를 하여야 한다.
>
> ③ 감정평가법인등은 제1항에 따라 감정평가 의뢰인이나 선의의 제3자에게 법원의 확정판결을 통한 손해배상이 결정된 경우에는 국토교통부령으로 정하는 바에 따라 그 사실을 국토교통부장관에게 알려야 한다.
>
> ④ 국토교통부장관은 감정평가 의뢰인이나 선의의 제3자를 보호하기 위하여 감정평가법인등이 갖추어야 하는 손해배상능력 등에 대한 기준을 국토교통부령으로 정할 수 있다.

2) 감정평가서의 발급 및 보존

(1) 규정의 취지

감정평가서의 발급과 보존에 관한 사항을 규정하여 감정평가서 작성 완료 후의 절차와 사후 책임한계의 근거를 마련하고자 하는 데 규정의 취지가 있다.

(2) 감정평가서의 발급과 교부

감정평가서는 감정평가 수임계약 의뢰서에서 정한 발급예정일까지 발급하여야 한다. 다만, 감정평가 과정 중에 발생한 합리적인 지연 사유가 있는 경우, 의뢰인에게 알리고 의뢰서상의 발급예정일을 조정할 수 있다.

감정평가서 발급의 상대방은 의뢰인이 원칙이다. 다만, 부득이한 경우에 대리인에게 발급할 수 있으며 이 경우에는 대리인의 신분을 확인하여야 한다.

최근 정보통신기술 등의 발전으로 감정평가서를 서면으로 보내는 것 이외에 전자문서 형태로 송부하여 의뢰인이 보다 빨리 감정평가 결과를 확인할 수 있도록 하고 있다. 이 경우 전자서명 등이 안전하게 보호되는지 확인하여야 한다. 감정평가의 의뢰인 측면에서도 ESG 경영의식이 높아짐에 따라 블록체인 기반 온라인 감정평가서 발송으로 전환하고 있는 추세이다.

(3) 감정평가서의 보존

감정평가법인 등은 감정평가서 발급일로부터 원본과 관련 서류를 일정기간 보존해야 한다. 그 이유는 ① 감정평가서의 효력이 발생하기까지 걸리는 시간이 길고, ② 향후 발생할지도 모르는 직·간접적 분쟁의 근거서류가 될 수 있으며, ③ 유사한 물건을 감정평가하는 경우에 전례로서 활용되어 사례자료가 될 수도 있기 때문이다. 따라서 감정평가서와 관련 서류는 훼손되지 않도록 하고, 추후 열람이 용이하도록 효율적으로 보관하여야 한다. 보관형태는 종이문서 형태 이외에 전자매체, 마그네틱, 기타 미디어매체로 보관할 수 있다.

참고문헌

경응수, 감정평가론, 제6판, 나무미디어, 2020

노용호 · 박정화 · 백일현, 감정평가론 제4판, 부연사, 2011

서광채, 감정평가학원론, 부연사, 2023

안정근, 부동산평가이론 제5판, 양현사, 2010

서진형 · 김경한 · 이수겸, 최신 부동산학개론 제2판, 부연사, 2011

나상수, 감정평가 이론강의II, 리북스, 2009

감정평가사 협회, 감정평가서 검토제도 가이드라인, 2022

감정평가사협회, 감정평가 실무기준 해설서(I), 2014

박준필 · 이충길, A+감정평가이론, 리북스, 2010

신근섭, 신감정평가론강의(제3개정판) 감정평가이론 및 실무, 1999

이창석, 기본강의 감정평가, 리북스, 2013

감정평가이론연구회 편저 · 장희순 · 방경식, 해설 부동산감정평가기준, 부연사, 2011

김유안 |

약력

현 | 해커스 감정평가사학원 감정평가이론 강사
현 | ㈜감정평가법인 감동 지사장
현 | KS ASSET GROUP 부동산컨설팅 전문위원 이사

전 | 에듀윌 감정평가사학원 감정평가이론 강사
전 | ㈜가람 감정평가법인
전 | CJ 제일제당

저서

해커스 감정평가사 김유안 감정평가이론 2차 기본서 1권 총론

2026 대비 최신판

해커스 감정평가사

김유안
감정평가이론

2차 기본서 | 1권 총론

초판 1쇄 발행 2025년 4월 25일

지은이	김유안 편저
펴낸곳	해커스패스
펴낸이	해커스 감정평가사 출판팀

주소	서울특별시 강남구 강남대로 428 해커스 감정평가사
고객센터	1588-2332
교재 관련 문의	publishing@hackers.com
	해커스 감정평가사 사이트(ca.Hackers.com) 1:1 고객센터
학원 강의 및 동영상강의	ca.Hackers.com

ISBN	979-11-7244-577-5 (13360)
Serial Number	01-01-01

한 번에 합격!
해커스 감정평가사 ca.Hackers.com

해커스 감정평가사

- 김유안 교수님의 **본 교재 인강**(교재 내 할인쿠폰 수록)
- 해커스 스타강사의 **감정평가사 무료 특강**